中国科协产业技术路线图丛书
中国科学技术协会 / 主编

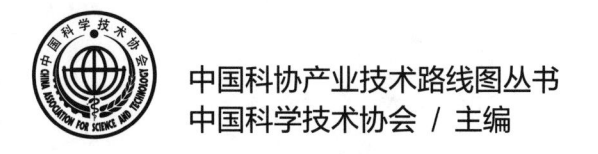

现代化中药产业
技术路线图

中华中医药学会　编著

中国科学技术出版社
·北　京·

图书在版编目（CIP）数据

现代化中药产业技术路线图 / 中国科学技术协会主编；中华中医药学会编著 . -- 北京：中国科学技术出版社，2024.6

（中国科协产业技术路线图丛书）

ISBN 978-7-5236-0732-9

Ⅰ.①现⋯ Ⅱ.①中⋯ ②中⋯ Ⅲ.①中药材 – 制药工业 – 产业发展 – 研究 – 中国 Ⅳ.① F426.7

中国国家版本馆 CIP 数据核字（2024）第 090154 号

策　　划	刘兴平　秦德继	
责任编辑	王　菡	
正文设计	中文天地	
封面设计	菜花先生	
责任校对	张晓莉	
责任印制	徐　飞	
出　　版	中国科学技术出版社	
发　　行	中国科学技术出版社有限公司	
地　　址	北京市海淀区中关村南大街 16 号	
邮　　编	100081	
发行电话	010-62173865	
传　　真	010-62173081	
网　　址	http://www.cspbooks.com.cn	
开　　本	787mm×1092mm　1/16	
字　　数	325 千字	
印　　张	17.25	
版　　次	2024 年 6 月第 1 版	
印　　次	2024 年 6 月第 1 次印刷	
印　　刷	河北鑫兆源印刷有限公司	
书　　号	ISBN 978-7-5236-0732-9 / F · 1252	
定　　价	138.00 元	

（凡购买本社图书，如有缺页、倒页、脱页者，本社销售中心负责调换）

本书编委会

顾　　　问	张伯礼　肖　伟　朱立国
首席科学家	杨洪军　孙晓波
项目负责人	王国辰
主　　　编	杨洪军　孙晓波　王国辰
执 行 主 编	陈俊峰
副 主 编	苏祥飞　李　耿　张　村　詹志来　吴宏伟　刘德文 李振坤　罗文汇　蔡　明

编写专家组（按姓氏笔画排序）

王国辰　王振中　王继永　王德勤　刘　晖　刘　鑫
刘江波　刘建平　关永霞　许　钒　许红辉　许海玉
孙　蓉　孙冬梅　杜守颖　杜彦侠　李　正　李绍平
李海燕　李振江　杨丰文　杨文明　杨秀伟　宋兆辉
张　力　张　冰　张　村　张　萍　张　媛　张俊华
张洪春　张特利　张晓军　陆　芳　陈　犁　陈　薇
陈俊峰　何述金　姚　春　郑文科　岳秉飞　屈云萍
赵永厚　赵永纬　贺丽红　唐旭东　姜国志　高　蕊
贾天柱　贾振华　郭兰萍　郭宇博　曹俊岭　曹菊林
谢雁鸣　訾明杰　翟华强　魏　戌　魏　聪　魏建和
魏胜利

编 写 组（按姓氏笔画排序）

王国辰	王 毅	冯 雪	伍振峰	刘 安	刘德文
许海玉	苏祥飞	李玉沾	李 勇	李振坤	李鹰飞
吴宏伟	杨 驰	何 毅	张小波	张 冰	张 村
张 恬	张 燕	陈俊峰	林龙飞	罗文汇	周立红
郑昭瀛	高志晖	高慧敏	高 蕊	郭 娟	曹春雨
巢志茂	蒋 超	童元元	詹志来	蔡 明	翟华强
魏建和	曾建国	苏 平	高慧敏	刘 艳	周立红

学术秘书组

苏祥飞	冯 雪	段笑娇	李 袁	刘鹏伟	杨 松
刘 昊	孙 凯	乔利杰	黄子宸	何宗卿	

序

习近平总书记深刻指出，要积极培育新能源、新材料、先进制造、电子信息等战略性新兴产业，积极培育未来产业，加快形成新质生产力，增强发展新动能。产业是生产力变革的具体表现形式，战略性新兴产业、未来产业是生成和发展新质生产力的主阵地，对新旧动能转换发挥着引领性作用，代表着科技创新和产业发展的新方向。只有围绕发展新质生产力布局产业链，及时将科技创新成果应用到具体产业和产业链上，才能改造提升传统产业，培育壮大新兴产业，布局建设未来产业，完善现代化产业体系，为高质量发展持续注入澎湃动能。

中国科协作为党和政府联系科学技术工作者的桥梁和纽带，作为国家推动科学技术事业发展、建设世界科技强国的重要力量，在促进发展新质生产力的进程中大有可为也大有作为。2022年，中国科协依托全国学会的学术权威性和组织优势，汇聚产学研各领域高水平专家，围绕信息技术、生物技术、先进制造技术、现代交通技术、空天技术等相关技术产业，以及生命健康、新材料、新能源等相关领域产业，开展产业技术路线图研究，研判国内外相关产业的整体发展态势和技术演进变革趋势，提出产业发展的关键技术，制定发展路线图，探索关键技术的突破路径和解决机制，以期引导广大科技工作者开展原创性、引领性攻关，为培育新质生产力奠定技术基础。

产业技术路线图重点介绍国内外相关领域的产业与技术概述、产业技术发展趋势，对产业技术需求进行分析，提出促进产业技术发展的政策建议。丛书整体兼顾科研工作者和管理决策者的需要，有助于科研人员认清产业发展、关键技术、生产流程及产业环境现状，有助于企业拟定技术研发目标、找准创新升级的发展方向，有助于政府决策部门识别我国现有的技术能力和研发瓶颈、明确支持和投入方向。

在丛书付梓之际，衷心感谢参与编纂的全国学会、学会联合体、领军企业以及有关科研、教学单位，感谢所有参与研究与编写出版的专家学者。真诚地希望有更多的科技工作者关注产业技术路线图研究，为提升研究质量和扩展成果利用提出宝贵意见建议。

前　言

中医药是中国古代科学的瑰宝，是中华民族和中华文明的瑰宝。中药产业是中医药的重要组成部分。我国中药产业经过几十年的发展，已具备较大的规模和较强的研发能力，为维护人民健康、促进经济社会发展作出了积极贡献。当前，随着人们生活水平的提高，以及健康生活方式的推广，人民群众对中药的需求不断增长，中药产业发展面临广阔的机遇。在党和国家的高度重视下，在"十四五"期间，为促进中药新药研发保护和产业发展，其相关内容被正式写入《中华人民共和国国民经济和社会发展第十四个五年规划和2035年远景目标纲要》。随着规划的深入实施，中药产业正迈入现代化产业体系和发展的新阶段。在强调创新驱动发展和推动科技自立自强的新形势下，应更加注重技术体系创新和应用模式创新，全面推进中药产业与信息化、智能化的应用融合与产业协同，形成并不断完善中药发展的现代化体系，培育发展新质生产力，促进中医药事业的高质量发展，更好服务于国家战略。

自20世纪90年代以来，技术路线图方法越来越多应用于国家、区域、部门或产业层次的发展战略与公共政策制定中，但在中医药领域应用还不够广泛。为了对产业与技术未来的发展方向做出比较准确的预见和把握，有效引导、集结和配置行业内的人力、财力资源，推动解决行业内中药资源、中药饮片和配方颗粒、中成药、制造工艺等方面存在的问题，促进产业技术创新链的形成，提升产业的核心竞争力，亟待结合目前产业与技术的现状和趋势，制定《现代化中药产业技术路线图》。该路线图坚持以"问题导向"和"需求导向"为基本原则，把握国家总体战略需求、应用领域和产业实际需求，明确中药产业技术发展方向，对未来一段时间内的中药产业技术发展进行整体预测和研判，进而提出中药产业未来发展的行动方案，以及实现路线图所需的政策、人才等支撑条件，为有效组织技术研发、产品开发和合理配置产业创新资源提供指导。

中华中医药学会（以下简称"学会"）承担了中国科学技术协会产业技术路线图

丛书项目，负责本书编撰工作。为保障项目的顺利实施，学会广泛组织专家就产业发展方向和关键技术领域展开深入研讨，确定了中药材、中药饮片与配方颗粒、中成药、中药智能制造四个关键技术领域为本书研究对象，组成专业的编写团队，在顾问、首席科学家和各领域专家的指导下，完成编撰工作。

  本书的编撰得到了业内专家的精心指导和中药产业界大力支持，在此向各位专家和相关单位表示感谢。由于时间仓促，本路线图中还存在许多不足之处，敬请读者给予批评指正，以便我们在今后的工作中持续完善。

中华中医药学会

2024 年 7 月于北京

目录

第一章　中药产业发展概述　　　　　　　　　　　　　　　　　　　　　　　／001
　　第一节　中药产业发展历程　　　　　　　　　　　　　　　　　　　　　／001
　　第二节　中药产业链及发展现状　　　　　　　　　　　　　　　　　　　／002
　　第三节　新时期我国中药产业发展态势　　　　　　　　　　　　　　　　／007

第二章　中药产业技术发展趋势与需求分析　　　　　　　　　　　　　　　　／011
　　第一节　中药材产业技术发展趋势与需求分析　　　　　　　　　　　　　／011
　　第二节　中药饮片和配方颗粒产业技术发展趋势与需求分析　　　　　　　／023
　　第三节　中成药产业技术发展趋势与需求分析　　　　　　　　　　　　　／029
　　第四节　中药关键技术装备产业技术发展趋势和需求分析　　　　　　　　／044

第三章　现代化中药产业技术路线图分析　　　　　　　　　　　　　　　　　／049
　　第一节　技术路线图概述　　　　　　　　　　　　　　　　　　　　　　／049
　　第二节　现代化中药产业技术路线图发展分析　　　　　　　　　　　　　／052

第四章　现代化中药产业技术路线图　　　　　　　　　　　　　　　　　　　／161
　　第一节　中药材产业技术发展路线图　　　　　　　　　　　　　　　　　／161
　　第二节　中药饮片和配方颗粒产业技术发展路线图　　　　　　　　　　　／172
　　第三节　中成药产业技术路线图　　　　　　　　　　　　　　　　　　　／175
　　第四节　中药关键技术装备产业技术路线图　　　　　　　　　　　　　　／189

第五章　中药产业发展的对策与措施　　　　　　　　　　　　　　　　　　　／192
附录　　中药产业关键技术典型案例　　　　　　　　　　　　　　　　　　　／201

第一章

中药产业发展概述

第一节　中药产业发展历程

中医药是中国古代科学的瑰宝，是打开中华文明宝库的钥匙。中药产业在中医药事业发展中具有基础性地位，同时中药产业作为我国生物医药产业的重要组成部分，是我国最重要的民族产业之一，在经济社会发展的全局中有着重要意义。

一、传统医药及中药市场概况

在崇尚绿色、回归自然的世界潮流下，中药或天然药物以其独特疗效和价值受到越来越多的重视，世界许多国家开始反思传统医药的价值，植物药成为世界各国的重要发展领域。根据世界卫生组织统计，全球80%左右的人口使用天然药物。

中国的中药作为世界传统医药和植物药的引领者，在全球范围内日益受到更广泛的关注和重视。目前，中国已成为世界最大的天然药物生产和消费大国，并逐步具备了引领世界传统医药和天然药物市场的潜力。发挥中医药巨大经济资源的优势，中药产业将逐渐成为我国具有独特竞争优势的战略性产业。

二、中药产业的范畴与特征

中药产业是国民经济中从事中医药（包括民族医药）产品生产和提供中医药服务的企业经济活动集合，是中医药事业长期健康发展的重要支撑力量。

中药产业包含：以中药材种植养殖为主的中药农业，生产中成药、中药饮片、提取物、保健品等的中药工业，中药商业流通、中药研发等服务业（见图1-1）。

中药产业以全方位、全周期满足群众日益增长的健康需求为目的，具有全产业链、全人群、全周期、全方位的特征。

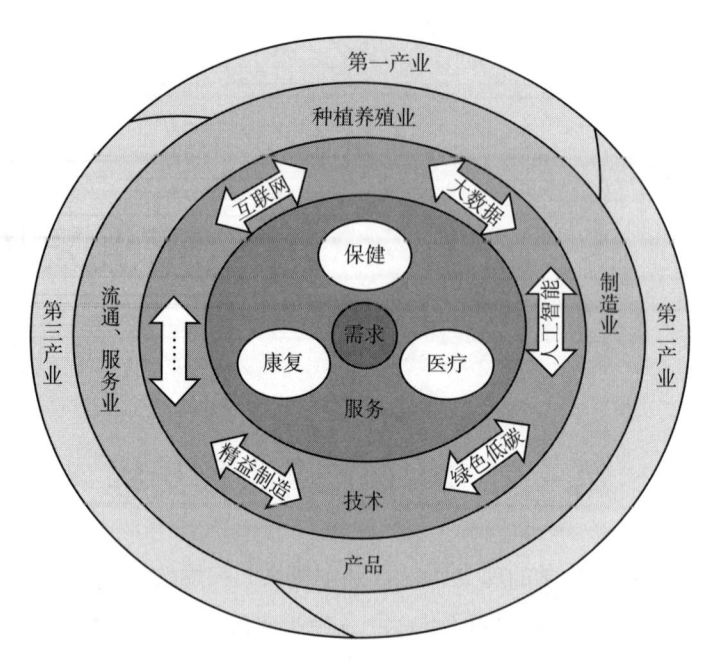

图 1-1 中药产业范畴与特征示意

第二节 中药产业链及发展现状

一、中药产业链构成

中药产业具有显著的"全产业链"特征，涵盖了中药资源通过若干产业层次不断向下游产业转移直至到达消费者的全部路径。

中药产业涉及的机构和单位包括：第一产业的中药种植和养殖专业户、合作社和企业；第二产业主要为中药饮片、中成药、中药保健品和提取物生产企业；第三产业为中药产业的下游，主要是药店、中药流通商业、中药科技服务等。中医药产业贯穿了根据社会生产活动历史发展的顺序对产业结构所划分的第一至第三产业，其产业链长、覆盖面广，是典型的融合第一、第二、第三产业的复合型产业。

中药全链条上的任何一个环节，叠加至所在领域都有可能激活原有格局，产生新型业态，产生增量乘数效应，同时带有贫困攻坚、改善生态、民族融合等社会效应，在一定程度上有激活经济全盘推动发展方式转变的作用，有"四两拨千斤"牵引全局之效（见图 1-2，图 1-3）。

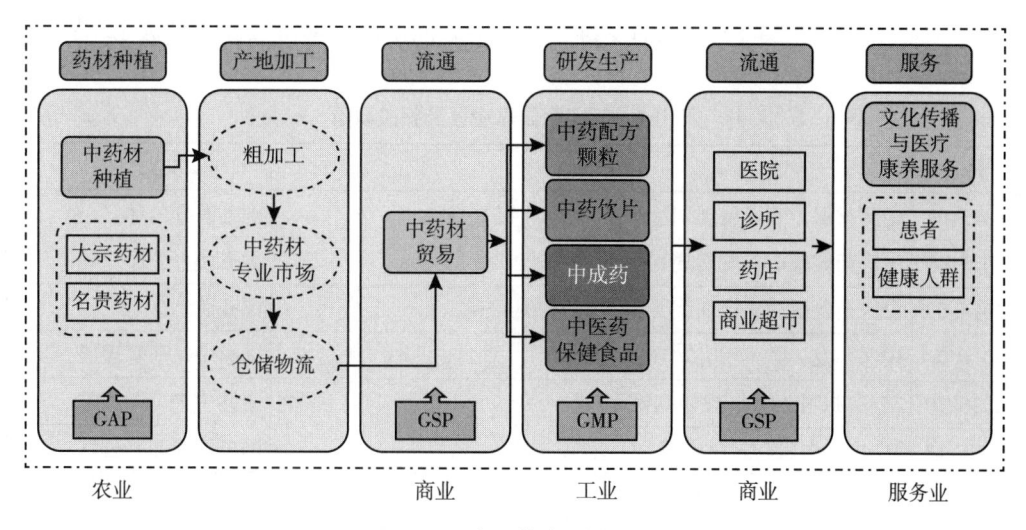

图 1-2 中医药产业链示意

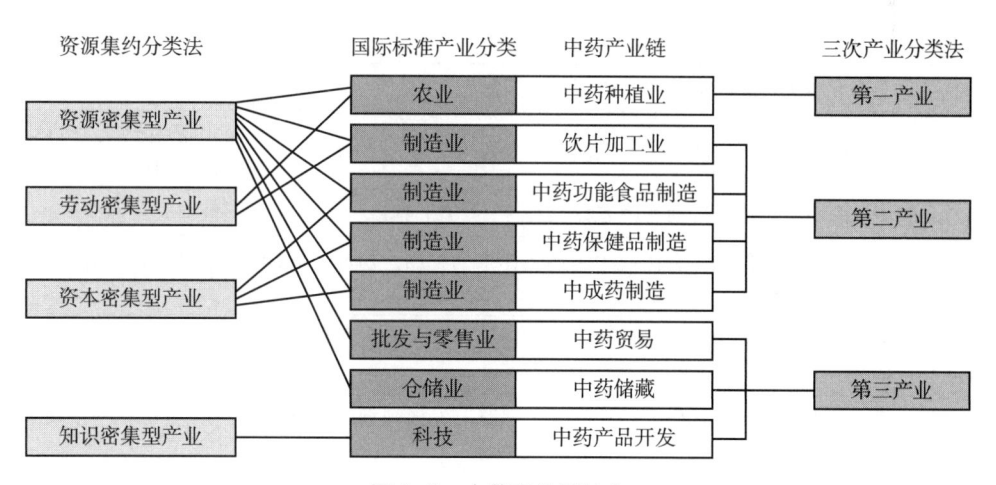

图 1-3 中药产业链特点

二、中医药事业的历史性机遇期

党的十八大以来，强调把发展中医药作为维护人民健康、推进"健康中国"建设、促进经济社会发展的重要内容纳入"五位一体"总体布局和"四个全面"战略布局之中，全面谋划、系统部署中医药发展。

党和国家领导人就中医药事业发展多次作出重要指示，系统阐释了"为什么发展中医药、发展什么样的中医药、怎样发展中医药"等重大理论和实践问题，为推动中医药振兴发展提供了理论指导和行动指南。党中央、国务院高度重视中医药事业发展，先后出台了一系列推进中医药事业发展的重要政策和措施。中医药事业迎来了

"天时、地利、人和"的大好局面，进入前所未有的历史发展机遇期（见表1-1）。

表1-1　近年来国家中医药相关政策

时间	政策	发文机构
2015-04	中药材保护和发展规划（2015—2020年）	国务院办公厅
2015-05	中医药健康服务发展规划（2015—2020年）	国务院办公厅
2016-02	中医药发展战略规划纲要（2016—2030年）	国务院
2016-08	中医药发展"十三五"规划	国家中医药管理局
2016-10	"健康中国2030"规划纲要	中共中央、国务院
2016-12	《中国的中医药》白皮书	国务院新闻办公室
2016-12	中华人民共和国中医药法	全国人民代表大会
2017-02	《中医药"一带一路"发展规划（2016—2020年）》	国家发展和改革委、国家中医药管理局
2019-10	《关于促进中医药传承创新发展的意见》	中共中央、国务院
2021-02	《关于加快中医药特色发展的若干政策措施》	国务院办公厅
2021-04	《推进妇幼健康领域中医药工作实施方案（2021—2025年）》	国家卫生健康委妇幼健康服务司
2021-06	《中医药文化传播行动实施方案（2021—2025年）》	国家中医药管理局
2021-07	《关于进一步加强综合医院中医药工作推动中西医协同发展的意见》	国家中医药管理局
2021-12	《国家中医药管理局关于医保支持中医药传承创新发展的指导意见》	国家医疗保障局
2022-01	《推进中医药高质量融入共建"一带一路"发展规划（2021—2025年）》	国家中医药管理局
2022-03	《基层中医药服务能力提升工程"十四五"行动计划》	国家中医药管理局
2022-03	《"十四五"中医药发展规划》	国务院办公厅
2023-02	中医药振兴发展重大工程实施方案	国务院办公厅

三、中药产业发展的概貌

作为中国传统科技文化与当代科技、制造的交汇点，中药产业是我国具有独特竞争优势的健康产业领域。改革开放以来，随着我国经济社会的全面快速发展，我国中药产业进入了新的发展阶段，产业面貌发生了根本性改变。中药现代化步伐的不断加快，中医药科技创新成效显著，创新中药产品持续突破，中药临床疗效证据不断完善、机制阐释逐步深入，中药质量控制水平快速提升，新技术、新设备、新工艺不断出现，推动中药现代化、产业化水平快速提升，中药行业也逐渐从传统工业迈向现代化。经过几十年的发展，我国中药产业已基本形成以科技创新为动力、中药农业为基础、中药工业为主体、中药装备工业为支撑、中药商业为枢纽的新型产业体系。

从20世纪90年代开始，我国医药产业经历了二十余年的黄金发展时期，与此同步，我国中药产业同样经历了多年的高速增长，在此期间的多数年份，中药产业增速高于医药产业平均增速。2006—2016年，中药市场规模年均复合增长率为20.59%，行业产值占医药工业总值的比重不断提高。中药工业（中成药制造和中药饮片生产）主营收入从1996年的235亿元上升到2016年的8653亿元，增长了约36倍，占整个医药工业市场规模的29.2%。2022年中药工业全年营收7304亿元，较上年增长5.6%（来源：国家统计局），并带动了超3万亿规模的中药大健康产业。中药产业逐步形成具有一定的国内外市场竞争能力，现代中药产业体系与化学药、生物药呈现出三足鼎立之势（见图1-4）。

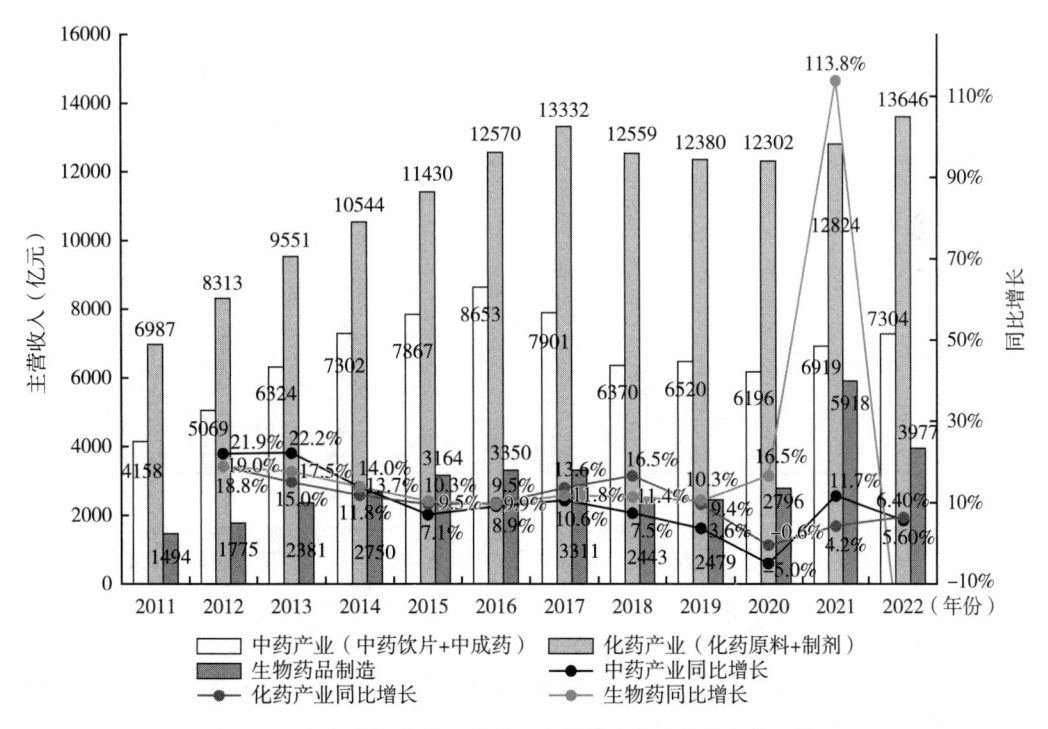

图1-4 近年我国中药、化药、生物药产业主营业务收入情况

数据来源：国家工业与信息化部，国家统计局。

注：行业营收增速数据是有关部门发布当年根据重新审核认定上年同期数据推算而来，故与上年发布实际数据有出入。

从 2012 年开始，随着新医改的深入推进，医保控费等一系列政策出台，医药行业一改过去的"高歌猛进"，增速开始整体掉头向下。2015 年医药行业跌至谷底，增速跌到了个位数。2016 年以来，随着医保进入精细化控费阶段，以及多项鼓励医药创新政策开始逐步产生效果，医药产业总体营收增速呈现逐步回升态势，但中药行业仍面临较大困境，增速低于行业平均水平，甚至增速在医药工业各子领域中连续垫底。2017—2022 年中药工业主营收入分别为 7901 亿元、6370 亿元、6520 亿元、6196 亿元、6919 亿元、7304 亿元，2022 年较上年增长 5.6%（见图 1-5）。

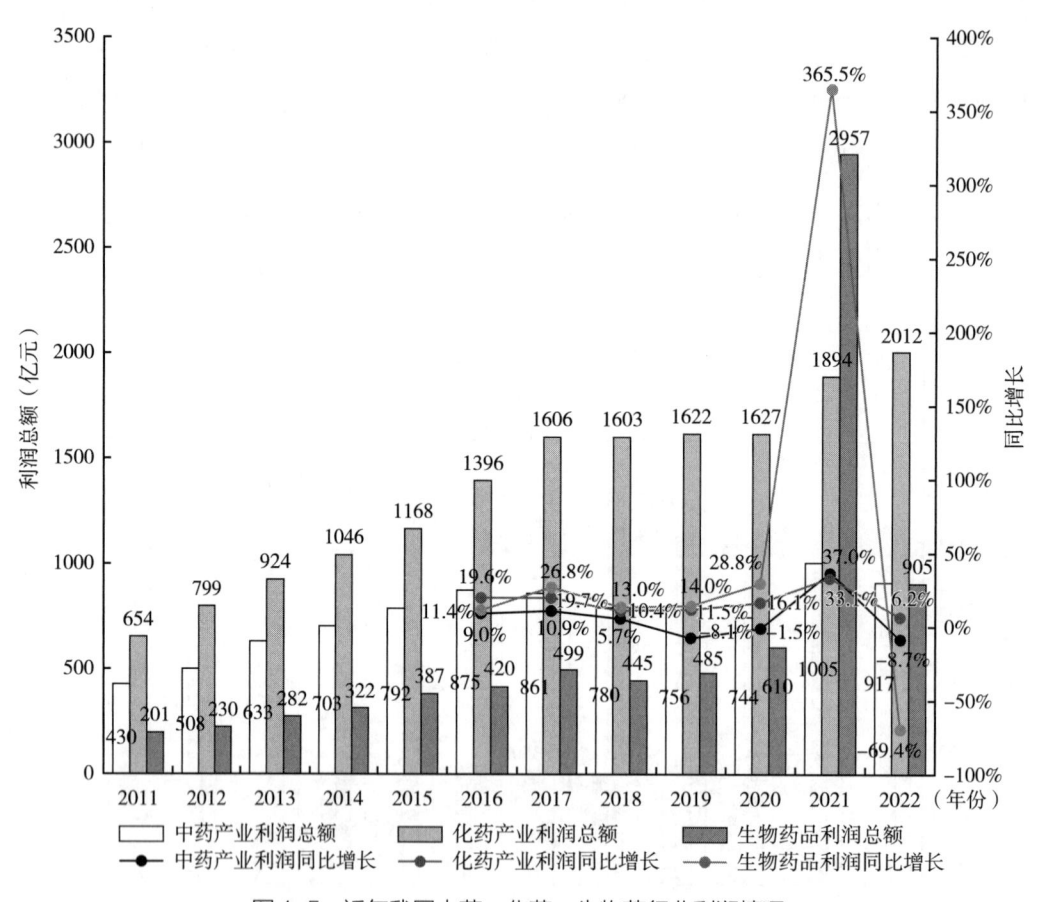

图 1-5 近年我国中药、化药、生物药行业利润情况

数据来源：国家工业与信息化部，国家统计局。

注：行业利润增速数据是有关部门发布当年根据重新审核认定上年同期数据推算而来，故与上年发布实际数据有出入。

从行业利润看来，经历了与营收规模类似的变化。2015 年以前，中药产业，尤其是中成药制造行业平均利润率多数年份高于行业平均水平，2015 年后逐渐下降，开始低于行业平均水平。2020年中药产业（中成药+中药饮片）全年利润744亿元，利润率为12.0%，较上年同期下降1.5%。2021年中药产业营收及利润业绩有所回升，全年利润1005亿元，同比增长37%；2022年中药产业利润有所下降，同比下降8.7%。

目前，国产中药有近6万个药品批准文号。全国有2088家通过药品生产质量管理规范（GMP）认证的制药企业生产中成药，中药已从丸、散、膏、丹等传统剂型，发展到现在的滴丸、片剂、膜剂、胶囊等40多种剂型，中药产品生产工艺水平有了很大提高，基本建立了以药材生产为基础、工业为主体、商业为纽带的现代中药产业体系。

近年来，我国中药产业发展模式逐渐从粗放型向质量效益型转变，产业技术标准化和规范化水平显著提高，涌现出了一批具有市场竞争力的优势企业和产品。在我国经济社会发展中，中药产业特色突出，地位独特，已逐渐成为具有独特优势和广阔市场前景的战略性产业。

第三节　新时期我国中药产业发展态势

我国开启"健康中国"建设，进入了以全民健康为中心的新的发展阶段，医药行业的运行逻辑和核心使命均发生了变化；而随着我国全民医保体系基本建成，在医保控费大背景下，药品审评审批、仿制药一致性评价、营改增、两票制、药品集中招标采购、国家医保药品价格谈判、疾病诊断相关分组（DRGS）、接病种分值付费（DIP）等多项改革持续深入，我国医药行业实现了"价值回归"，迈向以"创新引领、提质增效、转型升级"为主题的高质量发展阶段。

与此同时，新时期中医药事业、产业在社会经济及民族复兴中的作用进一步凸显，党中央、国务院高度重视中医药事业，2019年召开全国中医药大会，明确了"传承精华，守正创新"的中医药发展主线。中药产业逐步迈向高质量发展，发展模式从粗放型向质量效益型转变，产业技术标准化和规范化水平明显提高。

2023年，国产中药有近6万个药品批准文号，全国有2088家通过药品生产质量管理规范（GMP）认证的制药企业生产中成药。2022年中药工业全年营收7304亿元，较上年增长5.6%，占比医药工业20.9%（来源：国家统计局）。

我国中药产业逐步形成具有一定的国内外市场竞争能力，现代中药产业体系与化学药、生物药呈现出三足鼎立之势，并带动了超3万亿元规模的中药大健康产业。中药产业逐渐成为国民经济与社会发展中具有独特优势和广阔市场前景的战略性产业。

中药种植、养殖业进一步规模化、规范化，中药材产地初加工向集约化发展，人参、三七、冬虫夏草等珍稀濒危药用植物资源的规模化培养、产业化生产等共性关键技术获得突破，120种大宗或道地中药材实现规范化种植，超过60种中药材开始生态种植，全国中药材生产技术体系基本形成，成为生态文明建设、精准扶贫、农村振兴战略的重要举措。

中药新药开发开启新局面。近年来，中药新药研发的创新性和质量明显提升，尤其新药的临床价值相对凸显。中成药创新品种的成功上市，显著提高了防治重大疾病的效果，对降低重大疾病的发病率和死亡率发挥着重要作用，进一步满足了民生急需；也为中医药产业提供了"新鲜血液"，对带动产业升级，有效提高中药企业市场竞争力，发挥了关键引领的带动示范作用。2021年12个中药新药获批，超过了过去五年间的总和。中成药已从丸、散、膏、丹等传统剂型，逐步发展到现在的滴丸、片剂、膜剂、胶囊等40多种剂型。

中药大品种具备一定竞争力。重点中成药生产企业纷纷借助国家级企业技术中心、工程研究中心、重点实验室等一批国字号研发平台，对中成药二次开发模式和关键技术加以推广应用，提升中药质量控制水平，挖掘临床价值并进行精准临床定位，成功培育了一批中成药大品种，年销售过亿元的中成药品种有500余个，超过50个现代中药单品种，例如：复方丹参滴丸、连花清瘟胶囊、疏血通注射剂、注射用血栓通（冻干）、稳心颗粒、通心络胶囊、注射用丹参多酚酸盐等销售额已超过10亿元，有的甚至达到30亿~40亿元销售规模。

中药企业经营管理现代化。随着中药产业化、现代化进程，中药企业的产品研发、生产、营销及资产运营，专业化程度越来越高，涌现出了一批具有市场竞争力的产品和企业。多家中药企业年营业额超过100亿元，中药企业约占中国制药工业百强榜1/3。2021年71家中药上市公司合计的营业收入3176亿元，净利润392亿元。中成药制造业集团化、品牌化程度有所提升。

中药提取加工日益高效、多元。随着中药工业生产的集中化、集约化，多种现代化提取工艺应用于中药生产，超临界萃取技术、膜分离技术、蒸馏技术、树脂吸附、微波协助萃取等，大大提高了中药提取效率。中药生产自动化与中成药工业生产专用设备在行业中普及应用，中药生产逐步从手工发展到机械化，再到以中药制药设备的

"管道化、自动化和半自动化"为技术特征的电气化、自动化，近年来的部分新建中药生产线，已开始逐步向生产全链条自动化、智能化迈进。

中药质量控制水平持续提升。中药多为复方，药味多、组成复杂，影响产品质量因素众多。中药质量检测逐步仪器化、数字化，中药质量标准体系不断完善，中药的质量标准大幅度提升，产品批次间一致性得到提高，初步实现了中成药质量的可控、可行、可靠。

中医药科技创新成效显著。中医药蕴含着深厚的科学内涵，具有引领生命科学未来发展的巨大潜力，尤其是中医药现代化战略实施（1996年）以来，中药行业科技创新能力显著提升，学术水平明显提高，推动中药产业快速发展。中药的基础与应用研究逐步走向深入化、体系化，中成药药效物质和作用机制研究不断深入，中药基础理论，包括药性理论、配伍理论、炮制方法等科学内涵初步得到阐释；系统生物学、整合药理学、网络药理学等的发展及应用，使得科学家可以在较短的时间内，大致解析组成复杂的复方中药的药效物质及作用机制。中药研究的设备、条件、人才和平台发生根本转变，建成了一批高水平的中药研究平台。中药安全性研究方法和技术水平显著提升；毒性物质分析、毒效机制及毒性预测等均取得进展。中药科技创新取得了一些显著性标志成果，如中国中医科学院屠呦呦研究员因发现青蒿素获得2015年诺贝尔生理学或医学奖，复方砷制剂治疗急性早幼粒细胞型白血病屡获国内外各种大奖等。自2000年度至2020年度，中医药界共有120个项目获得国家科学技术奖。其中，中医科学院终身研究员屠呦呦获得2016年度国家最高科学技术奖，中医药7个项目获得国家科技进步奖一等奖，112个项目获得二等奖。

自2020年初全球新冠疫情大暴发以来，尤其是早期暴发阶段，在没有特效药和疫苗的情况下，中医药深度介入、全程参与救治患者，经抗疫实践检验涌现出以"三药三方"为代表的一批中成药和方药，进入国家诊疗方案，解决了疫情早期"无药可用"的现实困难。这些方药针对不同类型新冠病毒，有效降低了发病率、转重率、病亡率，加快了恢复期康复，临床疗效确切，成为抗击病毒的重要"武器"，在我国新冠肺炎患者治疗中发挥了重要作用。2020年4月15日，国家药品监督管理局批准金花清感颗粒、连花清瘟胶囊/颗粒、血必净注射液"三药"。2021年3月2日，国家药监局批准基于"三方"开发的新药清肺排毒颗粒、化湿败毒颗粒、宣肺败毒颗粒上市，中医药抗疫原创科技实现了成果转化。中医药的介入，可快速扩大医疗资源的有效供给，有助于扭转病毒扩散带来的医疗资源相对不足的困境。

参考文献

[1] 杨洪军, 李耿. 推动中药产业迈向高质量发展[J]. 中国生物工程杂志, 2022, 42(05): 16-17. DOI: 10.13523/j.cb.2205108.

[2] 李耿, 高峰, 毕胜, 等. 中药饮片产业面临的困境及发展策略分析[J]. 中国现代中药, 2021, 23(07): 1139-1154. DOI: 10.13313/j.issn.1673-4890.20200623003.

[3] 张萍, 郭晓晗, 金红宇, 等. 2021年全国中药材及饮片质量分析[J]. 中国现代中药, 2022, 24(06): 939-946. DOI: 10.13313/j.issn.1673-4890.20220414003.

[4] 薛晓娟, 刘彩, 王益民, 等. 新时代中医药发展现状与思考[J]. 中国工程科学, 2023, 25(05): 11-20.

[5] 邓卉. 我国中药产业现代化视角下的技术创新评价研究[D]. 天津中医药大学, 2020. DOI: 10.27368/d.cnki.gtzyy.2020.000041.

[6] 张丽丽, 曹婷婷, 李梦, 等. 中药智能产业的发展与展望[J]. 世界中医药, 2021, 16(02): 346-350.

[7] 刘国秀, 孙茜茜, 赵思进, 等. 现代中药调剂产业发展路线思考[J/OL]. 中国中医药信息杂志: 1-6 [2024-04-05].

[8] 李耿, 郭宇博, 李文姗, 等. 中药大品种科技竞争力报告（2019版）概要[J]. 中国现代中药, 2020, 22(1): 1-26.

第二章

中药产业技术发展趋势与需求分析

第一节　中药材产业技术发展趋势与需求分析

中药材是中医药事业传承和发展的物质基础，其真伪及品质优劣、资源的可持续利用直接影响中医临床疗效的发挥。在继承祖国医药学遗产和传统鉴别经验的基础上，运用近现代自然科学的理论、知识、方法和技术，系统地整理和研究中药的历史、来源、资源分布、珍稀濒危保护与利用、人工种养、质量评价与控制等各环节内容，在梳理中药材产业关键环节技术现状的基础上，提出当前领域技术发展需求，为构建中药材供给与质量保障平台，保障人民有药用、用好药提供有力技术支撑。

一、中药区划

（一）技术发展现状与趋势

随着中药材人工种植规模和范围的不断扩大，为了保证中药材质量稳定，学术界探索中药材人工种植基地最佳区域的选址问题。国家中医药管理局支持中国中医科学院中药资源中心建立了"中药资源遥感监测和区划重点研究室"，利用空间信息技术，针对中药材生产布局、区域间中药材数量和质量差异等进行研究。先后开展了青蒿、马尾松、头花蓼、太子参等 30 多种中药材的区划研究，形成了中药区划的技术方法体系，出版了《中国中药区划》《中国青蒿区划》《江苏省中药资源区划》等。

近年来，随着考古、分子技术、空间信息、计算机网络等的发展，中药区划技术具有以下发展趋势：①定性与定量结合，把古籍文献中的定性描述信息，与现代具有空间属性的定量信息结合；②宏观与微观结合，把分子、遗传水平等微观方面的数据信息，与地理分布等宏观方面的数据信息融合；③小样本抽样数据与大数据结合，把有限的观测数据与通过遥感监测以及互联网可以获得的大数据信息结合。

（二）当前领域技术发展需求

本草文献中定性描述信息的数字化和矢量化技术。区划需要对主流本草文献的产区信息的数字化，对古今地图进行地名、地域、产地的数字化和矢量化，需要不同时期本草中地名与地图的对应关系和规范，及道地药材产地数字化和标准地图。

中药与地理环境之间的关系和归因研究烦恼规范，需要具有空间信息的中药材分布区域、种植基地等的多源矢量数据，及多源数据采集、格网化融合、数据批量处理、自动化分区分类的技术体系。

基于中药材小样本的抽样数据，反衍大尺度面状数据的工具或模型。有限条件下获取和处理大尺度范围、高空间分辨率、高时间分辨率中药基础数据和环境数据的技术方法。产区变迁研究，需要长时间周期的中药材产区基础数据，精准获取中药材分布和主产区的技术方法。

二、品种选育

（一）技术发展现状与趋势

国际上，生物育种技术发展经历了四个主要阶段，即原始驯化选育的1.0时代；以杂交育种、诱变育种、细胞工程育种为主的常规育种的2.0时代；以分子标记辅助育种、基因工程育种、分子模块育种等为主要手段的分子育种的3.0时代；育种4.0时代就是能快速聚合有利等位基因，创建最佳基因型集合。现在国际一流种子企业已迈入由生物技术（BT）、信息技术（IT）、大数据（DT）、人工智能（AI）融合发展，实现性状的精准定向改良的智能化设计育种的4.0时代。

我国的中药育种工作一直在进行，从种质收集到传统的常规育种、杂交育种、优势育种均有所开展，目前，中药材育种基本还处于1.0和2.0时代的选育和常规育种时期，近年来，也开展了少量的分子育种和诱变育种工作。但整体来说，十分有限，且主要集中在药材品质、产量相关性状的育种，几乎没有抗性育种。与国际先进的一流种子企业比，差距更大，基础更薄弱，仍需巨大的努力。

（二）当前领域技术发展需求

1. 政策需求

与农作物相比，中药材种子具有品种种类多、良种繁育周期长、人工驯化种植和野外自然生长并存等特点。根据我国种子法规定，中药材种子的种质资源管理和选育、生产经营、管理等活动参照执行，但缺乏体现中药材特色的相关的法规和制度建设。

农业农村部于 2016 年开始会同国家中医药管理局等部门，启动了《中药材种子管理办法》研究起草工作，已形成《中药材种子管理办法（草案）》。草案内容涵盖中药材种质资源保护、品种选育和登记、良种繁育等。该办法的发布将有力推进中药材种质资源保护利用、品种选育、良种繁育等高质量发展。此外，中药材育种科研工作的相关发展政策与规划、相应人才评价体系等的政策仍有待建立。

2. 技术规范化需求

中药材种类复杂多样，目前，对于中药材种质资源的研究多集中于单一品种或部分区域的中药材品种，缺乏中药材种质资源收集、保存及评价利用的相关标准与技术规范，缺乏系统的理论研究体系。中药材种质资源的研究、保护与利用可借鉴《农作物种质资源管理办法》建设中药材特色的种质资源理论研究与评价体系。

3. 创新技术需求

在中药材种质资源收集与评价过程中需进一步推进建立高效完善的种质资源鉴定评价、基因发掘与种质创新技术体系。包括种质资源规模化精准鉴定和创新利用、特别是在生理表型组学、农艺性状表型组学数据精准采集、分析和创新利用方面还需加强。同时探索中药特有的药效成分品质评价的规模化鉴定方法，提升种质资源评价的精度和效率。

需要加大基础性研究平台研发和建设力度。一方面引入基础性数据采集和分析设备，特别是多组学高精信息采集设备方面还依赖国外进口，另一方面因存在被卡脖子的可能，需加大自主研发力度，中药材重要的根系相关数据的组学采集技术和设备仍有待开发。

引入和开发育种 4.0 阶段技术，加强大数据分析能力，对复杂性状精准调控网络解析。综合运用组学、遗传学、系统生物学和计算生物学等手段，解析产量、品质、抗病耐逆、养分吸收利用等复杂性状的调控因子与分子网络，丰富对复杂性状调控网络的认知，大规模挖掘相关基因。全面提升分子育种的技术水平和效率。

需要进一步开发多种药用植物的基因编辑育种技术、诱变育种等先进生物育种技术。

三、种植养殖

（一）技术发展现状与趋势

目前，药用动植物种植养殖事业得到了迅速发展。药用动植物与野生品差异很大，虽然目前已经开始生态种植养殖，中药生态农业的基本特征可概括为"三降、二保、一提"，即降化肥、降农药、降排放，保生态、保供应，提质量。但由于相关的配套技术还处于单个技术攻关开始阶段，还没有集成为技术体系，有的技术成本偏高，或者技术应用要求高，离大面积推广应用还有一段距离，所以生态种植养殖技术的开发、集成和应用是目前整个领域的技术瓶颈之一。

另外，劳动力缺失也影响到中药材种植养殖产业，生产装备机械化开发也是目前亟待解决的制约因素，中药材栽培选地灵活（梯田、山坡、林下、作物行间等），需要开发针对各个生产环节的小型机械化设备：如整地、种苗生产、田间管理、采收、初加工等农业机械设备，保证后续种植养殖产业的自动化生产，尽量将天气对生产的影响降到最低。另外，受技术和保密等因素限制，智慧农业在中药材种植养殖产业中的应用还有很长的路要走。

（二）当前领域技术发展需求

探索药用动植物的生态种植养殖模式，建立其高效发展的配套生态技术体系，如野生抚育技术、仿野生栽培技术、高品质有机肥开发、合理使用化肥、秸秆还田、补充微生物菌剂等的土壤改良技术、利用农业耕作技术、检验检疫、抗性品种选育、理化诱控、生物多样性相生相克原理的病虫草害绿色防控技术等，提高中药材的品质，是未来的重点发展方向。

同时，积极探索智慧农业在中药材种植养殖产业中的应用，研发专家咨询系统和智能器械装备，节省劳动力、减少天气对中药材生产的影响，也是未来中药材种植养殖产业的发展方向。

深入分析中药材种植养殖过程中影响中药材品质的因素，构建高效的生态种植养殖模式，研究其高效发展的配套生态技术体系，研发基于图像识别和机器学习的智慧农业技术，研究中药材种植养殖专家咨询系统和智能器械装备，是未来的发展任务。

调研国内外现有的生态种植养殖模式和技术体系，研究智慧农业在中药材种植养殖产业中的应用，充分利用已有基础，分阶段、分步骤分解卡脖子技术，增加这方面的科研投入，逐步建立中药材现代化种植养殖生产体系。

四、采收加工

（一）技术发展现状与趋势

中药材的采收和加工技术在长期实践中积累了丰富经验，且在临床得到验证，形成了具有区域特色和较为规范系统的道地药材产地采收、加工方法和技术体系。

在采收方面，目前主要基于适时采收的一般原则，现行研究方法往往基于单一指标性成分和生物产量评价，但忽视了地域和气候的影响，难以客观评价和控制药材质量。

在产地加工方面，根据药材品种不同、用药部位不同、性状不同、所含物质基础等不同，工艺环节也不同。多年来形成了晒、晾、蒸、煮、烫、熏、烤、烘等工艺技术，并且许多传统加工技术的科学性得到了现代科学研究的证实和修正。同时也出现了微波、冻干、超微粉等新的现代工艺技术。近年来，产地趁鲜切制加工技术兴起，其摒除重复工序，减少成分流失，提升饮片质量，符合中药行业发展的趋势。但是，普遍存在产地加工过程及其工艺技术不规范，各地产地采收加工技术及产品质量标准不统一的现象。

（二）当前领域技术发展需求

中药材的采收和加工是中医药产业链中至关重要的环节，其技术发展需求直接影响到中药材的质量、功效和市场竞争力。随着科技的不断进步和社会需求的变化，中药材采收加工领域面临着多方面的发展需求。

1. 中药材采收技术发展需求

精准采收技术：目前还不能完全确定每一种药材的最佳采收时期，亟须形成一套中药材采收与控制理论，确保药材质量符合标准。

智能化采收技术：设计和开发更加适用于中药材采收的新型装备，如无损采收装置、特定形状的割刀等，引入先进的智能化技术，以提高采收的效率和准确性，减轻人工劳动负担。

2. 产地加工技术发展需求

趁鲜切制技术的优化：进一步完善趁鲜切制加工技术，包括直接趁鲜切制和加工后趁鲜切制两种方式。

传统工艺与现代技术的融合：将传统的产地加工工艺与现代的高科技技术相结合，以提高传统工艺的科学性和效率。例如，在传统晒、晾、蒸、煮等工艺中引入现代微波、冻干、超微粉等技术。

自动化加工系统：引入自动化生产线，实现加工过程的自动化和数字化控制。这有助于提高生产效率、减少人工成本，并确保产品的一致性和稳定性。

标准化与规范化：制定更为科学和严格的加工技术标准，确保不同批次生产的药材在质量和效果上的一致性。这有助于提高中药材的整体竞争力和市场地位。

绿色制备技术：推动加工过程中的绿色化，减少对环境的污染。研究和应用无害化、无污染的加工方法，降低废弃物产生，提高产地加工的可持续性。

总体而言，中药材采收及加工技术的发展需求既包括提高生产效率和产品质量的技术创新，也包括对生态环境和传统工艺的保护和传承。通过科技创新和工艺改进，中药材产业能够更好地适应市场需求，提高中药材的国际竞争力。

五、珍稀濒危药材人工繁育

（一）技术发展现状与趋势

当前珍稀濒危药材人工繁育技术，主要基于动物与植物两大类资源的生物差异性，形成了两个技术体系。动物药材人工繁育，需经由引种、驯化、饲养3个阶段再达到繁殖、育种层次。如今麝、梅花鹿等珍稀濒危药用动物均已实现规模化人工养殖，特别是人工繁育梅花鹿已属于特种畜禽。林麝活体取香、梅花鹿取茸技术均较为成熟。

植物方面，甘草、黄连、人参、杜仲、厚朴等均已实现规模化种植，但仍有大量药材如血竭、狗脊、紫草等仍依靠野生供给。植物药材人工繁育技术除与大宗植物药材类似的品种选育技术外，主要为保育技术，包括原位保存技术、离位保存技术、信息提取与保存技术、繁育技术及复育技术。

开发适合珍稀濒危药材的研究，其周期短、安全、操作快、无损、微量的具体研究技术，以实现规模化、标准化、集约化生产都是珍稀濒危药材人工繁育技术的发展趋势，以期最终达到中药材生产优质优产、质量稳定可控的目的，早日实现中药材资源的可持续利用。

（二）当前领域技术发展需求

在今后的发展中，引种需加强现代技术的应用，如利用遥感、无人机调查、红外监测等手段进行习性调查；驯化需加强物种特异性驯化技术研究；饲养则需要在物种生物学特性研究的基础上提升管理技术与饲料配置技术；繁殖育种相关技术研究较多，如人工授精、胚胎工程、排卵控制、性别控制、诱导分泌、诱导泌乳、人工孪生等，应加强此类技术的适应性引入方法研究；育种过程中需根据品种特性，选择适合的品系繁育、杂交改良、分子育种、数量遗传学育种等方法进行深入研究，因目前已应用的品种较少，应在发展中重视成功品种的示范作用，做好推广工作。

当前植物药材的人工繁育技术主要包括保育技术与选育技术。在今后的发展中，需扩大原位保存技术应用范围，建立更多的珍稀濒危药用植物自然保护区；离位保存技术则需要开发更适用于珍稀濒危药用植物的活体保存技术、离体保存技术等，推广此类技术的应用，提升其适用性；信息提取与保存技术应借助于建立更多珍稀濒危药用植物苗圃、种子基因库等实现药用植物遗传资源保护，并进一步提升珍稀濒危药用植物遗传特征的提取与保存技术；繁育技术目前相关研究较多，发展方向为推广单株选择技术、片选技术、离体组织器官繁育技术在更多品种上的应用；复育技术的发展趋势是开发品种适宜性协同栽培技术、人工抚育技术、生态环境恢复技术，以期实现珍稀濒危药用植物的成功复育。

珍稀濒危药材人工繁育技术的发展具体可以从加强珍稀濒危药材生物学、药物学特性研究入手，弥补珍稀濒危药材缺乏基础研究的不足，在掌握各品种特性的前提下，有针对性地利用现代化技术手段攻克各品种特异性的人工繁育技术瓶颈，完善技术体系，最终达到中药材生产规模化、集约化、标准化、优质优产、质量稳定可控的目的，早日实现中药材资源的可持续利用。

六、珍稀濒危药材人工替代

（一）技术发展现状与趋势

当前，濒危药材人工替代技术处于快速发展阶段，研究模式正从较粗放的功能替代转向追求高化学成分相似性和功效一致性的高技术代用品。借助于色谱、波谱等技术的进步和普及，濒危药材的化学研究取得了一定的进展，对其中的物质组成有了较多的认识，但研究的系统性和全面性仍有待提升，特别是化学组成的全息表征和针对蛋白、多糖等大分子类成分的研究仍然缺乏。

高通量筛选、高内涵筛选、生物芯片等技术推动了药效物质的快速识别。类器官、线虫、斑马鱼等药效评价技术的应用降低了早期药效学评估成本。这些活性筛选和药效评价技术的进步显著推动了濒危药材药效物质的阐明。需要指出的是，尽管国内在这些领域发展迅速，但在作用机制等基础研究上仍与国际先进水平存在差距。此外，缺乏适应中医药特色的原创性活性筛选和药效评价技术以及理论框架严重制约本领域的进一步发展。

在药效成分获取和制造方面，有机合成、酶工程和生物催化技术仍然主导小分子药效成分制造，而蛋白异源表达技术在蛋白类成分制造中起关键作用。随着科学技术的进步，相关产业逐步向高能效比、低排放和可持续化的方向发展。未来有望借助合成生物学的发展进一步提升制造效率和水平。尽管我国在有机合成领域与国际同步，但在生物工程、合成生物学等研究方面与国际先进水平仍有差距。

以上为濒危药材人工替代领域涉及的核心技术环节，其发展将推动濒危药材人工替代技术实现更高水平的创新和突破。

（二）当前领域技术发展需求

当前濒危药材的人工替代技术在以下几个方面存在迫切的发展需求。

1）在化学成分的系统分离与表征技术方面：尽管现有的色谱、波谱等技术已取得一定的进步，但对濒危药材化学成分的研究仍需提升其系统性和全面性。要研发出高还原度的人工代用品，全面了解各种类型化学成分的结构、含量和比例是必不可少的前提。因此，有待发展和完善基于多种分析、分离和表征技术的集成应用，进一步提高自动化、集成化、智能化程度。例如，通过发展多种色谱、波谱的串联和并联技术，可以更高效地识别和分离药效成分，从而快速获取其结构和含量信息。此外，针对蛋白、多糖等大分子类成分的分离和结构表征技术，也存在迫切的创新和发展需求。人工智能与大数据技术的深度融入有可能推动本技术领域的跨越式发展，目前相关研究仍然缺乏。

2）在活性筛选和药效评价技术方面：面临着研发适应中医药特性的原创性筛选和评价方法及理论框架的挑战。由于中医药理论与现代医学术语之间的差异，需要发展创新性的方法和技术，进一步丰富濒危药材功效的科学内涵，搭建现代医学与传统功效之间的沟通桥梁。未来，通过大数据/人工智能等先进技术与中医药的深度融合，有望开创全新的研究模式。利用大数据分析和机器学习算法作为支持工具，研究者可以深入探究濒危药材的化学、药理特性以及功能主治，揭示其中隐藏的关联性，为后续替代品的研发提供有价值的信息和参考。通过对大量数据的整合和挖掘，将有助于更有效地理解药效物质及其作用机制，揭示药效物质间的协同效应，并解析濒危药材复杂体系作用的科学本质。在此基础上，还需建起完善的"濒危药材-化学组成-传统功效"研究链条。这将有助于更精确地解读濒危药材发挥疗效的科学内涵，推动人工替代技术的精准化和科学化发展。

3）药效成分的高效获取和绿色制造技术方面：对合成技术和生物催化技术的创新需求日益迫切。为了实现更高效、经济和环保的小分子药效物质合成，需要开发新型的合成方法和反应，包括设计新型催化剂、探索光催化和电化学反应的新应用，以及发现具有广泛底物适应性和独特催化特性的酶催化工具。发展合成生物学和基因工程、代谢工程，通过改造微生物或植物细胞的代谢途径，使其能够高效地生产目标药效物质。这种方法具有实现过去难以合成的小分子类成分的大规模、低成本的绿色制造的潜力。

以上发展需求的解决将有助于推动人工替代技术的进步，实现濒危药材的可持续利用，保障中医药产业的健康发展。

七、珍稀濒危药材生物技术

（一）技术发展现状与趋势

当前，利用生物技术已开发出部分珍稀濒危中药材的替代品，主要基于两个方向研究开发，形成一系列技术体系及平台。一方面是开展珍稀濒危药材的驯化、品种选育、仿野生栽培、野生抚育、种苗繁育等，或基于基因编辑技术发展珍稀濒危中药材分子育种，开发珍稀濒危中药材的替代品，未来几年药用植物的高效遗传转化及基因编辑改良是发展趋势；另一方面是基于合成生物学技术发展珍稀濒危中药材活性物质的异源合成，使活性物质摆脱对源植物的依赖，减少资源破坏并高效定向获取，助力中医药现代化及产业变革，针对重要中药活性成分的高效生产以及成药性挖掘改良是中医药资源开发利用的重要方向。

（二）当前领域技术发展需求

对大多数的药用植物，除了生境破坏或者无序采挖导致其珍稀濒危之外，许多珍稀濒危药用植物生殖力弱、存活力低、适应力差等内在遗传因素是其走向濒危的根本原因，深入研究其内在的遗传机制是从根本上缓解珍稀濒危的基础。因此，除了开展珍稀濒危药材的驯化、品种选育、仿野生栽培、野生抚育、种苗繁育、分子育种等研究外，利用遗传学、植物学、分子生物学方法技术开展组织培养以及再生体系构建、遗传转化体系的构建、基因编辑技术的应用，从机制上了解、从根本上解决珍稀濒危现状，实现濒危药材的生物技术改良和突破。针对珍稀濒危药用植物的药效活性成分，利用生物技术实现其生产替代，能够从一定程度上缓解对珍稀濒危资源的压力。通过深入挖掘动植物遗传资源，系统阐释活性物质形成和积累的分子机制；基于系统生物学和合成生物学理论，开展药效活性成分的高效异源合成，为药用活性成分的深入挖掘利用提供依据。但在异源细胞工厂创建过程中，除了解决催化元件的挖掘以及效率提升外，合成途径的创建还涉及元件的兼容性、底盘的耐受性，以及底盘细胞的调控和反馈网络等。因此，活性成分形成和调控因子的挖掘是异源生产的基础，合成和调控同步解析才能解决植物改良和生物合成制造中出现的代谢流调控问题。随着信息量的增大，自动化、高通量筛选、人工智能在基因筛选、功能研究、细胞工厂创建中的应用是现阶段亟须加强开发的技术。

八、商品规格等级

（一）技术发展现状与趋势

目前中药材商品规格等级的划分主要基于性状、化学成分、生物评价3个方面。常用的技术手段有感官性状评价指标德尔菲法，其中性状评价包括形态、大小、颜色、气味、质地、断面、粉末显微鉴别等；基于电子鼻、电子舌、比色卡等技术的气味客观化评价法；化学评价法主要基于药材所含的化学成分进行划分，如根据指标性、大类或总成分的含量，并结合农残、重金属、有害元素及外源性污染物等进行划分，根据指纹/特征图谱等方法进行划分；生物评价包括DNA鉴定、生物效毒价检测等；以及综合上述若干种方法的综合评价法。发展趋势是不断引入最新的分析技术，由简单的几个指标向多个指标划分的深入。此外，由宏观性状、微观结构、内在成分的划分逐步向结合药效评价的模式发展。

（二）当前领域技术发展需求

鉴于当前性状、化学、生物三类主要的划分方法均存在各自的局限，如感官性状评价指标德尔菲法受到参评专家的自身经验、认知程度不同而呈现较大差异，相同的样品不同的专家得出截然相反的结论；化学评价方法存在成分与疗效之间关系不明的难题，在不清晰有效成分的情况下，仅凭现有检测技术水平下所测定的某些指标性成分含量的高低并不能有效地评价药材的等级；而生物评价则存在单味药材相应功效缺乏模型的难题。因此，现有的不同划分手段均不能灵敏有效的反馈药效情况。基于上述分析，以人用历史为依据，以长期临床实践结论为基础，挖掘整理不同药材传统等级划分的经验，并以传统认可的优质药材为基准，通过现代理化分析技术进行表征，是未来进行科学划分中药材等级的重点发展方向。历代医家在长期的临床实践中，以临床疗效为指标，长时间、大量观察基础上所总结的等级优劣论述是解决目前等级划分无标准的有效路径。以传统总结的等级优劣论述为依据，对符合传统等级优劣的实物采用现代多维理化分析技术进行表征，并加以药效评价验证，得到相互的差异规律，进而制定出合理的等级划分标准是当前领域技术发展的需求。

九、药材真伪鉴别

（一）技术发展现状与趋势

随着生物学、化学、光学、计算科学等领域新技术和新方法引入中药真伪鉴别领域，中药鉴别初步形成从中药原动植物到中药种子种苗、中药材、中药饮片、中药提取物和中成药的生产全链条真伪鉴别体系。然而，不同中药材真伪鉴别技术发展不平衡，基原鉴别、显微鉴别和性状鉴别均处于向智能化、客观化、数字化方向发展的初期阶段，生物检定技术逐步受到认可但在中药产业应用不足。

目前，多数鉴别方法都存在关键技术设备制造、技术方法集成、数据库系统化研究少等问题。需要从国家层面设计统一、高质量、标准化的中药材性状、显微、理化及核酸标记参考数据库，建立适合中药临床功效评价的动物模型及多维的生物效应评价体系，研制自动识别、比对和鉴定的一体化鉴定数据分析平台和智能鉴定设备，实现中药生产全链条真伪智能鉴别。并发展稳定可靠的生长年限、产地、种质鉴定新方法，实现快速、现场、高通量、低成本的中药鉴别目的。

（二）当前领域技术发展需求

"真伪优劣"是中药鉴别领域的核心问题。中药材及饮片的真伪鉴定已有长足发展，显微、理化、生物鉴定技术均已广泛应用并纳入《中华人民共和国药典》，形成中药真伪鉴别质控体系。真伪鉴定需求集中在关键技术设备制造、技术方法集成和数据库系统化方面，医工交叉是真伪鉴别技术发展的必由之路。除真伪鉴别外，中药鉴别技术体系发展应侧重于解决传统鉴别中的难点和热点问题，如多来源药材鉴别、产地鉴别、年限鉴别、成药鉴别等。

多来源药材鉴别方面，有必要按一药一名一标准的原则，科学、客观地逐步解决中药材长期存在的同品名来源问题。在结合形态学考察的前提下，针对特定的问题选择合适的 DNA 片段、光谱或质谱方法开展多来源药材的鉴定是真伪鉴定未来技术发展基础。

产地鉴别方面，利用稳定同位素、矿质元素和化学成分差异，筛选获得产地特征成分标记物（群）。或利用分子谱系地理学基本理论，筛选可进行产地鉴别的遗传标记或功能基因分子标记并最终形成稳定可靠的鉴定方法是中药鉴定技术发展的新目标。

年限鉴别方面，如何实现无年轮、生长轮的药材或饮片生长年限的客观鉴定是中药鉴别的难点问题，除利用端粒酶活性和端粒长度随生长年限变化的规律实现的人参等部药材年限鉴别外，如何建立更广泛、更通用的化学或生物鉴别方法实现中药原材料生长年限的准确鉴定是亟待实现技术突破的重要方向。

种质鉴别方面，DNA 分子标记如微卫星（SSR）、单核苷酸多态性（SNP）等技术的引入及 DNA 指纹图谱的构建初步实现了种质的快速鉴别，但农家种的提纯、新种质的确立仍依赖于中药鉴别技术的进一步发展。

十、中药品质评价

（一）技术发展现状与趋势

中药品质优劣直接关系到临床疗效和安全性。国内外的学者们从不同视角提出了创新性的研究思路，如一测多评法、谱效整合指纹图谱技术、等效成分群体系、效应当量模式、质量标志物的概念、临床价值导向的生物测定法等。鉴于中药自身的复杂性以及科技条件、研究思路和方法的局限性，中药品质评价尚未形成系统性的共识模式和方法。从中药品质评价模式的演变脉络看，主要有 3 种模式：①传统的性状评价法：通过外观形态"辨状论质"进行评价，虽简便易行，但易受到人为感官因素和检测环境等影响，客观性和一致性难以保证。②化学评价法：通过测定药材中某一种或多种指标性成分，评价结果更为客观准确，但评价指标常与临床功效关联性不强，"唯成分论"的局限性凸显。③产地论的药材品质评价法：认为道地产区的道地药材比非道地药材品质好，不论大小和药效成分含量的高低等。当前 3 种评价方法不能很好的统一，有时甚至相互矛盾。因此，基于传统品质评价方法的科学内涵阐释，建立其与现代质量评价体系的关联性，进而构建感官评价、化学评价和生物评价相融合的中药品质评价模式和方法是未来发展趋势。

（二）当前领域技术发展需求

1. 强化水溶性药效物质发现和制备技术，夯实品质评价的物质基础

针对中药临床汤剂入药的特点，聚焦于迄今药效物质尚不清晰者，如菌类药、动物药等研究难点，开展蛋白/多肽、多糖类等水溶性生物活性大分子的结构表征和检测技术研究，改善当前中药品质评控体系中大分子检测不足的现状。针对市场亟须或者新增水溶性对照物质，开展规模化工程制备技术研发，加强组分对照品的研制与推广应用，探索数字对照物质的研究与应用，为构建化学 - 生物评价融合的中药品质评价技术体系夯实物质基础。

2. 多学科技术交叉融合，构建中药品质评价整合策略和关键技术体系

引入生物技术和人工智能仿生技术，构建传统性状的客观化和数字化技术体系；以中药化学分析与生物评价为核心，引入生物信息学、深度学习等技术和方法，构建高效、稳健、可及的中药品质整合评价策略和关键技术体系。针对药效成分群明确者，发展多成分质控法，促进中药品质整体提升；针对不明确者，构建临床价值导向的适合中药特点的生物测定法，弥补感官评价和化学评价的不足。

3. 完善中药材过程控制技术体系，促进科学监管向药材生产源头延伸

中药材生产的产业链长，影响因素多，如种质种苗、种植、采收初加工等不同环节，推进中药材规范化生产技术体系建设，完善过程控制技术标准，有利于促进中药科学监管向药材生产源头延伸。

4. 构建中药质量真实世界数据平台，实现中药品质评价数据互联互通

中药品质评价涉及多因素、多环节，多源异构数据呈现"碎片化"，数据标准不统一、表达方式不一致，同时可能涉及核心技术等，导致质量数据无法相互兼容和共享应用。构建以化学-生物为核心的数字化中药质量真实世界数据平台，打破各环节间的数据孤岛，实现数据互联互通。

第二节 中药饮片和配方颗粒产业技术发展趋势与需求分析

一、中药饮片

（一）技术发展现状与趋势

中药饮片产业发展态势平稳。随着国家对中药产业高质量发展的持续推进，中药饮片产业发展态势持续稳定，20余年间产业规模增长了460倍，年均增长率超过30%，远超同期医药工业平均增幅；饮片产品质量显著提升，最近三年抽检合格率达98%以上，为保障临床供给和满足大众健康需求作出了重要贡献。

炮制过程控制及装备水平显著提升。"十三五"以来，国家部署国家重点研发计划等项目，积极推进炮制关键技术装备及产业化示范、饮片质量识别关键技术，以及饮片专业化生产模式研究，成功研制中药饮片净-切-干燥联动生产线，饮片蒸煮、发酵等炮制单机关键技术装备研发取得了显著进步，饮片区域性、专业化、集约化生产模式得到推广和应用，为产业带来了良好示范。

饮片标准体系建设成效显著。自《中华人民共和国药典》2010版大幅收载饮片标准数量、奠定饮片法定药品地位以来，中药饮片标准水平得到全面的提高，国家中药标准化建设项目以及《国家中药饮片炮制规范》的实施，进一步健全了中药饮片标准体系，保障了饮片产品质量和技术水平。

技术攻关创新能力逐步提升。以解决饮片实际生产中的关键"瓶颈"技术为着力点，发挥各方优势，已形成了以饮片企业为主体、以科研单位和高校为支撑的技术创新体系，同时炮制人才队伍整体素质普遍提高，显著提高了炮制技术创新能力，促进了饮片生产共性关键技术装备的研发与应用。

炮制技术传承平台初步搭建。自2015年开始，国家持续开展炮制技术传承基地建设，通过理论及技术传承、文化传承、人才传承以及转化应用等炮制传承基地建设，传承、挖掘了一批具有临床价值的炮制技术及其特色炮制品种，提高了炮制技术的应用转化能力，为中药饮片产业的发展创新提供了持续可靠的源头活水。

中药饮片产业发展趋势。中药炮制技术是我国独有的、最具传统特色的制药技术，中药饮片已经从传统的手工作坊全面迈进现代工业生产制造方式。但中药炮制技术的内涵及原理研究深度不够，饮片质量属性体现不足，生产过程控制的基础研究薄弱，生产标准化水平低，炮制技术装备水平落后，与智能化、标准化饮片生产制造水平尚存在较大的差距，制约了中药饮片工业的内涵式发展。为全面推进中药饮片高质量发展，必须以解决饮片生产中的关键瓶颈技术为抓手，推动中药饮片过程精准控制，构建绿色生产、智能制造的中药炮制标准化生产体系。真正实现中药饮片的自动化、信息化、智能化是未来中药饮片生产发展的必然方向。

（二）当前领域技术发展需求

中药饮片作为中药工业的重要组成部分，面向智能化生产转型的迫切需求，仍存在炮制技术原理解读不深、饮片生产控制技术及设备落后、质量标准体系不健全等共性问题，必须基于中药饮片工业化生产的特征和需求，采用新技术和技术集成的方法，将传统炮制经验与现代技术融合，建立中药炮制工艺过程控制技术及标准，研发适应现代饮片工业的生产线及智能控制系统，提高中药饮片的生产效率，稳定中药饮片质量。

1. 中药饮片生产制造关键技术

①炮制工艺过程的在线检测及识别技术：炮制过程物理感知的数字化检测技术；

中药饮片生产过程中的信息化物理融合技术；多传感器融合的炮制过程在线识别与检测技术；基于水分可视化的低场核磁共振技术；炮制火力火候集成表征辨识技术；基于机器视觉融合深度学习的炮制终点判定技术；基于烟气分析的炮制终点判定技术。②炮制过程关键质量属性及量值传递：基于性状－颜色－物质－药效关联的炮制过程质量标志物辨识技术；基于神经网络融合表里关联的饮片炮制程度辨识关键技术；中药饮片生产全程质量标准体系。③炮制关键装备及智能化生产线搭建关键技术：炮制专用装备智能监控和自动化控制技术；炮制生产线搭建关键技术；炮制工艺智能柔性重构技术；中药饮片生产过程数字化精准质控体系，等等。

2. 中药饮片质量控制关键技术

①中药饮片生产用原料药材的质量控制技术及标准。②中药饮片生产过程控制技术及标准：炮制过程饮片感官性状的数字化表征－辨识－在线控制技术；炮制过程量值传递规律的关键质量属性辨识及控制技术；炮制过程性质－颜色－物质关联辨识及控制技术。③中药饮片产品质量控制技术及标准：中药饮片经验鉴别数字化表征技术；中药饮片定性－定量控制技术；中药饮片专属性质量评价技术；基于表里关联的中药饮片整体质量评价技术；中药饮片标准物质制定关键技术；中药饮片质量快检技术；中药饮片质量分级技术。④中药饮片全过程质量标准体系；中药饮片生产全过程质量溯源体系等。

二、中药配方颗粒

（一）技术发展现状与趋势

中药配方颗粒在我国始于20世纪90年代初，先后经历了研究试制阶段，生产、试点使用阶段，试点结束有序发展阶段。2019年，国家药品监督管理局发布《中药配方颗粒质量控制与标准制定技术要求（征求意见稿）》，正式进行中药配方颗粒国家标准的研究，标志着中药配方颗粒逐渐标准化、规范化，迈向国际化。直至2021年，国家药监局、国家中医药局等多部门联合发布《关于结束中药配方颗粒试点工作的公告》，标志着我国20年来的中药配方颗粒试点工作结束，进入"后试点"阶段。

中药配方颗粒的技术发展与政策监管密切相关，其涉及的有中药原材料质量控制、中药配方颗粒制备的工艺流程、中药配方颗粒生产标准与规范、中药配方颗粒安全性与药效评估、中药配方颗粒制备领域的行业标准与国际化标准等，覆盖中药鉴定、中药炮制、中药分析、中药制剂等各个领域。近年来，中医药迎来新的发展战略机遇，党中央、国务院在"十三五"强调，加快医药发展顶层设计的完善，持续优化政策环境以及不断加大医药发展支持力度。在 2017 年，施行《中医药法》，并于 2019 年，中共中央、国务院印发《关于促进中医药传承创新发展的意见》，大力推进中医药行业创新发展。

当前不断加快的社会发展节奏，传统的中药饮片汤剂已经难以适应生活方式，中药配方颗粒应运而生，中药配方颗粒改善了传统中药饮片应用。截至 2023 年 12 月，国家药品监督管理局批准正式颁布了五批共 265 个中药配方颗粒国家药品标准，已发布的国家标准从来源、制法、性状、鉴别、特征图谱或指纹图谱、浸出物、检查、含量测定、规格、储藏、注意等内容对中药配方颗粒进行全方面的质量评价。中药配方颗粒具有利于标准化管理、保证中药质量、携带服用方便、调剂速度快、错误率低等优势。中药配方颗粒标准由最初的试点企业标准到地方省级标准，发展到现在的国家标准，标准制定不断提升，标准的覆盖范围不断扩大。

中药原材料质量控制技术中包括传统的性状鉴别、理化鉴别、显微鉴别、薄层鉴别，PCR 特征分子鉴别技术和中药材 DNA 条形码分子鉴定技术、重金属残留检测技术等。研究标准汤剂的制备与表征应用技术主要使用的是高效液相色谱技术，另外在特征峰的指认上还应用到气相色谱、液质联用色谱、核磁共振技术、红外光谱与质谱分析技术等。中药配方颗粒制备的工艺技术有煎煮提取、连续逆流技术、喷雾干燥、超临界流体干燥、真空冷冻干燥、湿法制粒、干法制粒、一步制粒、喷雾制粒以及制剂工艺开发技术等。中药配方颗粒安全性与药效评估技术中，主要应用有药代动力学、药效动力学、代谢组学、网络药理学与转录组学等技术。综上，中药配方颗粒的技术发展是以现代分析技术和现代制剂技术为核心的多学科交叉应用融合的技术体系。当前我国的中药配方颗粒的国家标准推行处于领先地位，但在中药材原料农药残留控制以及制剂工艺研究方面与国际水平有一定的差距。

中药配方颗粒未来的发展，建立在近年来国家药品监管层面科学合理的顶层设计政策之上，中药配方颗粒在中药行业内有望率先实现全面质量控制、全过程质量控制，在国家标准下，保证产品品质，成为中医药现代化的标杆，探究中药物质基础和作用机理，使中药走出国门服务全人类。

（二）当前领域技术发展需求

中药配方颗粒是由单味中药饮片经水提、浓缩、干燥、制粒而成，保证了原有中药饮片的质量效果，经中医临床配方后，可供患者即冲即服，是传统中药饮片和汤剂改良产品，是中药现代化的有益尝试，很大程度上解决了传统中药服用、携带不方便的问题，给医生和患者带来了诸多便利。最初阶段，中药配方颗粒生产过程相对简单，质量难以保证。然而，随着科学技术的进步和工艺的改良，这项技术逐渐成熟并得到了广泛应用。现代化的生产流程和严格的质量控制，使得中药配方颗粒技术成为现代中医药领域中的重要一环。至今，在临床中投入使用的中药配方颗粒类型已达到700种，基本覆盖所有常用中药材，在各个地区的医疗机构均得到了广泛使用。在现代医药中，中药配方颗粒技术被广泛应用于各种疾病的治疗和保健领域。

此外，随着人们对传统医药的重新认知和需求的增加，中药配方颗粒技术也成为传统中医药走向现代化、国际化的重要桥梁之一。通过提高中药制剂的现代化水平，可以满足不同患者群体对中医药的需求，从而推动中医药在国际上的认可和应用。

1. 原材料质量控制技术

中药饮片作为配方颗粒的原料，其质量受中药材基源品种、栽培产地、生长年限、采收时间、加工炮制、储藏等多方面的影响，而中药饮片质量不稳定直接影响了中药配方颗粒的质量和疗效。产地加工与中药材质量的联系十分紧密，不科学的加工方法可能会出现有毒物质超标的现象。依法炮制对于中药配方颗粒质量稳定至关重要。

中药颗粒生产的原材料检测方法是确保产品质量的重要环节。目前，这一领域的检测方法处于不断创新与进步之中。传统的方法包括外观检查、理化性质测定、微生物检测等，但随着科技的发展，现代分析技术的应用日益普及。高效液相色谱、气相色谱、质谱联用等先进技术在中药材的成分分析和质量评价中得到广泛应用，可准确快速地确定中药材中的有效成分和有害物质，从而保障颗粒产品的质量安全。基因组学、生物技术等新兴领域的引入也为检测方法带来新的可能性，例如基因测序技术可用于鉴定中草药的种属及真伪。尽管现代技术不断更新，但仍需解决某些中药材复杂性和多样性带来的挑战，确保检测方法的准确性和可靠性，以满足中药配方颗粒生产对高质量原材料的需求。

2. 生产工艺优化技术

中药配方颗粒生产工艺正处于现代化转型的关键阶段。自动化与数字化的引入提高了生产效率，但精确度和流程优化仍是亟待改进的领域。原材料的质量控制是保证产品品质的基础，然而在确保供应稳定性和质量一致性方面，仍面临挑战。标准化生产和规范化流程的推进需要不断加强，以确保各地区、企业间的一致性，保障产品质量和安全性。因此，工艺流程的进一步精细化和原材料质量保障，以及标准化统一的质量控制，是中药配方颗粒生产工艺当前亟须解决的关键挑战。

中药提取生产是一项复杂的系统性工作，涉及工序较多，单纯采用人工操作的方式，不仅效率低下，还容易出现问题，影响产品的质量。通过自动化控制系统，能够将生产过程进行优化，实现生产的自动化控制，帮助中药生产企业进一步提高生产效率，降低成本投入。

采用计算机网络控制、数据通信、红外传输等技术，实现生产过程的自动化、智能化。目前研制出多成分提取、低温浓缩、瞬间干燥、不加辅料、干式制粒、自动化包装的工艺流程，这些工艺能保证中药配方颗粒的稳定性、高效性、质量的可控性。

3. 质量标准体系建设

当前国家标准对中药配方颗粒进行了全面的质量评价，包括来源、制法、性状、鉴别、特征图谱或指纹图谱、含量测定、浸出物、检查、规格、储藏、注意等内容。这些标准的设立提升了中药配方颗粒的整体质量控制水平。此质量评价体系通过固定基原、明确药用部位、定性检识、含量测定和特征图谱等方式，全面控制了药材、原料的质量，并研究了"中药材－中药饮片－中间体－中药配方颗粒"过程中的量质传递关系，实现了生产全过程的质量控制。增加了对外源性残留物如重金属、农残、有害元素的控制，提高了加工过程的合理性和中药配方颗粒的安全性。

随着中药指纹图谱或特征图谱研究技术广泛成熟，为中药配方颗粒质量评价及应用奠定了基础，在已公布的265个国家标准中均包含有特征图谱或指纹图谱，其既强化了中药配方颗粒的整体质量控制水平，同时又兼顾到中药配方颗粒质量真伪优劣的专属性要求。另外，由于中药配方颗粒缺乏药材或饮片的外观特征，使得传统鉴别方法无法描述其外观性状。PCR技术可弥补性状、显微鉴别等传统方法的局限性，对中药配方颗粒的真实性进行快速准确的鉴定。目前已经公示的地龙（参环毛蚓）配方颗粒的质量标准中，应用到PCR技术对样品进行专属性鉴别，有效解决了在中药配方颗粒传统外观形状缺失状态下的准确判别样品种属来源的难题。其次，有研究报道应用近红外光谱与化学计量学结合对中药配方颗粒鉴别和快速测定指标成分含量，基于近红外光谱，不仅可以实现生产在线检测，缩短检测周期，而且对产品质量的实时监控和生产效率的提升也具有积极的促进作用，并为其他中药配方颗粒快速检测提供了参考。

尽管已发布的国家标准目录涵盖的品种仍无法全面满足中医临床的需求，存在着一品多标的情况。为此，应加快中药配方颗粒质量标准体系建设。应充分借鉴新理念如"中药等效群""中药质量标志物""对照提取物"等质量标准控制，以中医药理论为指导，明确质量控制的核心指标，加强对定性、定量指标的研究，建立整体性、专属性的质量评价方法。同时，解决中药配方颗粒质量评价的专属性、方－证对应的功效针对性问题，将质量评价指标与多种功效紧密关联，全面评价配方颗粒的质量。

4. 安全性与效能评估机制建设

由于中药配方颗粒是一种新剂型，其安全性评估方法与传统中药饮片在安全性评价方面存在一定差异，在一定程度上影响了中药配方颗粒的质量控制标准和规范。因此，有必要对中药配方颗粒的安全性进行系统深入的研究，建立起科学的安全性评价方法。虽然传统中药饮片和中药配方颗粒在安全性评价方面存在一定差异，但总体上两者是相辅相成、相互促进的关系。

中药配方颗粒生产企业应建立完善的生产和质量管理体系，保证药品的全过程可追溯，包括中药配方颗粒原料、中药配方颗粒的生产工艺、原辅料及中间体、中药配方颗粒的储存和运输等方面，保证产品质量安全有效。建立中药配方颗粒生产质量控制关键技术与方法，如中药配方颗粒原料控制关键技术，包括中药材种植过程中的农药残留控制技术，中药材加工过程中的重金属残留控制技术，中药材炮制过程中的有毒有害物质控制技术，中药配方颗粒原辅料及中间体控制关键技术等；中药配方颗粒生产工艺关键技术包括中药配方颗粒制备工艺，包括药材饮片炮制工艺、提取分离与浓缩工艺、干燥与制粒工艺等；中药配方颗粒生产质量控制关键技术包括指纹图谱和血清药理学研究、专属性测定等；建立中药配方颗粒的全过程质量管理体系，包括中药配方颗粒生产过程中的生产工艺、质量标准、储存运输等，保证产品安全有效。

第三节 中成药产业技术发展趋势与需求分析

一、中药新药研发

中药新药研发是一个系统性工程，与中药新药注册的法规以及相关技术指导原则紧密联系，不同种类的中药新药研发，涉及的开发路径以及技术方法会有较大差异。中药新药的研发主要包括选题立项、临床前研究、临床研究3个阶段，涉及新药发现、药学研究（质量控制、制剂工艺等）、药效毒理、临床研究等主要环节，并且这些关键研究环节不是孤立的，而是相互影响的。在整个中药新药的开发过程中，需要综合考虑和评判，每一个环节出现问题，均有可能导致研发的失败。

中药新药研发除了与天然药物研发具有相似的路径外（单体药物的研发），中药复方新药的研发更能够体现出中医药的自身特色。一方面，在以青蒿素为代表的单体化合物新药研发过程中，相关的技术方法是在天然产物研发模式的基础上不断发展，尤其近年来在类器官、生物芯片等活性筛选模型方面、基于药物靶点的新药研究方面、基于计算机的虚拟筛选等方面发展迅速，如何将这些技术有效应用在中药新药的研究中，从中药复杂物质体系中找到有效成分或部位，转化为中药新药，将是中药新药研发的未来发展的重要方向；另一方面，通过发展、利用数据挖掘技术、人工智能技术等，基于中医药的传统经验、临床人用经验以及现代医学生物学大数据，促进中药复方新药在处方发现、优化、临床定位等方面的进步，为中药复方新药的开发提供有效的技术方法，是未来的发展需求。以下将从中药新药发现、制剂工艺、药效评价、毒理研究、临床评价等方面涉及的新药研发技术的发展趋势与需求进行分析论述。

（一）新药发现

1. 技术发展现状与趋势

中药新药发现涉及新药研发过程中的化学、物理、生物等多学科的技术方法，与中药新药的研发路径、注册种类密切联系。目前基于中医药理论、人用经验、临床试验三个层面相结合的中药审评证据体系，以及 2020 年《中药注册分类及申报资料要求》可以看到，中药新药的研发更加注重临床经验和临床证据，充分体现中医药的临床价值和优势，尤其是对于中药复方新药的开发。因此，中药新药的发现技术，不仅要重视天然药物新药发现的新技术、新方法，从动物、器官、细胞、靶点的不同水平进行药效评价，筛选高价值的化合物；而且更重要的要从处方的源头进行筛选，从临床经验、古代医书籍中发现具有价值的复方进行研发；此外，随着国内外中医药现代化研究的发展以及中医药组学数据、靶点数据的生物信息学数据的不断积累，基于大数据的数据挖掘技术以及人工智能技术，也将成为中药新药发现的重要发展趋势。

2. 当前领域技术需求分析

根据中药新药开发的技术路径或研发途径的不同，相应的技术方法需求也有所差异。一方面，以青蒿素单体化合物新药发现为范式的新药研发路径，仍将长期存在，其技术是在天然产物的分析、分离、鉴定技术的基础上，进行活性的筛选，其发展需求主要是以提高工作效率以及解决微量成分的分析分离为目标，满足设备的集成化、智能化发展需求，并且在活性成分或组分筛选方面，更多是以提高通量以及筛选的准确度为目标的新技术、新方法、新模型的开发。例如，基于靶标垂钓的中药活性成分筛选技术、基于类器官的中药活性成分筛选技术、基于微流控芯片的中药活性成分筛选技术、基于计算机虚拟筛选技术等；另一方面，当前中药新药的发现技术需求，是如何从临床以及古籍数据中采用中药新药处方挖掘技术，如基于熵聚类的处方挖掘技术，筛选出有效方剂，并在此基础上通过中药新药处方优化技术，基于有限的药效试验及多维的药效指标，建立适当的数学方法，完成对组方的进行处方的优化，为进一步的临床转化奠定坚实基础。

（二）新药研发制备工艺

1. 技术发展现状与趋势

中药新药研究是一项涉及多学科的理论知识和集成的共性关键技术的系统工程，其涉及的工艺环节包括中药种植–药材炮制–饮片–制备工艺–质量标准–稳定性–药效学评价–安全性评价–临床评价等。中药新药研发过程中，制备工艺不但关系到新药研发中药学部分的质量标准、稳定性研究，同时对药效、毒理、临床研究部分也影响重大。目前我国获批的中药新药制备工艺仍以传统工艺为主，缺乏新方法、新工艺、新技术的应用，如超临界萃取法、半仿生提取法、酶提取法等；分离与纯化方面受技术力量、经济条件、设备条件等多方面因素的影响，导致产业化转移困难；成型工艺方面多以经验式判断为主，缺乏成型前物料、辅料的物理属性、成型工艺过程的深入研究。

剂型是中药临床应用的形态，即产品的最终体现形式，中药不同的剂型有着各自的特点和优势，临床上应用剂型的选择对于药效的发挥和疾病的治疗具有重要的影响。随着新技术、新设备、新辅料等应用基础研究的不断深入，在中药复方新型给药系统设计思路方法、制备新技术的拓展等方面取得了长足的进步，推动了中药药剂学科发展步入新的台阶。中药制剂最早出现在夏商时代，其后逐渐发展有了丸、散、膏、丹等数十种传统剂型，为第一代剂型。随着临床用药的需要、给药途径的扩大和工业的机械化与自动化，出现了片剂、注射剂、胶囊剂与气雾剂等第二代剂型。第三代剂型为缓释、控释剂型。为使药物浓度集中于靶器官、靶组织、靶细胞，发展为第四代的靶向给药系统。而反映时辰生物学技术与生理节律同步的脉冲式给药，根据所接受的反馈信息自动调节释放药量的自调式给药的为第五代剂型。

2. 当前领域技术需求分析

中药制剂基本只停留在第一代和第二代剂型，罕见缓控释、靶向中药制剂，以致中药不能摆脱"粗大黑"的形象。中药新型给药系统的研究是中药现代化的一条有效途径，将极大地提高产品的科技含量，树立中药在国际上的形象。随着现代先进科学技术发展，中药制剂新技术、新剂型、新设备和新辅料等方面得到迅猛发展，但与现代药剂学前沿相比，仍存在着相当的差距，主要存在科技水平低、创新性不强、理论研究薄弱等问题。

为使中药新剂型能保持临床的独特疗效，又能以现代科学方法和手段体现其内涵丰富的理论基础，应大力发挥中医药的特色，不断提高药品质量，重点开发疑难病、重症疾病的药品，及时关注国际制药信息并及时汲取国际最新的制药技术，确保研发中药剂型的质量及其临床投入用药的有效性和安全性。因此，中药剂型研究的未来，应当传承精华，守正创新，加强搭建起沟通基础研究和应用开发的桥梁，建设高素质的科研人才队伍，开发具有自主知识产权的新制剂和新技术，加强新制剂、新剂型、新工艺、新辅料和新设备的开发，建立新制剂和新技术合作平台，加强学科间的合作，促进国际学术交流，促进中药剂型的研发同国际接轨。

（三）新药研发质量控制

1. 技术发展现状与趋势

梳理中药质量控制技术体系发展历程，发现经过大量研究，围绕中药质量控制技术及模式创新取得了重大突破，提出了中药质量"辨状论质"论、中药整合质量观、中药质量标志物等新思路和新理念。

随着中药活性成分的现代质量评价理论体系及研究思路的创新产出，推进了其研究模式从"模仿化药"到"符合中医药理论及复杂体系"方向转变。同时，随着研究思路的不断创新，化学分析手段的不断更新，完善了指纹图谱技术、一测多评法、谱效关系法、生物效价等方法，提出了多维多息指纹图谱技术、"质-量"双标法、量-效色卡技术、多功效/反向功效质量标志物发现策略等质控新模式和新方法，使中药质量控制沿着"单化学成分评价控制 - 多化学成分评价控制 - 药效成分评价控制 - 生物效应评价控制 - 临床疗效评价控制 - 多维度评价控制"的路线不断创新和发展。

2. 当前领域技术需求分析

中药是遵循中医药理论的产物，具有整体性和系统性，其在物质基础上表现为复杂的混合体系，在生理效应上表现为复杂的综合体系，物质与效应之间呈现多样非线性关系。因此，中药质量控制与评价体系的建立应符合整体性观念、精准性理念及系统性思维。整体性表现为化学成分整体性及功效评价整体性。化学成分整体性即基于化学成分属性，多技术方法联合使用，多维度分析，整合"有机-无机""有效-无效"成分，实现化学成分多维全息整体表征；生物效应整体性即在相应病症下，从分子、细胞、组织、器官、整体等多维度进行研究，整合宏观和微观2个层次，揭示中药整体作用功效。精准性体现在成分与药效相关性分析，依据中药多重功效属性特点，针对特定药效，解析与特定药效密切相关的中药内在化学属性，从而实现中药质量有效性的精准控制。基于中药复杂体系特点，从"系统-系统"角度，整合多学科技术方法，结合感官评价-化学评价-生物评价等模式，构建"化学成分-生物效应-中医功效"多维关联，阐明功效-成分-品质关系，提炼质量标志物，建立多元化中药质量控制方法，实现质量关键因素的可视、可控、可溯源，最终实现中药质量整体性、精准性及系统性控制。

中药质量控制应注重药材的源头控制和量质传递，建立完善的质量标准体系；应反映中药整体内在质量，并与药品安全性、有效性相关联；应深入思考产品特点，综合设定检测项目，提高整体质量评价；注重质量控制的整体性和阶段性，使中药质量控制更能体现中药的特点和符合中药新药研发的要求，同时发挥中药质量控制在中药实际生产中的关键作用。

（四）新药研发药效评价

1. 技术发展现状与趋势

药效评价始终都是中药新药研究的核心问题。在中医理论指导下，借助现代医学的研究方法和多学科交叉的技术支持，多层次、多维度中药新药药效综合评价模型体系趋于成熟并广泛应用，中药药效的系统研究及作用机制解析取得长足进展，中药新药药效研究以快速、全面的方式进行多方位探索，并产生阶段性成果。但仍存在评价体系不完善，疾病模型造模方法与中医疾病认识观的差异、中药药效与传统理论认识脱节，作用强度与临床已知疗效不匹配等诸多问题。重视中医治则、中药功能主治等原创理论对中药新药研发的指导作用，增强中药药效与临床疗效的相关性研究，构建包括类器官模型、生物编码探针等前沿技术多的维度中药药效筛选、评价及机制研究体系，是中药新药药效研究未来的发展趋势和迫切需求。

2. 当前领域技术需求分析

中医药具有悠久历史，是我国独特的卫生资源、具有原创优势的科技资源。一方面，临床中医药具有复方用药的特点，对这一复杂体系的药效研究世界范围内没有可资借鉴的成熟模式。如何科学、合理、规范地评价和表征中药新药作用及特点，是中药药效临床前研究的重要科学问题和新药研发的瓶颈问题。朝向解决重大疾病临床需求，构建符合中医疾病认识观和治疗干预理念疾病模型，大力发展中医证候研究模式、中医病证结合研究模式、以证统病研究模式及专病专治等多种研究范式，同时结合现有的现代医学临床前研究疾病模型，多病因、多角度、多方法地评估中药新药药效，是未来发展的路径之一；另一方面，随着中药药效体外研究方法的革新，基于中药不同成分及代谢方式，建立了多种如血清药理学、含药肠吸收液法、含药肝孵育法等体外药理学评价技术，实现体内过程 – 体外实验联动、药效成分 – 剂量 – 浓度 – 活性评价串联等，然而现有的体外药效研究方法都有各自的局限性，如何构建更具普适性的体内外药效评价方法及体系，则是未来中药药效的另一大挑战和发展方向。随着现代医学进入大数据时代，多组学分析技术、药效成分辨识技术及多靶标识别技术等，同时生工领域研究技术蓬勃发展，将中药药效在分子、细胞、器官、组织及整体进行多维度、多层次的细化研究。如何更深层次地挖掘中药药效的有效信息，使其网络化研究与临床前疗效紧密联系，则是中药药效未来亟须解决的实际问题和未来的发展需求。

（五）新药研发临床前安全性评价

1. 技术发展现状与趋势

临床前安全性评价贯穿于中药新药临床前研究的全过程，其技术类型和侧重点也有所不同。

在新药发现阶段：①对于中药复方，基于其源于临床的特点，需要对人用经验中的毒性信息进行收集整理和判断；②对于中药成分的新药发现这个路径，化合物的计算机模拟、毒性数据库分析预测技术都是最基本的安全性评价技术；③对于有效部位等中药新药，由于其成分众多且复杂、加上其多靶点作用的特点，其临床前安全性评价技术主要包括各类毒性成分数据库分析预测技术。

在成药性评价研究阶段：最核心的安全性评价技术是药物毒性的各种早期发现和快速筛选技术，主要体现在一些体外实验技术，如分子、细胞、组织乃至器官水平的毒性试验技术。当然，整体动物的毒性实验也是必不可少的。在规范化安全性评价研究阶段：这个阶段的安全性评价技术基本上都是经典的成熟的技术，但也应注意到，诸如新的毒性生物标志物的研究，在成熟之后也会纳入这个阶段的毒性研究。

2. 当前领域技术需求分析

中药新药临床前安全性评价技术的发展需求主要体现在以下几个方面。

(1) 信息技术

信息技术在近二三十年迅猛发展，在各个科研领域均发挥着越来越重要的作用。对于中药新药的临床前安全性评价领域，主要包括以下方面。

1) 各种毒性数据库的建立和使用。通过对中药成分、饮片乃至复方等不同层次的研究对象构建数据仓库，并进行有效的数据挖掘，最终可以形成去芜存菁并具有合理逻辑的毒性数据库，为进一步开展临床前的体内体外毒性试验提供研究线索。其数据来源不仅仅包含体内体外的毒性试验，也包含临床不良反应监测机构的监测数据，还包括人用经验中相对散乱的数据。

2) 动物水平的常规毒理实验（如长毒和急毒试验），是临床前规范化安全性评价的重要手段和申报资料。其实验设计往往具有高度的同质性，观察指标也雷同，其毒性数据非常适合进行标准化。早在2000年，ICH就发布了通用技术文档（CTD）指南，经过多年的发展，美国FDA发布的非临床数据交换标准（SEND）已成为目前国际较为通用的新药临床前毒性试验数据的资料递交形式。随着人工智能技术的飞速发展，对于这种已经高度组织化的数据进行自动化综合分析也得到发展。和传统的人工的、相对孤立的数据分析相比，这类自动分析技术可以综合各种具有内在关联的数据，自动判断毒性靶器官以及毒性剂量水平，大大提高毒性报告的效率和准确度。

(2) 体外毒性试验

体外毒性试验是中药新药毒性早期预测和快速筛选的主要技术。在这个领域，目前最有前景，值得大力发展的是类器官水平的研究，即微流控协同类器官芯片技术。相比比较成熟的细胞技术，这种器官水平的研究技术充分考虑到细胞连接等结构特点，可以更好地模拟体内环境，从而得到更为准确的毒性数据。

(3) 主要毒性靶器官的安全性评价技术

中药主要的毒性靶器官包含心、肝、肾，对这三种重要器官的毒性研究技术包含以下几个方面。

1) 肝脏毒性研究技术：主要包含利用各种组学技术等寻找中药引起肝损伤的早期生物标志物、四维一体化研究有毒中药致肝损伤的作用机制、中药肝脏毒性评价的亚单位细胞器（如线粒体）功能和结构检测技术，等等。

2）肾脏毒性研究技术：主要包含构建体内和体外的肾损伤评价模型、建立多层次、多角度的肾脏毒性终点的检测指标，等等。

3）心脏毒性研究技术：包括原代细胞培养技术、离体心脏灌流技术、心脏电信号的标测技术，等等。

（4）符合中药特色的供试品分析技术规范

无论是单味药还是复方，中药在使用中具有成分复杂、多靶点起效等有别于化学药的独特特点，因此不能简单套用化学药的安全性评价技术规范，需要对中药供试品的分析、配制、给药等进行研究并进一步形成规范。这个领域，最主要的不是技术研究，而是形成规范，保证毒性试验的准确性。

（5）监管科学与技术

中药新药的安全性评价在各个环节都会受到国家监管部门的监督和规范。基于中药源于临床的鲜明特点，我国对于中药新药的监管处于创新发展阶段，"三结合""基于真实世界的安全性数据、研究与证据转换"等国家监管政策都体现出尊重现实和中医药特点的监管趋势。

（六）新药研发药代动力学

1. 技术发展现状与趋势

当前中药新药药代动力学评价技术脱胎于化药新药的评价技术，但并没有形成适合中药尤其是中药提取物及中药复方创新药特点的中药药代动力学系统评价技术。中药活性成分情况较为复杂，有些活性成分较为单一，其药代动力学研究技术与化学药物基本一致；有些活性成分复杂且不清楚，无法建立合适或全面的定量分析方法以及对生物样品中的成分浓度进行分析，进而无法获得活性成分的药动学特征；有些物质基础比较清楚但成分较多，难以像化药一样用单一成分的药动学特征与效用进行关联、建模，形成具有科学依据的给药方案；此外，没有整体评价中药影响化药或化药影响中药的药动学特征的方法，因而无法提示可能的因中药-化药或化药-中药相互作用影响效用的风险。

基于现有的技术条件及临床需要，由易到难，发展整体评价中药化药相互作用的动物、人体评价方法、模型及体系；建立生物基质中多糖类成分及动物药内源性成分的分析方法，完善中药药动学研究的定量分析技术基础；结合中药多成分、多效应的特点，建立中药特色的药动学相关模型，更好地服务中药创新药的研发与评价，是中药新药药代动力学评价技术发展的趋势。

2.当前领域技术需求分析

获得中药活性成分的药动学特征，结合药效、安全性评价数据，制定具有科学依据的给药方案；获得中药影响化药或化药影响中药的药物-药物相互作用，支持临床安全合理用药，是中药新药药代动力学评价追求的主要目的。

中药提取物（有效部位）和中药复方创新药是多成分共同作用的整体效用，各有效成分的药动学特征往往差异很大且孤立，且各成分效用强度也不尽相同，因此迫切需要在明确或筛选药效物质基础上，建立多成分血药浓度或药动参数与不同整体效用直接或间接桥接的整合药动-药效模型，以实现以多成分药动学特征为主依据制定、优化临床给药方案；亟须建立整体评价中药影响化药或化药影响中药的药物-药物相互作用的动物、人体评价方法、模型及体系，制定相关指导原则，为临床中药与其他药物合理、安全合用提供科学依据；建立生物基质中多糖类成分及动物药内源性成分的分析方法，完善中药药动学研究的定量分析技术。

此外，相当比例的中药成分通过肠道菌、肠-器官轴发挥直接或间接效用，其不需进入体内循环即可发挥间接作用，体现了中药整体作用的特点，因此亟待建立针对该类效用成分肠内浓度变化或药动学特征与药效学关系的模型，该类模型的建立和研究是解决不能进入体内的中药多成分药动学研究的技术关键，将极大地丰富、完善中药药代动力学评价研究技术体系。

（七）新药研发临床评价

1.技术发展现状与趋势

2019年《中共中央国务院关于促进中医药传承创新发展的意见》创新提出构建基于中医药理论、人用经验、临床试验三个层面相结合的中药审评证据体系（以下简称"三结合"）。基于"三结合"审评体系的技术要求，2020年《中药注册分类及申报资料要求》以及《药物临床试验质量管理规范》分别对中药注册资料提出新技术要求、对临床试验提出新质量要求。2023年《中药注册管理专门规定（试行）》（以下简称专门规定），全方位解读和明确了"三结合"审评体系的关键技术要求。

在新的政策法规要求下，中药临床试验的主要技术要求：①强调中医药理论对临床试验的指导作用；②开辟以"人用经验"为证据来源的中药研发新模式，要求充分利用人用经验数据和证据支持和衔接临床试验设计，尤其提出可以基于真实世界研究的临床试验申请上市许可，扩大了支持中药新药上市传统的临床试验概念；③推动中药新药临床试验质量提高与评价体系的完善，鼓励结合中医药临床治疗特点，确定与中药临床定位相适应、体现其作用特点和优势的疗效结局指标，制定科学可行的质量标准管理。

"三结合"审评体系不仅尊重中药研发规律和实际，中医药理论的传承创新、人用经验的规范收集整理和临床试验的精准设计也有助于基于临床价值产生有效的中药新方，优化研发策略、缩短研发周期、降低研发风险、提高研发效率。

2. 当前领域技术需求分析

"三结合"审评体系规范化与标准化建设仍在探索完善阶段，目前的技术发展需求如下：①现有的中医理论证据体系尚不成熟，对于古代文献的检索缺乏规范的检索步骤且证据的评价要素不够全面，如何验证与表达中医原创理论的科学内涵从而指导提出科学假设、确定目标人群和选择疗效指标，是中药临床试验的面临的重要问题；②人用经验数据治理、统计分析及质量管理关键技术仍在完善中，人用经验与临床试验缺少以转化研发为导向的整体规划。如何通过开展高质量的人用经验研究，确定证候类中药新药的临床定位，以及目标人群、剂量、疗程、初步的有效性和安全性，从而节省临床试验周期，提高研发效率，仍需探索和完善系列技术、标准和法规；③如何构建可体现中医药特色的疗效评价体系，探索体现中药特色的疗效指标筛选技术，开展综合评价的方法和技术研究，多角度解读中医药的临床疗效特色和临床价值，尚有待研究；④尚缺乏标准化的中医药临床研究质量管理与质量控制的技术手段，如何针对中药新药临床试验本身的特点，制定针对性的质量控制措施有待完善。

二、中成药大品种培育

中药大品种培育的技术重点包括疗效、质量、机制、理论四个方面。具体而言，疗效得到临床广泛认可，质量控制体系健全，作用机制得到深入阐释，相关中医理论有创新发展。其核心目标是以市场价值为引导，凸显临床价值为核心，不断提升科学价值。

近年来，围绕以上几个方面，中药大品种的培育不断涌现出新的技术方法，质量控制方面，刘昌孝院士提出的"中药质量控制标志物"的研究理念及一系列的实施案例，通过"肠吸收-血管活性"的评价方法、"组效关系"的将中药多成分的含量与相关药效有机地联系起来，从而有效地克服了中药质量评价中指标成分脱离疗效、盲目性突出的缺点，使质量评价更符合中药特点，由此建立符合中药疗效的质量标准。未来中成药大品种质量控制技术发展一定是基于中药作用的整体性和有效性进行发展和研究；作用机制不明制约着中药产品的临床应用和国际认可，研究化学物质实体与机体生命活动的交互规律是揭示中药方剂治疗原理、发现中医原创思维科学价值的基本路径。中药产品的物质基础是一个复杂化学体系，生物机体也是一个复杂生命系统，使得中药产品的化学物质实体与机体生命活动的交互规律研究，尚未形成有效模式和方法学体系，也就成为制约中药现代研究的瓶颈。该问题的解决，必须采取整合策略，以多学科交叉融合为基础，构建新的研究体系，以满足整体与局部研究相结合。以下就中药大品种培育的质量提升、临床定位、作用机制等方面的技术发展趋势与需求分别进行论述。

（一）质量提升

1. 技术发展现状与趋势

当前大品种质量提升技术发展存在四方面亟待解决的问题：①原料质量选择和管理制度不完善带来的投料中药饮片质量波动较大，甚至出现工业饮片投料等，导致中成药产品质量均一性较差；②生产过程控制不精细如生产过程及饮片至中间体最后到产品之间的质量传递规律不清晰、检测滞后于生产等，缺乏在线监测和监控体系，导致质量难以追溯和提升；③药品放行标准止步于国家制定的合格标准，缺乏中成药质量均一性控制，不能完全体现产品的"质量和有效"，不能区分质量"优劣"，不能满足政府和人民各种用药需求；④上市后未开展上市后有效性和安全性再评价研究，缺乏安全风险评价监控体系。综上，中药大品种质量提升未来发展趋势为增强中药饮片品质原料选择和管理、生产过程引入在线检测监控技术手段、提升中成药质量内控标准及建立优质评价检测体系、建设和健全国家中成药安全风险监控平台。

2. 当前领域技术发展需求

中药大品种质量提升涉及四方面的技术更新与改进：①中药饮片品质原料选择和管理。中成药生产企业应该建立完善的原料供应体系，加强对原料的质量控制。如建立溯源体系，通过对药材产地、种子种苗、栽培到采收加工的全过程溯源，能够从根本上解决药材优选问题；结合中成药功效成分群，采用定量检测和特征图谱，从定量和定性两个方面，建立全面的原料控制标准，重点关注对中成药质量具有较大影响的关键指标，避免劣质原料进入生产环节；针对不同批次原料质量差异较大的问题，建立投料饮片均一化处理技术和方案，以保障中成药质量的均一性。②生产过程在线检测和精实时监控。基于中成药产品整个生命周期内功效成分群传递过程进行质量管理和全产业链质量追溯体系进行探索研究，以期建立从饮片投料、提取中间体到成品的中成药全过程质量控制体系。如工段关键质量属性在线监控、预测性调控技术、近红外光谱等在线检测技术等实现实时检测功效成分群含量，监控生产过程操作参数的异常波动，制定工艺过程批放行定量和定性标准，实现过程操作参数的全程监控，观测过程中的质量变化。③中药大品种优质及等级评价标准构建和完善，开发中成药质量一致性及优质性评价方法和控制技术，确保中成药大品种质量稳定、均一和一致。建立优质中成药评价标准，反映中成药生产过程薄弱环节，推动中成药优质优价及集采谈判政策的落地实施；④建设和健全国家中成药安全风险监控平台。针对中成药品种，引导企业主动开展上市后有效性和安全性再评价，对不良反应和安全性问题进行及时申报，构建快捷申报平台，针对内源性毒性成分和外源性有害残留建立一系列安全检测标准，制定限量标准，完善风险评价参数和体系，持续保障中药产品的有效、稳定和安全。

（二）临床定位

1. 技术发展现状与趋势

临床定位是中成药大品种培育的关键，也是中成药临床价值评估的基础。现有中药品种中多数存在临床定位不清、临床定位与中医药理论或临床实际应用情况不符等问题，造成了中成药品种疗效评价没有针对性或与药物的作用特点不符，进而出现中成药品种临床效果不显著等产业发展问题。通过方剂推理、临床经验分析、专家研判是既往开展中成药品种临床定位的主要技术手段。近年来，随着循证医学的应用与普及、中医理论的强化与结合，一些新的理念与技术用于品种的临床定位。引入"PICO"模型，明确患者人群、干预手段、比较、结果与设置等，从而明确中成药品种的临床定位；采用"中医理论－临床实践－基础研究"三维整合技术，在阐释疾病中医病机演变的基础上，结合中成药品种组成药物的核心功效及既往临床用药大数据，形成该品种较适治疗阶段、较适治疗群体，并在基础研究探索发现其生物标志物。从而，在中医理论的指导下实现其临床定位的精准化分析。充分发挥中医原创知识的价值，并引导中成药大品种培育的方向，发挥中医理论的原创指导作用。尽管这些新的理念与技术，给中药品种临床定位带来了新的角度，但囿于中药成分及靶点的复杂性，一些关键性问题仍难以界定，例如：中医证候如何客观化表证等。随着人工智能、蛋白质组学、网络药理学等创新技术的不断衍进，也将为中成药品种临床定位提供更多的思路与借鉴。

2. 当前领域技术发展需求

中药大品种培育的临床定位既涉及中药新药研发，又涉及中药上市后再评价，是中药产业发展的关键性问题。为此，将"名优中成药的二次开发"设为重大新药创制专项主要方向之一。2019年发布的《关于促进中医药传承创新发展的意见》、2023年发布的《中药注册管理专门规定》等多项重要文件也多次强调临床定位的重要性。中药大品种培育的临床定位发展主要关联以下几个方面：①对疾病的"病""症""证""候""态"的深入研究与理解，结合中医的原创思维、现代医学、现代药理等研究成果，构建病证结合、汇通中西医学的疾病研究体系；②需要构建"中医药理论、人用经验和临床试验结合"的评价体系；③亟待表型组学、空间蛋白组学、分子垂钓等多项基础研究的突破，以形成复杂作用机制解析技术体系，探索发现中药品种最优治疗领域、最佳治疗群体，实现临床定位；④统一临床数据体系、实现医疗机构间数据共享，构建底层数据体系。此外，还需加强中医医疗体系数据挖掘技术、大模型构建等数据分析技术的突破与发展，为引导基于临床数据的临床定位奠定技术基础；强化技术突破与监管审批间的关联，从而形成以创新技术引导产业发展的良性行业发展局面。

（三）作用机制研究

1. 技术发展现状与趋势

随着组学技术、大数据、人工智能等前沿技术快速发展，大品种培育作用机制从"还原论"走上"系统论"，从"单一成分、单一靶点研究"走上"多成分、多靶点、多效应"的整合调节研究，从而形成从临床疗效到基础药理研究、从单一表型到表型组的完整证据链体系。大品种培育作用机制主要可分为三条作用途径（直接作用、间接作用、辅助作用），直接作用是当前关注度最高的作用途径，对于间接作用、辅助作用关注度还不够。同时，以直接作用为例，从体内成分鉴定、药效成分发现、作用靶点确定、作用模式及作用位点等，完整证据链形成往往还存在不完整，从微观效应到微观分子机制解析还不够充分。另外，间接作用和辅助作用研究更加不够充分，类器官模型、多器官芯片等创新技术在中药复方作用机制研究还很少，还不能有效阐明跨器官或跨组织之间调节作用，有待进一步提升。

2. 当前领域技术发展需求

前沿技术发展一直是大品种培育作用机制系统深入研究的推动力。空间组学技术是继单细胞测序技术之后的又一热点生物技术，能够弥补单细胞测序技术无法获取细胞空间分布信息的缺陷，主要包括空间代谢组、空间蛋白质组、空间转录组等。表型组学是研究表型组本质特性及其形成机制，尤其是表型组与整个基因组、转录组、蛋白质组、相互作用组、代谢组及宏基因组等多组间的内在关系。近年来，表型组学进入中医药领域，形成了中医药表型组学，即采用多学科联合和人工智能等手段，从宏观、中观、微观水平上系统地、定性与定量结合地测定中医证病发生发展全过程中的表型集合及中药干预下的转归机制。大品种培育作用机制需要与空间组学技术、中医药表型组学深度融合，为进一步推进中药复方系统作用机制深入研究。

大品种培育作用机制研究在作用途径方面，当前研究相对成熟的直接作用研究。基于人工智能（AI）的靶标预测方法、基于标记法和非标记法进行蛋白靶点鉴定研究等，中药复方药理学研究从调控分子现象走入作用靶点本质研究，构建中药"成分－靶点－机制"完整证据链体系。近年来中药的间接作用也越来越受到关注，跨器官或跨组织的中间媒介物的快速发现，以及中药如何调控中间媒介物并实现跨器官或跨组织作用，研究的还不深入，在研究方法技术有待突破。同时，中药的辅助作用研究还很少，当前往往以少数指标性成分为案例开展研究，当时如何系统研究，鲜有报道。中药多成分与病证效应具有复杂性、非线性特点，中药多成分与病证效应之间关联不能按照经典的"PK-PD"关联模型，应该针对药代标识物、生物标志物、病证效应之间，深入研究中药多组分与整体生物学效应之间"PK-PD"关系。

（四）药物警戒

1. 技术发展现状与趋势

国际药物警戒发展较早，研究热度集中在多维度开展药品不良反应、信号检测、药品安全性及药物流行病学等。国内学者追踪国际药物警戒研究，拟合中药特色，以中药饮片、中成药、中药提取物为切入，探讨整体或靶器官毒性，从模拟毒性机制、实验室观察，到真实世界、大数据研究，剖析剂量、炮制、配伍、证候等对毒性的影响，为临床安全合理用药提供依据。如采用贝叶斯网络、神经网络、决策树、关联规则等方法系统挖掘，分析影响毒性发生的因素，形成风险警戒信号。又如基于真实世界报道，综合应用 Meta 分析、多准则决策模型、熵聚类等方法，定量地、客观地评价毒性中药临床应用的效益与风险，为临床决策提供依据。还有学者切入肝、肾毒性，从基因、分子层面阐释毒性中药、潜在毒性中药的安全问题；从中药产地、品种、配伍等不同维度探讨效－毒复杂网络关系；建立机器学习模型预测化合物毒性的机制、反应性代谢产物的形成和致毒的生物学靶标等。中药药物警戒技术的发展趋势包括以下几个方面：①多层次警戒系统：随着科技的发展，药物警戒系统将朝向多层次发展，包括药物相互作用、药物代谢动力学、不良反应监测等多个层次，以更全面地保障患者用药安全。②数据驱动的警戒技术：通过大数据分析和人工智能技术，可以对海量临床用药数据进行分析，发现用药规律和副作用模式，从而提供精准的警戒服务。③针对中药特点的警戒技术：中药具有复方、温补、补虚等特点，因此需要针对中药特有的药物警戒技术，结合中医药理论和现代医学知识，提供更加个性化和有效的警戒服务。

2. 当前领域技术发展需求

开展中药药物警戒的意义在于发现中药风险信号、减少或避免中药不良反应事件的发生，保护公众的健康安全。中药药物警戒贯穿于中药全生命周期，从田间地头的品种培育、采收、炮制、储藏，到研制、生产、流通，再到临床应用与不良反应监测等，各个环节都属于中药药物警戒工作范畴。相比化药而言，中药全生命周期产业链更长、质量控制更难、风险环节更多，中药药物警戒体系的建立更加复杂、特殊。通过建立健全的中药药物警戒体系，确保中药的质量安全提高中药疗效的稳定性和可靠性，促进中医药事业健康蓬勃发展。中药药物警戒技术的发展需求主要集中在以下几个方面：①个性化治疗需求：随着医疗技术的发展和个性化治疗理念的兴起，对患者的个体差异越来越重视。因此，需要发展中药药物警戒技术，以根据患者的个体特征和用药情况进行精准的监测和警戒。②药物相互作用研究：中药在临床应用中常常与其他药物同时使用，需要深入研究中药与现代药物之间的相互作用，避免不良的药物相互作用对患者产生不利影响。③药物安全性和副作用监测：中药作为传统药物，其药效和毒副作用往往需要更全面和系统的评价，因此需要发展更准确可靠的药物安全评价技术，进行副作用的监测和预警。④质量标准和监管：对中药的质量进行严格监测和控制，建立更为严格的中药质量标准和监管规范，以防止不合格药物流入市场，保障中药的质量和安全。⑤结合现代科技的应用：通过结合大数据分析、人工智能等现代科技手段，发展更准确、高效的中药药物警戒技术，提供更全面的中药使用指导和警戒服务。总体而言，中药药物警戒技术的发展需求在于保障中药在治疗过程中的安全和有效性，满足个性化治疗需求，确保中药药物的质量和安全，以提升中药的临床治疗水平和可信度。

（五）中药走向国际

1. 技术发展现状与趋势

中药走向国际是"中医药走向世界"的重要举措，不同产品、不同国家、不同身份需要开展不同的关键技术研究。1996年，科技部在《中药现代化科技产业行动计划》

明确提出中药现代化发展的整体战略构想；随后《中药现代化发展战略研究》中提出"中医药现代化"和"中医药更广泛走向世界"两个战略目标；《中药现代化发展纲要》（2002—2010年）及后期一系列政策的推出，在国家及各部委的大力支持下，中药国际化已经成为中医药走向国际的重要组成部分并取得了重大的进展。

在美国植物药国际化进程中，天士力复方丹参滴丸、江苏康缘的桂枝伏苓胶囊、烟台绿叶（北大维信）的血脂康、浙江康莱特的康莱特注射液等产品一直在探索，但并没有实现植物药以药品的形式获批；在欧盟植物药国际化进程中，虽然地奥心血康、丹参胶囊、愈风宁心片、板蓝根颗粒等单方中药在欧盟获得植物药的注册许可，仅有天士力逍遥片作为中国首个复方中药获得药品许可。

在海湾合作组织 GCC、欧亚经济联盟 EAEU、非洲联盟 AU、东盟 ASEAN、南亚联盟 SAARC 等一带一路国家的注册与市场，北京同仁堂、兰州佛慈、江苏康缘、天士力等中药企业也取得可喜成绩。

2. 当前领域技术发展需求

中药国际化的探索与实践，特别是欧美药品研发申报，需要中药现代化与国际化关键技术的研究与突破。企业在中药国际化实践中积累了丰富的经验，形成了针对不同产品、不同市场、不同法规、不同策略的技术体系，并在国内新药研发政策制定及指南起草中起到积极作用。中药国际标准研究也正在成为国际关注的焦点，通过国际标准化组织 ISO 以及欧洲药典委员会等机构合作，不断推动中药标准国际化，提高了中药在全球范围内的认可度。国际多中心临床（MRCT）参照 ICHE17，相同的临床方案在不同地区开展临床试验研究，需要在医学、伦理、药政、试验执行、数据管理、统计分析、质量管理、行政管理等多模块开展全程全方位的复杂项目管理。还有知识产权保护研究等。中药现代化与国际化产业技术的发展与需求，需要进行关键技术突破，推动更多中药走向国际。

第四节 中药关键技术装备产业技术发展趋势和需求分析

在国家制造强国战略引领和推动下，中药工业正通过装备工艺技术与新一代信息通信技术深度融合，加快向高端化、智能化和绿色化方向发展。在我国"十三五"期间和"十四五"初期，工业和信息化部通过开展医药工业智能制造试点示范、组织实施中药大品种先进制造技术标准验证及应用项目等，推动建设了一批中药智能化示范工厂。中药生产企业发展智能制造的内在动力在于产品质量可控，而在中华中医药学会发布的2022年度中医药重大产业技术难题中指出，如何从系统角度应对原料和过程波动，并制造出质量高度均一的制剂产品，仍是当前中药制剂制造过程面临的重要挑战。

传统的中药制造方式已经无法满足现代化的要求，中药制造业正朝着知识化和智能化的方向发展，以提高中药的质量和生产效率。中药制造过程中涉及多种药材的配方、炮制方法以及药材的质量控制等多个环节，同时需要控制温度、湿度、时间等多个参数，这些环节之间相互关联，相互影响，需要综合考虑。

为了解决这些问题，中药制造业正积极采用多信号和知识融合的方法，以解决中药制造过程中复杂性和系统性问题。通过采集和分析多种信号，可以实时监测中药制造过程中的各种参数，及时发现问题并进行调整。同时，通过知识融合，可以将传统的中药制造经验与现代科学知识相结合，形成一套更加科学、系统的中药制造方法。这将推动中药制造业的发展，满足人们对中药的需求，促进中药产业的繁荣和创新。

1. 中药制造过程质量检测技术

中药制药过程质量控制，是中药产品质量的保障。当前中药制药过程质量控制领域存在的不足包括：过程认知不足，缺乏过程检测技术对过程物料进行测量，未能充分辨识物料属性、过程参数和产品质量之间的关系。这些问题导致制药企业的过程控制策略以固化工艺参数为主，缺乏根据过程物料质量变化来调整工艺参数的灵活性，不能有效提升产品质量的批次一致性。中药制药过程分析技术（PAT），是中药先进制药关键技术之一，其目的就在于突破中药制药过程质量控制瓶颈问题。在药品全生命周期中应用该技术，有利于提高工艺性能、提高生产效率、提升产品质量、降低物耗能耗，并为智能制造、连续制造等先进制药方法提供过程控制和实时放行工具。这其中还包括中药多成分同时检测技术、中药一致性评价技术、中药饮片在线检测、中药生产过程在线检测技术等。

2. 中药制药过程建模和分析技术

（1）数据驱动建模技术

数据驱动建模技术，也称为统计学建模技术，是一种基于数据分析和统计学原理的建模方法。它通过对收集到的数据进行分析和建模，来揭示数据背后的规律和模式。数据驱动建模技术的核心思想是使用数据来推断和估计系统的性质和行为。它依赖于统计学的基本原理，如概率论、回归分析、假设检验等。通过对数据进行统计分析和建模，可以从大量的观测数据中挖掘出隐含的关联关系和规律，并将其转化为数学模型。

（2）知识驱动建模技术

知识驱动的建模技术是一种基于领域知识和专家经验的建模方法，它利用已知的物理定律、专家知识和文献知识来构建数学模型，以解释和预测系统的行为。知识驱动的建模技术的优势包括解释性强、可靠性高、数据需求较少等。中药提取液滴的过程会导致溶质的动态再分布，跟踪形态变化和获得干燥动力学有助于优化喷雾干燥过程，但目前很少有技术可以测量干燥液滴中溶质的时空浓度。

中药制药工业当前正处于数字化与智能化转型过程中，需要针对文献报道数据、中药制药生产过程中积累的海量历史数据信息和药工操作经验，建立智能化方法进行高效分析，挖掘并整理出有价值的过程信息。为此，亟须建立基于知识驱动的中药智能制造关键技术体系，推动中药制药技术智能化升级。薛启隆等［中国中药杂志，2022］提出了中药制药生产工艺知识库的构建方法，分别从文献挖掘、案例推理和实时预测3个层面，以中药带式干燥工艺为研究对象初步构建了中药制药工艺知识库。工艺知识库整合了深度学习、案例分析、仿真建模等技术，融合制药过程机制及大数据信息，实现了知识自动化与决策科学化，为中药制药工业从"经验制药"向"智慧制药"跨越提供示范。

（3）数据与知识驱动融合建模技术

在线监测和过程控制是现代过程工程中保证高质量、低成本和有效利用资源的最有效技术。高温高压的操作条件使转化反应的过程控制具有挑战性。

3. 中药制药工艺信息集成与挖掘技术

随着工业化和信息化方法的出现，制造技术的发展也得到了迅速的发展。控制不同批次间整体质量一致性（OQC）是中药产业化和信息化的关键任务之一，以保证其安全性和有效性。产业信息集成侧重于通过信息集成解决复杂问题，因此利用工业信息集成的新兴技术对中药产品进行评价，解决多批次生产过程中的OQC问题至关重要。

中药企业已经累积了大量的产品质量回顾数据，对回顾数据进行挖掘可以找出生产中隐藏的知识，有助于提升制药技术水平。然而，当前对回顾数据进行挖掘的研究匮乏，企业缺乏相关的指导。蒸发过程是草药生产中常见的步骤，通常持续很长时间。蒸发性能的下降是不可避免的，导致更多的蒸汽和电力消耗，并且还可能对热敏成分的含量产生影响。近年来，借助工业信息系统采集了大量的蒸发工艺数据，工艺知识隐藏在数据背后。但目前，这些数据很少被深入分析。

中药制药智能化、知识化、系统化和集成化是中药制药领域未来的研究方向和发展趋势。利用人工智能、大数据和物联网等技术，开发智能化的生产控制系统，实现中药制药过程的自动化和智能化。构建药材质量评价的知识库，整合药材的化学成分、药理作用和临床应用等信息，建立药材质量评价的模型和方法。建立集成化的中药制药平台，整合中药资源、药材种植、药物研发和生产等环节，实现中药制药的全程可追溯和质量控制。通过信息化和物联网技术，实现中药制药的数字化管理和智能化生产。这些方向将为中药制药的发展提供科学支持和技术创新，推动中药行业向更高水平迈进。

参考文献

[1] 李耿, 高峰, 毕胜, 等. 中药饮片产业面临的困境及发展策略分析[J]. 中国现代中药, 2021, 23（7）: 1139-1154.

[2] 卢晶, 张爱霞. 中药材资源分布及利用前景——评《中国中药区划》[J]. 中国农业资源与区划, 2020, 41（05）: 256+300.

[3] 王洁, 陈江, 鲜彬, 等. 中药品种选育与"中药品质育种"研究思路[J]. 中草药, 2023, 54（06）: 2012-2020.

[4] 于越凡, 常雅惠, 汪憬, 等. 中药种植现状与发展新思路[J]. 中医药管理杂志, 2021, 29（17）: 211-213.

[5] 田瑶, 王成维, 吴雨柔, 等. 珍稀濒危动植物药材替代策略的再思考[J]. 环球中医药, 2023, 16（03）: 387-394.

[6] 唐仕欢, 邵爱娟, 林淑芳, 等. 中药替代品研究现状与展望[J]. 现代中药研究与实践, 2011, 25（02）: 83-85.

[7] 徐春明, 王英英, 庞高阳, 等. 药用植物干细胞培养技术及其应用[J]. 中草药, 2013, 44（20）: 2940-2945.

[8] 刘杰, 房文亮, 谷海媛, 等. 中药鉴定方法及其发展概况[J]. 中国药事, 2023, 37（11）: 1332-1340.

[9] 陈佳, 程显隆, 李明华, 等. 中药材及饮片质量等级标准研究思路和方法[J]. 中国现代中药, 2023, 25（09）: 1847-1852.

[10] 张爱霞, 辛二旦, 边甜甜, 等. 新型中药饮片的发展与趋势[J]. 中华中医药杂志, 2019, 34（02）: 474-476.

[11] 赵晓萍. 中药配方颗粒发展趋势的 SWOT 分析 [J]. 中医药管理杂志, 2022, 30 (01): 249-250.

[12] 张铁军, 刘昌孝. 新形势下中药新药研发的思路与策略 [J]. 中草药, 2021, 52 (01): 1-8.

[13] 项艳, 蓝艳, 胡珍. 中药饮片质量控制关键技术体系的构建 [J]. 中医药管理杂志, 2024, 32 (03): 157-159.

[14] 曾瑾, 陈平, 尹竹君, 等. 中药配方颗粒质量保障关键技术及智能制造装备研究现状 [J]. 中药药理与临床, 2022, 38 (03): 231-237.

[15] 兰青山, 付春梅. 中药资源产业发展现状及其投资策略分析 [J]. 中国现代中药, 2019, 21 (07): 965-970.

[16] 张丽丽, 曹婷婷, 李梦, 等. 中药智能产业的发展与展望 [J]. 世界中医药, 2021, 16 (02): 346-350.

第三章

现代化中药产业技术路线图分析

第一节 技术路线图概述

一、技术路线图的特点

技术路线图可以支持企业的产品与技术战略规划，行业发展规划、国家政策规划等，技术路线图的绘制针对不同的层次以及不同的对象，其采用的方式也多种多样，但是这些技术路线图都具有某些共同的特点，主要包括：①基于时间序列；②分层呈现；③有明确的时间节点（里程碑）；④连接技术、产品和市场等，多维度联动分析；⑤重要事件标注明确；⑥详细的路线图报告文档。技术路线图作为一种科学的创新管理工具，不仅能够支持战略和计划的开发与执行，同时，也能够支持不同层次的沟通与合作。

二、技术路线图的作用和意义

1. 技术路线图的作用

技术路线图是企业自主创新的战略工具，它对于企业技术规划的制定和技术管理水平的改善具有重要作用，对我国企业自主创新能力的提升和发展也具有重要价值。技术路线图不只在企业，在产业乃至政府的规划方面都会发挥重要作用。

经济全球化意味着单独一个公司甚至行业能拥有技术开发所需的全部资源。通过技术路线图，企业、研究机构、大学等形成新的伙伴关系，发展创造性的解决技术和已识别的研究需求方法。技术路线图能推动合作，加强知识共享和减少技术投资风险。实践证明，技术路线图的应用带来了巨大好处。美国国家技术和标准协会主任雷·卡默（Ray Kammer）认为路线图能帮助引导投资和配置资源，使之和美国行业优先顺序相一致。另外，技术路线图是帮助美国增加国际市场份额非常有价值的工具。

技术路线图可以分为三个层次：公司层面、行业层面和国家层面。

（1）技术路线图在公司层面的作用

如果技术路线图与公司战略计划和业务发展框架匹配，往往能识别公司的技术鸿沟并找到发展机会。公司层面的技术路线图一般都描绘随着时间、研发活动、技术、产品、市场之间的相互关系。技术路线图对公司的作用有以下几个方面：

在市场方面：能够意识到商业环境的变化，并能对变化作出迅速反应，能够关注更长远的顾客需求。

在资源配置上：能够有效配置稀缺资源，实现公司价值最大化；能够分清项目优先级，把最好的资源分配到更有价值的研发项目上。

在投资方面：通过协调研发活动及相互作用产生投资杠杆效应、财务杠杆效应和其他资源杠杆效应。因为关注长远的顾客需求，使得利用根本性创新来建立新的竞争优势，开发下一代产品和服务成为可能，通过对技术需求更深入的理解从而减少技术投资的风险，通过提高投资决策水平使得股东获得更大回报。

在沟通方面：通过开发一个创造性的、柔性的远景，把技术战略与商业计划、技术商业化战略联系起来，从而决定整体的规划；能够把关键的战略规划信息用易懂的方式传达给各方利益相关者。

（2）技术路线图在行业层面上的作用

行业层面的技术路线图，主要是识别行业技术的优先顺序。通过技术路线图制定过程和结果，行业能够追求更加有利的合作，致力于管理资源和解决共同的技术问题。

从市场方面看：认清行业所处经济、社会、环境的变化，识别由此产生的市场驱动因素，并识别达到市场需求所必需的软、硬技术。通过展示技术的发展情况，说明技术应用并获得进入市场的机会。

从投资和资源配置看：通过行业技术路线图，提高行业研究和应用新技术的能力，并促进合作研发，共同致力于针对行业需求的科研突破。

从沟通方面看：共享行业战略。通过实施战略，行业能够更加容易获取技术（如国际科技合作，技术转移和扩散）。通过行业技术路线图使利益相关者联系在一起，相互沟通，构成战略联盟，并通过产业技术路线图凝聚利益相关者。

（3）技术路线图在国家层面的作用

技术路线图同样能够对政府的政策目标有贡献，它能够在政府部门间传达科技政策信息和计划投入等决策，推动对技术创新和对研发项目作长远的考虑。因此在国家层面，技术路线图主要有以下几个方面的作用：

影响社会的研究方向和投资方向；

有效解决关键的技术障碍；

提高部门间的技术转移；

支持在公共项目中行业共同分担成本，鼓励技术一旦开发出来后的扩散；

识别知识基础上的现有国家能力和瓶颈，识别关键技术；

着重于国家专长的领域，因为在这个领域有出现新产业的可能。

引导投资，避免重复投资和浪费资源。

2. 制定技术路线图的意义

英国科技规划专家布雷（Bray）认为，广义的技术路线图可以用来指示技术研发和利用的大趋势，特定的技术路线图还可以指明日常的技术研发进取的方向，这点类似于向着特定目的地进发的旅行指南。向顾客说明企业的技术路线图，从而让顾客了解和明白企业的技术力量；了解企业对技术和产品判断的依据，了解现在同行业中其他企业的技术动态以及对客户需求的理解程度和技术反应。总之，技术路线图可以具备以下几种功能：市场营销工具；开发管理工具；投资决策工具；企业运营工具；技术的体系化整理工具；政府与产业界、学术界对话、交流的平台。

根据日本产业经济研究所的调查，美国的一个大型半导体设备制造商单独绘制了技术路线图，每三周更新一次，在观察本领域世界先进技术动态的同时，确认自己技术的位置，决定下一步的战术。半导体产业的摩尔法则（每18个月半导体集成度将提高两倍）就是基于半导体技术路线图的一个表述。摩尔法则的意义不只是描述了一种现象，在半导体开发技术的精细化、高端化的过程中，对关联企业明示了应该开发的具体技术目标和达成期限，使其向此集中。摩尔是英特尔公司的创始人之一，英特尔公司握有自己绘制的半导体开发技术路线图，随时查看技术发展动态，预测技术创新点，督促关联企业的开发竞争。

3. 制定技术路线图过程中的常用方法

在技术路线图的制定过程中，聚集了众多相关领域的科技专家、政府决策者和技术成果使用者共同参与。因此，在整个组织过程中，需要用科学的方法将各个环节进行有效的联接，以便将众多的专家及参与者的集体智慧凝练出来，形成"共识"。在技术路线图制定过程中常用的方法有德尔菲法、头脑风暴法、情景分析法、SWOT法（态势分析法）、雷达图分析法等。

4. 产业技术路线图制定的基本步骤

产业技术路线图制定的核心工作是召开高质量的研讨会，通过研讨会能有效地整合资源与信息。在研讨会现场主要是依据头脑风暴法集中专家智慧，对调研获取的信息作出理性的评价和大胆的科学预测。通常在制定技术路线图的过程中需要召开若干次递进式的系列研讨会，主要的研讨会分别为产业背景、现状和市场需求分析研讨会，产业发展驱动力以及产业目标分析研讨会，阻碍产业目标实现的技术壁垒分析研讨会，解决技术壁垒的研发需求分析研讨会，技术路线图绘制研讨会，以及后续的技术路线图管理和制定实施计划研讨会等。

第二节 现代化中药产业技术路线图发展分析

一、中药材产业技术路线图发展分析与目标

（一）大宗药材

1. 中药材品种选育

（1）技术重要性

优良的种子种苗是保证中药材品质的基础，中药材良种的选育和使用是中药材规范化生产的源头工程。然而，截至目前，我国没有制定专门针对中药材种子的管理条例或者办法，亦没有明确的管理机构。生产上，由于新品种选育滞后，还处于农户自繁自用阶段，存在品种随意使用、种质混杂、自行生产、任意经营、质量和产量退化严重、抗逆性差等问题。

因此，中药材品种选育工作，是提高中药材品质和产量、提升中药材生产水平、保证药材药效的根本，也是减少农药残留、保护生态环境、保障中药材可持续发展的基础，是中药材产业走向现代化的关键内容。

（2）技术名称和释义

品种选育：根据育种目标，应用各种育种技术创造变异，选择符合育种目标的植株，经过多年培育，形成稳定的优良品系。

选择育种：有目的的从变异群体中选择优良植物，经过多代鉴定、保纯繁育，形成纯合新品种。

倍性育种：利用秋水仙素诱发、杂交等方法获得多倍体。采用孤雌生殖、雌性发

育、雄核发育等方法可获得单倍体生物。因单倍体材料中仅含1套染色体，通过染色体加倍，可获得二倍体纯系，即双单倍体（DH系）。DH系已在植物育种、基因挖掘中被广泛运用。

诱变育种：是在人为条件下，利用物理、化学等因素，诱发生物体产生突变，从中选择变异，培育成动植物和微生物的新品种。

杂交育种：两个和两个以上的遗传结构不同的亲本杂交，利用亲本间优良基因重组，创造新的变异，按照育种目标，选择优良个体，育成具有双亲综合优点的新品种。

优势育种：利用杂种优势（F_1代在性状上超过双亲的现象）选育用于生产的杂交种品种的育种手段。

分子育种：是将分子生物学技术应用于育种中，在分子水平上进行育种，通常包括遗传修饰育种（基因编辑育种、转基因育种）和分子标记辅助育种。基因工程育种要导入外源基因。

分子标记辅助育种：是利用分子标记与目标性状基因紧密连锁的特点，通过检测分子标记，即可检测到目的基因的存在，达到选择目标性状的目的，具有快速、准确、不受环境条件干扰的优点。

分子模块设计育种：分子模块设计育种是以基因组学、蛋白组学、代谢组学等数据库为基础，模拟和优化基因型到表型模型，提出最佳的符合育种目标的基因型以及实现目标基因型的亲本选配和后代选择策略的分子育种方法。

基因编辑育种：能对生物体基因组特定目标基因进行精准修饰，不引入外源基因的一种基因工程技术。基因编辑技术将广泛地用于基因修饰和改造，使基因的表达更符合人类的需要。

（3）发展现状分析

我国的中药育种工作一直在进行，从种质收集到传统的常规育种、杂交育种、优势育种均有所开展，近年来，也开展了少量的分子育种和诱变育种工作。但整体来说，十分有限，且主要集中在药材品质、产量相关性状的育种，几乎没有抗性育种。

选择育种是常规育种的主要手段。在中药育种初期，采用选择育种法从混杂群体中选出优良品种是育种工作采用的最主要方式。我国首个边条人参新品种"边条1号"即通过该方式选育而成。虽然选择育种在中药新品种选育中取得了成功，但选择育种过程烦琐，耗时较长，且大多数药用植物自身生长周期长，故一般进程缓慢。

杂交育种能培育出具有突破性的新品种，在作物育种中被广泛应用。目前在中药育种中应用也较为广泛。药用植物的遗传背景复杂，杂交可引起基因重组，使植株呈现优良性状。长势强、抗病能力强、根部药材产量高的桔梗杂交新品种"中梗1号""中梗2号""中梗3号"即利用细胞质雄性不育系和自交系配制，选育获得，是我国中药材育种领域中真正意义上的首个优势育种的杂种一代新品种。但作为常规育种手段，该方法同样过程烦琐，耗时长，且对杂交父母本有较高要求。

诱变育种在农产品育种中已被广泛应用，通过辐射、化学诱变获得大量变异品种。近年来，科研人员也开始在药用植物育种中尝试诱变育种。如利用60Co γ射线辐射绿茎金荞麦的幼嫩根茎，获得表儿茶素含量高于对照组的红茎突变株；通过太空搭载乌拉尔甘草种子，获得可溶性蛋白含量及过氧化物酶活性增加的变异材料；利用甲基磺酸乙酯处理长春花愈伤组织，发现处理组比对照组生长得更快，吲哚总碱含量更高。诱变技术若想获得稳定遗传的突变体，最好采用种子等繁殖器官，其技术在各种药用植物材料中的应用还需摸索。人工诱变可提高突变频率，扩大变异范围，加速育种进程，改良某些性状，但难以控制突变方向，故仍需要大量材料进行筛选。

由于染色体加倍，会使植物整体或者部分呈现巨型增大表型，有利于提高药用植物入药部位产量及药用成分含量，同时增强抗逆性，故在药用植物中也有一些探索。如利用组织培养结合秋水仙素处理对铁皮石斛原球茎和丛生芽进行多倍体诱导，获得了稳定的四倍体植株，其化学成分和产量均增加；对南丹参进行秋水仙碱诱导方法的摸索，为选育出药用成分高的南丹参品种奠定了基础。

与常规育种注重表型选择不同，分子育种强调基因型选择，它是以优异表型性状为育种目标，建立起基因型和表型之间的联系，通过基因型选择外观表型。常规育种的育种周期达7~20年，而分子标记辅助育种周期仅为3~5年，可加速育种进程，已在农产品选育中广泛应用。近年来，基于组学分析已成功开发了丹参、白木香、天麻、川贝母等众多药用植物的分子标记，但这些分子标记在中药新品种选育中的应用还极少。"苗乡抗七1号"是基于简化基因组测序技术获得与三七抗根腐病相关的SNP位点，并利用获得的位点筛选抗病群体并辅助系统选育，选育而得的抗根腐病品种。紫苏新品种"中研肥苏1号"也是通过高通量测序获得了大量可用的紫苏遗传标记，建立了特异的SNP标记指纹图谱，选育出的叶籽两用、丰产、高抗、耐瘠品种。鉴于分子育种的高效性，且测序技术已于中药领域广泛应用，可以预见，在中药品种表型系统评价工作推进的基础上，不远的将来，分子选育中药材的优良品种将大量出现。

国际上，生物育种技术发展经历了四个主要阶段，即原始驯化选育的1.0时代；以杂交育种、诱变育种、细胞工程育种为主的常规育种的2.0时代；以分子标记辅助育种、基因工程育种、分子模块育种等为主要手段的分子育种的3.0时代。育种4.0理念2018年初由美国康乃尔大学玉米遗传育种学家、美国国家科学院院士爱德华兹·巴克勒（Edwards Buckler）教授提出，就是能快速聚合有利等位基因，创建最佳基因型集合。现在，国际一流种子企业已迈入由生物技术（BT）、信息技术（IT）、大数据（DT）、人工智能（AI）融合发展，实现性状的精准定向改良的智能化设计育种的4.0时代。

我国农产品育种技术尚处于2.0迈向3.0时代。而如前文所述，中药材育种基本还处于1.0和2.0时代的选育和常规育种时期，与国际先进的一流种子企业比，差距更大，基础更薄弱，仍需巨大的努力。

（4）制约因素与技术瓶颈

尽管中药品种选育已取得了一定成果，但仍然存在较多问题。主要体现在：①基础性工作缺位：大多数人工栽培的中药材品种没有进行系统的种质资源收集、整理、鉴定、评价、保存等工作，与农作物相比差距还很大，开展现代分子育种的条件尚较缺乏。②人员问题：由于育种工作往往所需年限较长，费时费力，且不似农产品市场广大。成本高，收益低，科研人员从事育种工作的积极性不高，缺乏相关领域高技术人才。③中药品种选育特色问题：次生代谢产物合成受外界环境影响较大，加大了表型评价的困难。④先进设备技术缺乏问题：缺乏先进的外观表型组学等智能识别技术及相关设备；中药特有的次生代谢含量等品质评价目前缺乏快速高通量的技术手段；众多中药相关的根系产量问题缺乏相应的组学数据采集技术。⑤选育方法的规范问题：国家药监局2022年发布《中药材生产质量管理规范》中，提到禁用人工干预产生的多倍体或者单倍体品种、种间杂交品种和转基因品种；如需使用非传统习惯使用的种间嫁接材料、诱变品种（包括物理、化学、太空诱变等）和其他生物技术选育品种等，企业应当提供充分的风险评估和实验数据证明新品种安全、有效和质量可控。今后的育种方法都应当遵守管理规范。⑥资金支撑问题：与农产品的育种相比，国家对于中药材的品种选育工作支持力度有限。

（5）发展与展望

中药育种工作的基础薄弱，发展较慢。而且与发达国家相比，我国在生物技术和信息技术的基础性、创新性、颠覆性上仍存在一定差距，特别是在原创技术和仪器设备方面差距较大。因此，建议如下：

1）重点发展方向：①加强药用植物种质相关的基础性工作；②分子标记辅助的杂交育种；③诱变育种；④基因编辑育种。

2）具体发展任务：①进一步加强和系统开展药用植物种质的收集、整理、鉴定、评价等基础性工作。②加大基础性研究平台研发和建设力度。一方面引入基础性数据采集和分析设备，特别是多组学高精信息采集设备方面还依赖国外进口；另一方面因存在被卡脖子的可能，需加大自主研发力度，中药材重要的根系相关数据的组学采集技术和设备仍有待开发。③加强对种质资源规模化精准鉴定和创新利用。随着药用植物种质资源保存量的增加，需加强种质资源的精准鉴定、创新利用，特别是在生理表型组学、农艺性状表型组学数据精准采集、分析和创新利用方面还需加强。同时，要探索中药特有的药效成分品质评价的规模化鉴定方法。④引入和开发育种4.0阶段技术，加强对复杂性状精准调控网络解析。综合运用组学、遗传学、系统生物学和计算生物学等手段，解析产量、品质、抗病耐逆、养分吸收利用等复杂性状的调控因子与分子网络，丰富对复杂性状调控网络的认知，大规模挖掘相关基因。⑤加强基因组表型预测模型研究，提高预测准确性。需要构建大量训练群体，结合基因型、环境因子，通过大量的机器深度学习，提高模型的预测准确性。⑥开发药用植物基因编辑育种技术。

2. 适宜性区划

（1）技术重要性

中药材的产地是影响中药质量的一个主要原因，从古至今人们一直在探索中药材与产地的关系，划分和寻找优质产区，为人们健康用药提供支撑。古代医家关于中药材产区的定性描述，如何转化成为现在能在地图上进行展示和分析的定量化数据，是中医药传统知识转化为现代科学技术成果必须解决的问题，也是主要的技术需求之一。

本草文献中关于产地的记载已成为记述各药必备的项目。经过历朝历代长期实践的比较和选择，先人掌握了在哪里采集或种植哪种药材最好的实际经验。汉代以前的文献中已经有关于药物和产地的记载。《神农本草经》中许多药名以古国名或古地名开头，表明编撰者非常重视药物与产地的关系。唐代医家已认识到药材的优劣与产地有着密切的关系，各出产地皆有采药师支持采收。宋代关于药材产地的记载比唐代的更丰富，《图经本草》附图的图题均冠以产地名称。金元时期的医家在继承前人关于药材产地与品质关系的基础上，在"用药法"中蕴含着丰富的地理观。明代的本草文献最早明确标注了道地产地，已认识到不同产地之间药材质量和用途的差异。清代医家认识到，不同时期医家所用药物存在产地变迁和差异，产地问题是药物效用不佳的原因之一。民国时期医家也十分注重药材产地与药材质量的关系、药材产地变迁等。

近年来，随着空间信息技术等技术方法在中药领域的应用，以中药资源为研究对象，依据对区域间资源的有无、数量的多少、品质的优劣、药材产量的高低等情况，开展了中药资源的分布区划、生长区划等研究。开展中药区划研究，对于因地制宜地发展中药生产及合理开发利用资源有重要的现实意义。

（2）技术名称和释义

中药区划技术：中药区划技术是指根据中药材生产实践需要，基于区域之间中药资源禀赋特征，采用一系列的技术方法，分析中药及其地域系统的空间分异规律，并清晰地域分异的区域范围和边界，是中药地理现象在地图上进行反映的一种形式，也是中药生产历史演进过程在空间上的表现形式。

（3）发展现状分析

中药材的人工种植（养殖），是解决中药材供求矛盾的最有效途径，但部分栽培中药材质量不稳定，也影响着中药的临床应用。随着中药材人工种植规模和范围的不断扩大，为了保证中药材质量稳定和农业生产增产增收，学术界从不同层面开展研究，探索中药材人工生产面临问题的解决办法。为此，国家中医药管理局支持中国中医科学院中药资源中心建立了"中药资源调查和区划重点研究室"，利用地理学的理论、技术方法，针对中药材生产布局，区域间中药材数量和质量差异等进行研究，为中药材的人工生产提供基础数据和技术支撑。

相关学者先后开展了马尾松、头花蓼、白术、太子参、羌活、桃儿七、肉苁蓉、冬虫夏草、当归、薄荷、黄连、秦艽、栀子、川贝母、山豆根、川贝母、甘草、枸杞、五味子、红花、黄精、罗汉果、连翘、厚朴、三七、砂仁、大叶钩藤、姜黄、沉香、地黄等30多种中药材的区划研究，产生了一些重要成果，如《中国中药区划》《中国青蒿区划》《江苏省中药资源区划》等。据此，也形成了中药区划的技术方法体系。常用的方法如下。

1）定性描述法：定性描述法是根据调查研究和专家经验，以药材的分布、数量和质量等为依据进行区划的方法。区划方案多采用集成各专家经验和意见，根据药材基原的生物特性与生态环境的吻合程度，以及各区域内药物的数量和质量，对中药资源的地理分布进行的定性描述。区划结果可以建立在概念空间上，没有明确的空间界限。本草文献中关于中药材产地的描述，多为定性描述，如分布于森林边缘，分布于某省，分布于石山等；某省盛产或优质等。

定性描述是在对中药资源分布情况进行实地调查研究基础上进行的，对于所研究药材及其生境特点、生态条件等方面的辅助资料有限的情况下，该方法较为适用。用定性描述方法形成的区划结果，一般建立在概念空间上，区划结果没有明显的空间界限。因此，区划方案图较粗糙，在较大尺度上较为实用，在一定程度上限制了其在小尺度上对生产实践的指导作用。

2）定量分析方法：定量分析方法，是应用空间信息领域相关软件的分析方法，如 GIS 的空间分析、空间自相关、地理探测器等。区划结果应有明确的空间界限。区划结果形式是"图文形式"，即区划结果应有地图和对应的文字说明解释，也可以是文字描述、地图、表格等形式的综合。

①构建模板法：构建模板法（或模板模式），是以固有的道地产区（或最优区域）为最优模板，采用简单的空间渐变模型完成整个区划，区划过程简单明了。构建模板法主要用于具有明确的道地产区或药材生境特征已经明确的情况，主要对区域内自然生态环境的分布情况进行区划。由于区划指标选取和指标大小范围的确定主要人为确定，因此"模板模式"要求操作者有良好的专业背景，能全面掌握区划对象本底资料，才能制作出与客观实际接近的区划图。

②模糊数学方法：基于模糊数学（或称数值分析）进行的中药区划，是以药材的道地或主产区的生态因子为依据，通过将区划范围内的点状数据转化为面状数据，再以道地产区或主产区的生境特征为标准，通过对不同地区生态因子与道地（或主产区）产区生态因子的相似程度比较，依据区域内生态条件与道地产区的相似程度、相似度大小进行区域划分。由于模糊数学方法运算较为复杂，模糊数学（或称数值分析）中大量的计算过程是由计算机来完成的，划分标准和依据需要人为确定，因此其准确性和实用性受到一定限制。

③生态位模型：生态位模型是利用研究对象已知的分布数据和环境数据，基于可获取有限的物种分布点位信息及其所关联的环境信息，判断物种生态需求，并将结果反映在不同的空间中，用来预测物种潜在的分布范围。

Maxent 模型是基于生态位原理建立的生态位模型，以物种在已知分布区的信息以及目标区的环境变量为基础，通过比较该物种在已知分布区的生态环境变量来确定其占有的生态位，通过数学模型模拟该物种的适生性，再对目标区域其他栅格点的环境数据进行计算，得出该栅格点物种存在的概率值，判断所预测物种是否有分布，再投影到地理空间中，预测物种的潜在地理分布情况。

一个物种在没有任何约束条件的情况下，会尽最大可能地扩散蔓延，接近均匀分布。物种空间分布的建模分两种情形：一种是已知某物种明确的分布区与非分布区时，在地理尺度上预测该物种的空间分布比较容易；另一种情形是只知道某物种出现的一些地区，并不确定其非分布区时，这种情况下预测地理纬度上该物种的分布会比较困难。MaxEnt 模型在农作物适宜区预测、动物潜在生境评价、外来入侵物种风险评估和药用植物潜在生境分布中得到广泛应用并取得了良好效果。

④模糊物元模型：物元分析法是我国学者蔡文于 1983 年创立的，用于研究解决矛盾或不相容问题的方法，也是一种在考虑多目标决策前提下处理几种特性的评价方法，是思维科学、系统科学和数学的交叉边缘学科，主要用来对多元评价指标体系进行客观评估。目的在于通过建立的物元模型，实现由定性到定量的描述和转换，把人解决问题的过程形式化，适用于定性、定量相结合的多指标量化问题。物元分析法与模糊理论相结合构成模糊物元模型，可以解决多指标评价过程中的模糊性和不确定性，物元分析中事物的名称、特征和量值就构成物元的 3 要素。

模糊物元模型，主要用"隶属度"表示。隶属度指各单项指标所对应的模糊量值从属于标准方案各评价指标所对应模糊量值的隶属程度。对于方案评价来说，各评价指标特征值有的是越小越优，有的是越大越优，从优隶属度一般取正值。

在模糊集合中，0 表示一个属性与模糊集完全没有隶属关系（即不适宜）。1 表示一个属性与模糊集存在完全的隶属关系（即完全适宜）。利用拟合曲线对分析的指标进行隶属函数的选取和参数估计，供选择的隶属函数有多种。

⑤构建模型法：构建模型法（或模型模式），是以中药材与环境之间的关系模型为依据，基于面状环境数据指标和关系模型，繁衍中药材某一指标的空间分布情况。构建模型法，主要用于中药材评价指标明确、能构建起中药材与环境之间的关系模型的情况，主要对中药材数量和质量空间分布情况进行区划。由于构建模型所需中药材方面的指标值需要大量的调查和检测工作，因此"构建模型法"要求对研究区域的中药材有足够量的调查和实物样本，才能制作出与客观实际接近的区划图。

⑥质量关系模型：质量关系模型，是基于点状中药材指标成分与生态环境因子之间的关系，利用面状生态环境数据反衍区域内中药材指标成分的方法。

构建模型法，主要用于药材质量评定标准明确的中药材品质区划和产量区划。该方法一方面需要通过调查研究来获取相关资料，包括药材生长、产量和有效成分的积累状况等相关数据；另一方面在同一时期观测分析生态环境条件数据。再通过对两种资料的统计分析（相关分析、聚类分析、主成分分析、回归分析等），分析中药材质量和数量与不同生态要素间的关系、并构建关系模型。在明确各地中药材所在地的生境特征、中药材与环境因子之间的关系模型后，应用GIS技术根据模型进行空间计算，获得最终区划结果，并将结果以地图的形式输出。

该方法要求有大量的调查和基础数据作基础，因此能较好地反映药材与环境之间的关系。"构建模型"的方法是以统计分析所建立的相关模型为区划依据，整个分析过程中人为因素少，但建模过程较复杂。

由于以统计分析所建立的模型为依据的区划，区划的结果较客观，建模过程较复杂，而且模型的质量及使用直接影响整个区划的质量，因此，要求操作者对模型有较好的理解、分析能力。采用此模式的前提是要求研究对象的评价标准已建立或至少可建立。操作者如果对此缺少理解，可能会在建模指标的选择上无所适从或发生失误。

⑦空间插值法：空间插值，是将点状数据转换为曲面数据的一种方法。其理论基础是，空间上距离较近的点比距离较远的点其特征值具有更大的相似性即空间数据的自相关性。根据空间数据的自相关性，可以利用已知样点的数据对任意未知点的数据进行预测，并将离散点的测量数据转换为连续的数据曲面。其特点是只根据插值要素自身的空间分布特征拟合生成函数方程，方程中只包含自身的特征值和地理位置，而不包含其他地理要素。利用空间插值方法衍生出的曲面数据，来代替真实的数据会存在一定误差，应用插值数据进行区划时应根据区划区域的大小选择合适的数学模型对插值结果进行拟合和修正。

3）基于遥感数据的区划方法：基于遥感数据区划方法的基本思路是：通过野外调查获取中药资源信息，利用卫星遥感图像获取资源所在区域的生境信息（如地形地貌、植被群落、土地利用状况等）；辅以气象站的点状数据和数字高程模型生成区划范围内的曲面气候数据；构建中药资源与外部环境之间的关系模型；依据关系模型和各要素的空间分异规律对其进行区域划分。或者直接通过遥感数据提取，目标区域进行区划结果图制作。

遥感数据在中药区划中的应用能明显提高区划的效率和精度，在大比例尺遥感数据支持下，区划精度可达到地块级，可以突破其他区划方法以点代面的不足。良好的专业知识、踏实的实践调查及对研究对象的全面了解，都是确保区划质量的前提。同时，充分利用专家经验对模型进行修正，对保证区划结果的可靠性起到重要作用。

（4）制约因素及技术瓶颈

中药学的科研教学中缺少空间思维，中药领域熟悉了解空间技术方法的人员队伍不足。区域之间中药的种类、数量、质量和利用情况等都存在着一定差异性，但区域之间这些差异的空间分布地理格局、成因和变化趋势，在中药学领域尚未充分和系统地研究，中药领域对中药空间信息的价值未能充分挖掘应用。

（5）发展与展望

1）重点发展方向：①宏观与微观结合技术：一方面，从分子、遗传水平等微观方面进行中药的遗传特性研究；另一方面，从地理分布等宏观方面进行中药的空间分布、影响因素、演化特征的研究。中药地理学相关研究，需要把宏观与微观相结合，融合分子生物学与地理学相关研究，开展中药材的种类、分布、质量、演化等多方面的研究。

②小样本抽样数据与大数据融合技术：一般通过传统野外观测获得中药资源的地理分布、影响因素的相关数据。现在，通过遥感监测以及互联网可以获得中药资源的大数据信息。下一步重点融合调查数据与大数据开展中药的种类、分布、质量、演化等多方面的研究。

2）具体发展任务：①中药材演化与环境变化的关联研究：通过大规模的中药材调查数据和环境数据，分析中药材的演化规律及其与环境变化的关联性。利用时间序列数据和空间分析技术，研究中药材在不同时期和地域的变化趋势，探究环境因素对中药材的生长、分布和化学成分的影响，揭示中药材的适应性演化和资源响应机制。

②中药材质量评估与大数据分析：通过整合大量的中药材质量数据，结合数据挖掘和机器学习技术，建立中药材质量评估的模型。从多个角度综合评价中药材的质量，为中药材的质量控制和标准制定提供科学依据。

③中药材产区时空变迁研究：结合传统野外调查和大数据分析，系统调查和收集中药材的种类和分布数据，并通过多时段数据挖掘和空间分析技术，揭示中药材的地理分布格局、种类组成及其与环境因素之间的关系。利用遥感数据、卫星影像和地理信息系统，对中药材的空间分布进行精确测绘，构建中药材分布的动态模型。

3. 种植养殖

（1）技术重要性

中药材种植养殖是中药材生产的主体阶段，一方面，中药材是中医防病治病的物质基础,是中药饮片、中成药和中药配方颗粒等中药材工业的重要原料,中药材产量、质量的高低,决定了后续的疗效和中医药产业的发展趋势;另一方面,中药材已从传统的医疗需求逐步走进寻常百姓家,成为日常健康养生必备的消费品。中药材的需求量和需求层次被逐步拉升,对中药材质量和安全性提出了更高要求。

由于中药材的质量受基因+环境+人文释变的影响,在古代药材以野生为主要来源,在当前药材逐步转变为以栽培为主流的情况下,在经济利益的驱动下,无序引种现象十分普遍,也逐步暴露出质量差异,因此规范中药材种植养殖技术非常必要。

(2)技术名称和释义

药用动植物种植(含生态种植、野生抚育和仿野生栽培)、养殖:根据药用动植物不同种类和品种的要求,提供适宜的环境条件,充分发挥其遗传潜力,采取与之相配套的种植养殖技术措施(选地整地、繁殖、田间或饲养管理、病虫草害或疾病防治等),满足药用动植物生长发育和品质形成的要求,建立稳产、优质、高效种植养殖条件,实现中药材质量安全、有效、稳定、可控的生产。

(3)发展现状分析

目前,药用动植物种植养殖事业得到了迅速发展。随着自然疗法的广泛认可,自2001年开始,中国以及欧盟、美国、日本等国家和地区对药用植物生产的规范(GACP)也相继出台。我国药用植物有1万多种,其中常用中药300余种,依靠栽培的主要药用植物有200多种,随着技术的发展,近年逐渐有一些野生变家种成功的中药材,如猪苓、石斛等,另外包括西洋参和西红花在内的20多种国外名贵药用植物已在我国成功栽培。药用动物的养殖如鹿、林麝、蟾蜍、水蛭、珍珠、海马等也技术成熟。近年药用动植物种植养殖产业逐渐研究总结出一套以测土配方施肥改土、集约化育苗、组织培养快速繁殖、脱毒生产、高棚调光、科学排灌水、病虫害综合防治为特点的综合性种植养殖技术。

近年为了提质增效,开始了道地药材生态种植养殖,中药生态农业坚持种植系统的整体、协调、自我促进等生态种植原则,目标是减少或不使用化学农药、化肥、除草剂等可能造成中药材质量下降及具有一定安全隐患且不利于环境可持续发展的农业投入品,同时禁止在中药材生态种植区域引入或使用转基因生物及其衍生物。因而,中药生态农业的基本特征可概括为"三降、二保、一提",即降化肥、降农药、降排放,保生态、保供应,提质量。目前药用动植物种植养殖主要有四种模式:①苍术—玉米间作、牡丹—朝天椒套作和天麻—冬苏轮作等农田生态种植模式;②人参、黄精、淫羊藿、半夏、三叶青、蝉蜕、地龙等林下生态种养植模式；③苍术、连翘、酸枣、金银花、肉苁蓉、石斛等仿野生和野生抚育种植模式；④人参、三七、西洋参、天麻、石斛等遮阳网荫棚设施生态种植模式。目前由于中药材比一般农作物比较效益高，种植养殖呈现产业热态。

虽然中药材种植养殖历史悠久，但由于品种多，用量参差不齐，目前产业发展还存在以下几个问题：①新品种缺乏有效保护，优良品种缺乏。②种植养殖模式变化，导致中药材生长环境变化，进而造成品质下降。③投入品如化肥、农药、农膜的使用，使药材存在重金属、农药残留或微塑料污染。④生产机械化水平整体较低，整地、除草、采收等人工成本上升压缩效益空间；加工场地、设备缺乏，导致看天气决定采收期，错过最佳采收期等。⑤受农业自然灾害影响较为严重，生产经营风险较高。⑥可追溯平台建设已初见成效，但受技术和保密等因素限制，离智能化、一体化还有很长的路要走。

（4）制约因素及技术瓶颈

首先，药用动植物的种植养殖受生产模式的影响非常大，这也是与野生品差异的关键所在，虽然目前已经开始生态种植养殖，但由于相关的配套技术还处于单个技术攻关开始阶段，如：①通过封禁、人工管理、人工补种等的中药材野生抚育技术；②在野生环境中，除了播种，尽量减少人为干预，延长生长周期的仿野生栽培技术；③增施有机肥、合理使用化肥、秸秆还田、补充微生物菌剂等的土壤改良技术；④利用农业耕作技术、检验检疫、抗性品种选育、理化诱控、生物多样性相生相克原理的病虫草害绿色防控技术等。但目前以上技术还没有集成为技术体系，有的技术成本偏高，或者技术应用要求高，离大面积推广应用还有一段距离，所以生态种植养殖技术的开发、集成和应用是目前整个领域的技术瓶颈之一。

其次，生产装备机械化开发也是目前亟待解决的制约因素。随着老龄化社会的来临，劳动力缺失也影响到中药材种植养殖产业，中药材栽培选地灵活（梯田、山坡、林下、作物行间等），需要开发针对各个生产环节的小型机械化设备，如整地、种苗生产、田间管理、采收、初加工等农业机械设备，保证后续种植养殖产业的自动化生产，尽量将天气对生产的影响降到最低。

最后，受技术和保密等因素限制，智慧农业在中药材种植养殖产业中的应用还有很长的路要走。基于人工智能技术的无人机低空遥感、高光谱遥感影像处理等，在栽培中的土壤肥力反演和水肥决策、灾害预警、产量预测、品质预测等专家系统的开发应用；基于图像识别和机器学习的药用动植物表型系统构建、智能感知、无损检测、自动采收和初加工、仓储监测技术及装备的开发应用尚处于起步阶段，也是制约中药材种植养殖产业现代化发展的技术瓶颈之一。

（5）发展与展望

1）重点发展方向：探索药用动植物的生态种植养殖模式，建立其高效发展的配套生态技术体系，如野生抚育技术、仿野生栽培技术、高品质有机肥开发、合理使用化肥、秸秆还田、补充微生物菌剂等的土壤改良技术、利用农业耕作技术、检验检疫、抗性品种选育、理化诱控、生物多样性相生相克原理的病虫草害绿色防控技术等，提高中药材的品质，是未来的重点发展方向。

同时，积极探索智慧农业在中药材种植养殖产业中的应用，研发专家咨询系统和智能器械装备，节省劳动力、减少天气对中药材生产的影响，也是未来中药材种植养殖产业的发展方向。

2）具体发展任务：深入分析中药材种植养殖过程中影响中药材品质的因素，构建高效的生态种植养殖模式，研究其高效发展的配套生态技术体系，研发基于图像识别和机器学习的智慧农业技术，研发中药材种植养殖专家咨询系统和智能器械装备，是未来的发展任务。

4. 采收加工

（1）技术重要性

采收加工是中药材生产过程的重要环节，在采收加工环节所采用的方法正确与否将直接影响药材的产量、品质和收获效率，尤其是对药材的品质影响最为明显。

经过几千年的实践、总结和提高，中药材采收和加工技术及方法在继承传统的基础上经不断创新已得到了很大发展，现已成为中药材生产中的关键技术之一。但由于药材种类的不同或相同药材因产地不同其加工方法也存在较大的差异，这势必会影响中药材质量的稳定性。在已颁布的《中药材生产质量管理规范（GAP）》中，已明确了中药材采收、初加工、包装、储藏、运输及质量管理的规范要求，以期加强对中药材的规范化生产和管理。

（2）技术名称和释义

采收加工：采收加工是中药材生产中的两个环节，采收是指中药材生长发育到一定阶段，入药部位或器官已符合药用要求，药效成分的积累动态已达到最佳程度，人们采取相应的技术措施，从田间将其收集运回的过程；中药材产地加工是指将产地收获的鲜药材初步加工为干燥的商品药材（包括原药材和产地片）的过程，加工过程包括拣选、分级、清洗、切制、特殊处理（蒸、煮、烫、撞、揉搓、剥皮、发汗等）、干燥、包装、储藏等环节。

(3) 发展现状分析

由于中药材采收加工技术在长期生产实践中的经验积累，并在临床应用中得到疗效学验证，经过不断改进和继承，形成了具有区域特色和较为规范系统的道地药材产地采收、加工方法和技术体系，在药材性状、品质、药性和疗效等药材质量指标方面表现出优质的特点。

在中药材采收方面，主要基于适时采收的一般原则。适时采收要考虑有效成分的含量、药材产量、毒性成分等因素，一般来说中药材应在有效成分含量最大时采收。适宜采收期可遵循疗效最佳，产量最大的原则。

在中药材产地加工方面，根据药材品种不同、用药部位不同、性状不同、所含物质基础等不同，工艺环节也不同。近年来，产地趁鲜切制加工技术兴起，摒除重复工序，减少成分流失，提升饮片质量，符合中药行业发展的趋势。

1）中药材采收：中药材采收的关键技术体系主要涉及适宜采收时期、部位的确定。

目前研究药材适宜采收期方法是基于单一指标性成分结合生物产量评价建立的，并且许多研究仅以月份或季节作为时间尺度进行考量，忽视了不同地域的环境差异、气候的年际变化等对药效成分形成和积累的影响，难以客观地评价和控制药材质量。为此，药材适宜采收期的客观评价与确定成为中药材生产领域的关键科学问题之一。有学者提出并探讨了以物候期为确定适宜采收期的时间尺度，以多个药用功效成分的动态积累规律为指标性成分，并与药材产量相结合，采用主成分分析等数学方法对药材质量和产量进行综合评价，确定药材的适宜采收期。由于植物的某些物候时期有时跨较长时间。因此，药材采收适宜物候期的确定应更加详细到始期、盛期和末期，其研究结果将对不同产地药材采收具有普遍性指导意义。

2）中药材产地加工：中药材产地加工的关键技术体系主要涉及拣选、分拣、清洗、蒸、煮、烫、撞、揉搓、剥皮、发汗、熏蒸、干燥、去芯等环节，趁鲜切制加工是发展方向。

产地加工不仅起到去除其非药用部位以净制、终止其生理生活状态以利干燥、防止虫蛀霉烂变质以利于保存等目的，还要通过适宜的加工方法，促使药用部位中药效物质的最大保留、毒性成分的有效降低、化学成分间的相互转化等物理化学变化。为此，产地加工方法和技术同样对药材的质量产生重大影响。中药材产地加工技术，其核心是药材加工工艺对药材质量的影响。产地对不同药材的加工形成了晒、晾、蒸、煮、烫、熏、烤、烘等传统工艺技术，并且许多传统加工技术的科学性得到了现代科学研究的证实和修正。同时也出现了微波、冻干、超微粉等新的现代工艺技术。

此外，中药材产地趁鲜切制加工也逐渐得到认可。产地趁鲜切制加工分为两种，一种是直接趁鲜切制，鲜药材经挑选、清洗后，直接切制成片或段、块，然后干燥；另一种是加工后趁鲜切制，鲜药材先按照传统方法（如发汗、蒸、煮、杀青等）加工，待药材干燥至一定程度后再切成片（或段、块）。趁鲜饮片仍作中药材管理，流通到饮片厂后，只作简单的净选即可。如此大大降低了药材因再次软化导致质量不合格的风险，也降低了饮片企业的炮制成本。其加工工艺对药材质量的影响也是评价的关键。

由于目前中药材生产中小规模经营方式仍占有较大比重，产地加工过程及其工艺技术仍需要进一步研究规范，并制定产地采收加工技术及产品质量统一标准，保障药材品质和功效的一致性。而加工过程中，药效成分的转化条件和转化机制研究是实现药材加工质量控制的重要基础。

（4）制约因素与技术瓶颈

1）采收时间：中药材种类多、药用成分复杂，且栽培地区的气候条件、地理位置、土壤类型等环境因子以及栽培技术不同、生长发育不同，其药用部位的产量和活性成分含量随着生长年限和采收时间的不同而有差异。目前还不能完全确定每一种药材的最佳采收时期，使得中药材的采收更多的是基于人的经验，缺乏科学的理论指导，是未来药材质量控制亟须解决的技术瓶颈。

2）采收技术：产地机械化采收技术依然落后。在东南沿海、西南山区地区，由于山高坡陡，机械作业无法进行，目前无法实现机械化采收，只能依靠原始的人工采收方式进行，是当地制约中药材发展的重要原因。

3）加工方法：在加工环节，产地加工方法的科学性尚待研究。各产地的加工方法各异，缺乏统一标准，工艺技术参数不明确，关键环节把控不严，存在盲目性和随意性。产地加工方法变更不合规，部分地区未采用药典规定的产地加工方法。质量评价方式不完善，产地加工产品质量评价手段有限，现代评价指标以某种（类）化学成分含量为主，评价手段较单一、片面，未进行药效学、毒理学等研究，未充分证明加工工艺的合理性，且研究样品规模较小，加工设备多为实验室小型设备，尚不能直接指导实际生产。

（5）发展与展望

1）重点发展方向：产地化、规模化、机械化、专门化、规范化，是未来中药材采收加工的重要发展方向。当前，多数中药采收缺乏相关技术标准，采收方式相对粗放，导致中药质量参差不齐，目前针对一些中药材成熟过程和最佳采收期的研究尚无系统性的报道。所以，亟须形成一套中药材采收与控制理论。加工作为一个独立的生产环节，传统的初加工工艺与技术已不能满足现代中药材生产的需要，应鼓励中药生产企业开始向中药材产地延伸产业链，开展趁鲜切制和精深加工。

2）具体发展任务：完善中药材采收及产地加工通用技术、设备要求及储存运输等环节关键技术研究，重点开展一批不同产区及其代表药材的采收期、采收方法、产地加工流程和方法等关键技术研究，建立产地加工标准，并研发配套采收、产地加工装备，建立生产工艺清晰、参数明确、药材质量稳定可控的机械化采收及加工体系。

重点推进产地加工和饮片加工一体化，在阐明中药材加工炮制科学内涵的基础上，根据药材自身特性和应用特点，制定适宜一体化分类加工要点，确定工艺过程、技术参数，建立规范的中药材产地加工、炮制方法与评价体系，形成产地加工与炮制生产一体化技术规范。

（二）珍稀濒危药材

1. 人工繁育

（1）技术重要性

珍稀濒危药材人工繁育技术是实现中药资源可持续利用中最重要的一环，也是珍稀濒危动植物保护与利用的重要手段，对中药产业良性发展具有重要意义。珍稀濒危药材往往疗效好、价格昂贵且在使用过程中受到各类规章管理制度制约，如在人工繁育领域取得重大突破，将打破现有依赖野生资源进行药物生产的不可持续发展模式，不仅有力保障中药材市场的健康发展，而且对经济发展、环境保护等领域均有突出贡献。

如何根据不同珍稀濒危植物、动物特性实现动植物资源的稳定继代是珍稀濒危药材人工繁育的重要目标，也是保证药材药效的定向、稳定与均一的关键，是珍稀濒危药材实现规模化种植养殖的前提条件。珍稀濒危药材人工繁育技术可以根据物种特异性为动植物繁育提供适合的技术体系，随着该体系的不断发展完善，将会极大改善药用资源利用的舆论环境，为珍稀濒危药用资源的品种选育、种植养殖奠定基础，并有效解决资源缺口问题，实现珍稀濒危药用资源可持续利用与保护的协调统一。

（2）技术名称和释义

珍稀濒危药材人工繁育技术是指采用一系列的技术方法，实现珍稀濒危动植物资源的继代，以获得药效及产量稳定、均一的可持续利用药材。

（3）发展现状分析

据不完全统计，当前，列入国家重点保护、限制进出口等名录的濒危中药材多达280种。《中华人民共和国药典》（一部）收载的1606种中成药中，有983种含濒危药材，占比达61%。许多濒危药材在中医临床处方中使用率高、需求量大，成为制约中医药高质量发展的关键因素。自20世纪80年代以来，在野生动物保护方针政策的引导下，我国野生动物养殖业迅猛发展。至今，熊、麝、梅花鹿等珍稀濒危药用动物均已实现规模化人工养殖，特别是人工繁育的梅花鹿已被列入农业农村部发布的国家畜禽遗传资源目录，属于特种畜禽。在此基础下，人工养殖林麝活体取香、人工驯化梅花鹿取茸技术较为成熟。植物方面，甘草、黄连、人参、杜仲、厚朴等均已实现规模化种植，可满足市场需求。但仍有大量药材如血竭、狗脊、紫草等仍依靠野生供给，随着市场需求的增长，资源面临枯竭风险。当前珍稀濒危药材人工繁育技术，除基本的生物学特性研究外，主要基于动物与植物两大类资源的生物差异性，形成了两套技术体系。动物药材人工繁育，需经由引种、驯化、饲养3个阶段再达到繁殖、育种层次。其中引种需采用现代技术手段经由习性调查、捕捉、检疫和运输得以实现；驯化则通过直接/间接驯化技术完成。饲养则主要分为养殖管理与饲料营养两方面。繁殖育种相关技术研究较多，可通过分子育种、人工授精、胚胎工程、发情鉴定、排卵控制、性别鉴定、性别控制、妊娠诊断、诱导分泌、诱导泌乳、人工孪生等现代化手段实现。相关的技术方法与国外发展水平基本一致，但应用广度不足，程度较低，成熟性不足，已成功实现人工繁育的物种较少，仍需探索与应用。

植物药材人工繁育技术除与大宗植物药材类似的品种选育技术外，主要为保育技术，包括原位保存技术、离位保存技术、信息提取与保存技术、繁育技术及复育技术。珍稀濒危药用植物资源的繁育、复育是保育的重要目标，也是药用植物驯化保育的具体实践。繁育是对药用植物资源的继代保存，复育是对药用植物资源的恢复性手段，不论是繁育还是复育都是以最优药效为最终目标。相关的技术方法与国外发展水平基本一致，但确保药效定向、稳定与均一的相关技术为中药特有的繁育目标，自主技术发展较慢亟待优化。

1）珍稀濒危动物药材人工繁育技术：关键技术体系主要涉及引种、驯化、饲养、繁殖及育种环节的动物学、生物学技术手段。

引种方面需先进行习性调查，主要包括生境调查、食性调查及行为调查，主要通过外业调查法进行研究。其次需进行捕捉，主要方法为诱捕法配合原地适应性养殖法，但目前尚无技术可完全消除对野生动物造成的负面影响。引入养殖场前还需进行检疫，主要涉及流行病学法、临床诊断法、病理学诊断法、病原学诊断法、免疫学诊断法及生物技术诊断法。运输过程为有效降低动物应激反应，一般采用遮光运输法、药物辅助运输法、淋水运输法、增水缩食运输法等。但目前技术距离完全消除应激反应仍有不小的差距。

驯化阶段主要包括直接驯化法及间接驯化法，前者可通过单体或集群驯化由人对动物直接进行驯化；后者则利用驯化程度不同的动物本身实现驯化，如利用驯化程度高的母鹿带领未经驯化的仔鹿进行放牧等。该项技术实施周期较长，往往需要传代或传多代才能实现驯化目的。

饲养过程中涉及的技术主要包括管理技术与饲料配置技术。前者包含场址选择与功能区划、饲养管理、繁殖管理、饲养场人员管理、安全管理、卫生防疫、采收及产地加工技术，后者主要包括营养学研究、饲料配方、饲料制作技术等。该部分技术较为基础，应用范围较广，但养殖管理水平对动物养殖影响极大，需引起重视。

繁殖过程中主要涉及发情鉴定、诱导发情、同期发情、超数排卵、采精、精液品质检查、精液稀释、精液保存运输、性别控制、人工授精、妊娠诊断、胚胎移植、分娩助产、诱导分娩、诱导泌乳等技术。此部分应用现代技术较多，技术更新较快，解决技术瓶颈可大幅度提高珍稀濒危动物人工繁育水平。

育种过程中主要应用选育、选种、选配、品系繁育、杂交改良、分子育种、数量遗传学育种等，因珍稀濒危动物人工繁育技术发展较缓慢，目前达到该阶段的仅有梅花鹿等少数物种。

2）珍稀濒危植物药材人工繁育技术：关键技术体系主要涉及保育、选育环节相关的植物学、生物学技术手段。

保育技术可分为 5 大类。其中原位保存技术主要应用于自然保护区，可以帮助保护区内植物更好繁育，但人力物力消耗较多，且若植物本身居群过小则不能有效地阻止药用植物居群的减小和丧失。

在原位保存不足以维持药用植物多样性的情况下，离位保存是拯救这些物种的唯一方式。其可分为药用植物活体保存技术、药用植物种子保存技术、药用植物离体保存技术。离体保存技术又包括植物离体组织培养技术、离体保存技术，为保证保存的可靠性多采用超低温离体保存技术，又根据保存的部位不同，细分为药用植物茎尖分生组织的超低温保存、药用植物愈伤组织及悬浮细胞的超低温保存与药用植物原生质体的超低温保存。

信息提取与保存技术包括形态特征的提取与保存技术、化学特征的提取与保存技术、遗传特征的提取与保存技术，分别对应了显微技术、化学技术和分子技术三大类方法，通过建立种子基因库等实现药用植物遗传资源保护。目前研究应用较为广泛，特别是遗传特征的提取与保存技术，是生物学基础研究的关键前提条件。

繁育技术包括用于种质资源筛选的单株选择法、穗行提纯复壮法、片选法，用于繁殖的自然繁育技术、种子繁育技术、离体组织器官繁育技术。该部分技术的应用是为了在保证优良药效稳定遗传的同时增加繁殖材料，为后期的复育提供足够的种质资源。繁育技术和保存技术相对应，采用种子保存的，就以种子作为繁育基础，采用离体保存的，可以以离体苗、离体器官的再分化成苗来繁育药用植物。目前相关研究较多，是保证繁育效果的重要环节。

复育技术是指通过人工手段恢复原生境中的药用植物数量或在新的野生环境下重建药用植物群落，同时维持它们药效的稳定。其可采用协同栽培技术、人工抚育技术、生态环境恢复技术。该部分技术实施周期较长，但只有实现珍稀濒危药用植物的成功复育，才是珍稀濒危植物药材资源大规模开发利用的开端。

（4）制约因素及技术瓶颈

珍稀濒危药材资源因受环境破坏及物种保护相关政策法规影响，在研究、应用中均面临较大困难。一是药材资源珍稀难以获得，且多分布于保护区内，难以取得批准开展相关研究工作，导致生物学基础研究薄弱，相关技术发展缓慢。二是管理体制不顺，同时受到医药卫生、林业、农业等多部门的约束与管制，存在多头管理的情况，缺少总体规划机制，难以获得扶持与服务，难以实现产业化。三是国际舆论压力大，相关工作开展均需同时满足环境保护、动物福利等多项要求，舆论风险难以控制导致工作难以推进。以上问题均严重制约了珍稀濒危药材人工繁育技术的研究与应用。

在现行条件下，适合珍稀濒危药材的人工繁育技术应满足研究周期短、安全、操作快、无损、微量的条件，以期对环境和动植物个体的影响降到最低。此类技术的开发利用滞后是本项工作开展的技术瓶颈。

（5）发展与展望

1）重点发展方向：实现珍稀濒危动植物资源的稳定继代，获得药效及产量稳定、均一的可持续利用药材，使珍稀濒危药材摆脱资源枯竭风险，变野生为家种（养）进而实现集约化生产，是珍稀濒危药材人工繁育的目标与重点发展方向。对于药材这一特殊商品，人们常常认为野生药材远好于家种（养）药材，加剧了对野生资源的掠夺性采收，也影响了人工繁育的受重视程度。因此，在加强对野生变家种的人工驯化、繁育研究的基础上，通过良种选育提高药材产量，加强药理药效学及临床研究，保证人工种植养殖药材的药效，解决人工生产过程中，特别是规模化生产中出现的各种问题，最终达到中药材生产优质优产、质量稳定可控的目的，早日实现中药材资源的可持续利用。

2）具体发展任务：具体可以从加强珍稀濒危药材生物学、药物学特性研究入手，弥补珍稀濒危药材缺乏基础研究的不足，在掌握各品种特性的前提下，有针对性的利用现代化技术手段攻克各品种特异性的人工繁育技术瓶颈，完善技术体系，加强优质优产同步研究，早日实现中药材资源的可持续利用。

2. 人工替代

（1）技术重要性

长久以来，中药材特别是濒危药材资源不足，一直掣肘我国中医药行业高质量发展。被列入《国家重点保护野生药材物种名录》《国家重点保护野生动物名录》（2021年）、《国家重点保护野生植物名录》（2021年）及《中国植物红皮书—稀有濒危植物》的濒危中药材不仅包括麝香、熊胆、穿山甲鳞片等名贵药材，还包括羌活、红景天等大宗常用中药材。濒危药材在临床处方中有很高的使用频率，若这些濒危药材不能使用，许多经典名方，如安宫牛黄丸、云南白药、片仔癀等将面临断供，对我国中医药产业发展造成难以估量的损失。

濒危药材人工替代技术可以减少对野生种群的依赖，提供可持续的替代选择，在保护生物多样性、确保重要药用资源的可获得性与可持续性以及推动中医药传承创新发展起到至关重要的作用。

（2）技术名称和释义

人工替代技术是建立在对濒危药材的临床疗效、药理作用和物质组成的系统性研究基础上，通过运用中药学、化学、酶工程、基因工程等多种技术手段，创造出具有与濒危药材相当或等同治疗特性的替代药材的一种集成技术。

（3）发展现状分析

药材的代用问题自古有之。传统上，濒危药材替代主要有以下三条途径。①从性味、功能、主治相似的药材中寻找代用品，如水牛角替代犀角，行清热、凉血、解毒之功效；②扩大药用部位以寻求替代使用，如自古即有用人参叶代替昂贵的人参入药的医疗实践。③从动植物亲缘关系比较接近的药材中寻找代用品，如山羊角、黄羊角替代羚羊角。以上三种传统替代途径在缓解濒危药材资源压力以及中医药的沿袭和发展中均发挥了一定程度的作用。但需要指出的是，一些代用品与正品相比，品质和使用效果差距较大，如水牛角、山羊角等，无法实现等量等效替代。还有一些代用品仍然依赖于野生动植物资源，随着用量的剧增，代用品也逐渐成为濒危药材。

近几十年，随着科学技术的发展，一些新的濒危药材替代技术得到了快速发展，使得从根本上解决濒危药材的资源供应问题成为可能。其中，主要包括以下两种途径：①通过人工繁育和人工种植养殖技术，获取资源供应。如人参、三七等濒危植物药材的栽培成功表明该技术是目前解决濒危植物药材来源的主要途径（该部分主要在"人工繁育"章节论述，在此不作详细讨论）；②人工替代技术：在对濒危药材的临床疗效、药理作用和物质组成的系统性研究的基础上，集成运用中药学、化学、酶工程、基因工程等多种技术手段，创造出具有与濒危药材相当或等同治疗特性的替代药材，如人工麝香等。该技术是现阶段解决难以驯化养殖的野生动物药用资源供给的主要途径。随着科学技术的快速发展，当前濒危药材的人工替代正由20世纪偏重于功能替代的研发模式转向研发具有高化学成分相似性和功效一致性特征的高还原度替代品的新模式。

以下是针对濒危药材人工替代中所涉及的具体环节及其发展现状的分析。

1）化学成分的分离与表征技术：随着色谱、波谱等技术的快速发展，近年来国内外研究人员对濒危药材的化学成分开展了大量的分离和结构表征研究，对其化学组成已经有了比较多的了解，为寻找合适的替代品奠定了基础。我国在该领域的相关技术发展与国外基本同步。但需要指出的是，尽管目前对于濒危药材化学成分的研究已经很多，但在系统性和全面性上仍有待提高，尤其是对于各种类型化学成分的结构、含量、比例的全息表征，是研究和开发高还原度人工替代品的必要条件。另外，对于蛋白、多糖等大分子类成分的研究仍比较欠缺。此外，化学研究与中药功效割裂、脱节的现象比较突出，由此导致了对很多濒危药材的主要化学组成基本掌握但对药效物质却不十分清楚的状况普遍存在。

2）活性筛选和药效评价技术：新的筛选技术的发展大大提高了发现活性成分，阐明药效物质的效率。如，基于细胞、靶点等的高通量筛选技术和基于成像的高内涵筛选技术的广泛使用，亲和色谱、分子烙印技术、生物芯片等新兴技术的不断发展，以及"分离—表征—筛选"一体化技术的探索等。此外，新的药理药效和安全性评价方法的应用，使得对濒危药材及其主要成分的药效作用有了更多的认识。如，类器官、线虫、斑马鱼等药效评价技术的应用降低了早期药效学实验成本，提高了研究的效率，对加快药物研发进程有一定帮助。其他诸如网络药理学、基于大数据/人工智能的研究技术也在快速发展中。国内在该领域相关技术发展较快，但与国外最先进水平相比仍有一定差距，尤其在作用机制等基础研究方面。

3）药效成分的获取和制造技术：随着有机合成和酶工程、生物催化等技术的进步，目前合成替代技术（包括有机合成和生物催化合成）在濒危药材小分子药效成分的制造中占据重要地位。未来，随着合成生物学技术的进一步发展和成熟，有望更多地通过细胞工厂制造小分子药效成分。此外，蛋白异源表达技术在濒危药材蛋白类成分制造中发挥关键作用。通过化学和生物技术的融合应用，研究人员能够高效获得濒危药材中的药效成分，用以制备高还原度的人工替代品。我国在有机合成领域的技术发展与国外基本同步。近年来，在国家战略的支持下，我国在生物工程、合成生物学等技术领域也取得了较快的发展，但距离国外先进水平仍有差距，在基础科学研究方面仍有较大的提升空间。

4）配方筛选与优化技术：配方的优化需要综合考虑药材的功效、临床应用特点、药理活性、化学成分、相互作用等诸多因素。通过运用单因素实验设计、正交试验设计、系统药理学研究和等效性验证等方法，理解配方的整体效应，优化配方的治疗效果和安全性，并确定最佳的配方组合。最终通过临床前安全性评价和临床试验，进一步验证人工替代品相比于被替代的濒危药材在安全、有效和质量可控等方面的等效性或优效性。

（4）制约因素及技术瓶颈

目前，影响和制约濒危药材人工替代技术发展的主要问题有以下四种：

研发高技术的人工替代品必须建立在对濒危药材的化学组成、药效物质、作用方式等具有全面的认知的基础上。当前尽管对于濒危药材整体以及其中主要的单体药效成分已有一些研究，但缺乏对药材中各类化学成分所起到的药效作用的系统性和整体性阐释，以及对各药效成分之间的相互作用和协同作用的深入研究。

传统中药功效的描述与现代医学术语和框架之间存在脱节。当前缺乏能够与传统功效相适应并体现中医药临床特色的原创性活性筛选和药效评价技术。

濒危药材药效物质具有丰富的结构多样性，如何实现各类药效成分的高效规模化制造也是人工替代品开发的主要技术挑战之一。

人工替代技术是一项多学科交叉融合的集成技术，原有的"各自为战"的研究模式难以满足多学科融合的需要。

（5）发展与展望

尽管面临着上述巨大的挑战和困难，现代科学技术日新月异的发展为濒危药材人工替代品的研究提供了前所未有的良好机遇。濒危药材替代品研究的成功与否有赖于以下几方面的科学基础：①科学系统的研究理念、策略和新的研究范式，仅以单一活性成分替代或仅替代某一方面疗效的时代已经过去，应在全面揭示濒危药材独特疗效物质的基础上，实现与天然濒危药材有效成分组成、结构、比例一致和疗效等同的整体替代。②新型研究技术的集成应用，其中包括基于组合色谱、离子交换色谱、亲和色谱、排阻色谱等多种色谱的分离技术，基于质谱、核磁共振、X-衍射、冷冻电镜等方法的结构表征技术，基于HPLC、LC-MS/MS等的质量控制技术，多维度、跨尺度的多模型药效评价技术体系，靶点垂钓技术，基因工程技术、酶工程技术和合成生物学技术等。③通过建立有机化学、分析化学、药理学、毒理学、化学生物学、合成生物学等多学科交叉融合的合作机制，整合优势资源，激发创新活力，有望取得原创性的重大突破。

1）重点发展方向：濒危药材人工替代技术的重点发展方向主要集中在以下三个方面。

合成技术尤其是生物催化技术的创新：合成技术是一种重要的濒危药材药效物质的获取方法。未来的发展将致力于开发新的合成方法和反应，以实现更高效、经济和可持续的小分子药效物质合成。这可能涉及新型催化剂的设计、光催化反应、电化学反应新方法的开发与应用；具有新的催化特性以及具有不同底物适应性的酶催化工具的发现；发展具有更高转化效率，更经济、更环保、更节能的生物催化技术等方面。

合成生物学和基因工程的进一步应用：合成生物学和基因工程技术在濒危药材人工替代中具有巨大潜力。未来的发展将集中在更深入的研究和应用这些技术。例如，开发更多的生物合成工具；进一步优化底盘细胞，提高产量；利用基因工程技术来改进或重塑生物合成途径提高目标化合物的产量。

数据驱动的研究策略：随着大数据和人工智能技术的发展，未来研究人员将可能利用大数据分析和机器学习算法作为辅助手段对濒危药材的化学成分、药理特性、功能主治进行深入分析，发现其中的隐匿性关联，并为后续替代品开发工作提供参考和借鉴。

2）具体发展任务：濒危药材人工替代技术未来的具体发展任务主要包括以下四个方面。

发展原创性活性筛选和药效评价技术：开发能够准确体现中医药临床功效的原创性活性筛选和药效评价手段。这可能包括建立与传统中药功效描述相衔接的指标体系，结合现代科学技术，确保人工替代品的药效符合中医药理论和临床实践的要求。

发展针对濒危药材化学组成和药理药效的系统性研究：明确其中的"构－效关系""量－效关系""组－效关系"，并探索药材中复杂成分的相互关系、协同作用和作用机制，阐明濒危药材发挥功效的科学内涵。

发展高效规模化制造技术：研究和开发高效规模化制造技术，以实现濒危药材药效物质的大规模生产。这可能涉及新的合成方法的开发，酶工程技术的发展，合成生物学技术的发展等方面的研究。

发展多学科交叉融合的创新研究模式：加强学科交叉与合作，整合不同领域的专业知识，形成协同创新的合作网络，促进濒危药材人工替代技术的发展。

3. 生物技术

（1）技术重要性

我国现有1.2万种动植物中药资源，长期以来由于认识不足和无序开发利用，大量中药材资源濒危，直接威胁中医药发展的基础；同时，中药材濒危还引发生态环境和生物多样性破坏问题，导致一些物种灭绝。中药资源是中医药事业传承和发展的物质基础，是关系国计民生的战略性资源，怎么样从根本上解决濒危中药材资源科学发展、可持续利用是中医药高质量发展的关键。

基因编辑〔2020年，两位女性科学家艾曼纽·卡彭特（Emmanuelle Charpentier）和詹妮弗·杜德娜（Jennifer A. Doudna）因"研发基因剪刀，让生命密码能够被改写"，而获得诺贝尔化学奖]、合成生物学技术（被"十四五"规划纳入国家战略科技力量）在药用植物育种及活性物质生产应用中显示出巨大潜力；其中，基因编辑技术可以编辑多个位点，为药用植物育种提供了一种全新的途径，可以实现定向育种，培育出高产、抗逆或一些具有特殊应用价值的作物；利用合成生物技术在微生物底盘细胞中合成活性物质是一种绿色、可持续的"不种而获"生产模式，这种模式已成功运用到青蒿素的工业化生产中。因此，利用基因编辑、合成生物学等前沿技术建立珍稀濒危药材"新药源开发保护"、药用活性物质"不种而获"技术平台，将实现濒危中药材资源科学发展、可持续利用，也将为中医药现代化及产业变革提供了新的机遇和发展空间。

（2）技术名称和释义

基因编辑技术：是在基因组水平上对DNA序列进行精确改造和修饰的遗传分子生物学技术，该项技术利用核酸酶在基因组特定位点剪切产生双链断裂，激活生物体自我修复系统从而实现靶基因定点突变、插入、缺失或替换，从而改变其遗传信息和表现型特征。目前，该技术已成功应用到药用植物分子育种中，可以高效实现药用植物定向育种，培育出高产、抗逆或一些具有特殊应用价值的作物。

合成生物学技术：是在阐明并模拟生物合成的基本规律之上，达到人工设计并构建新的、具有特定生理功能的生物系统，从而建立药物、功能材料或能源替代品等的生物制造途径。即通过挖掘生物合成关键酶基因，在微生物体内重构代谢通路，进而利用合成生物技术进行异源生产。目前，利用该技术已实现多个药用活性物质（例如青蒿素前体青蒿酸、KH617等）的工业化生产。

（3）发展现状分析

当前，利用生物技术已开发出部分珍稀濒危中药材的替代品，主要基于两个方向研究开发，形成一系列技术体系及平台。一方面是开展珍稀濒危药材的驯化、品种选育、仿野生栽培、野生抚育、种苗繁育等，或基于基因编辑技术发展珍稀濒危中药材分子育种，开发珍稀濒危中药材的替代品；另一方面是基于合成生物学技术发展珍稀濒危中药材活性物质的异源合成，使活性物质摆脱对源植物的依赖，减少资源破坏并高效定向获取，助力中医药现代化及产业变革。相关的技术方法与国外发展水平基本一致，但在关键技术方法的集成化、系统化方面，尚存在一定的差距。

1）基于基因编辑技术开发应用珍稀濒危药材替代品：在众多珍稀濒危药材中，针对其中能够驯化的植物，可以进行驯化、品种选育、仿野生栽培；不能驯化的植物，可以进行野生抚育、种苗繁育等，例如粉防己，本身繁殖能力强，可以通过人为干预的野生抚育来实现资源恢复并满足需求。同时也可利用基因编辑技术提高药材质量，比如甘草，已经实现栽培，但是药用活性成分含量低，难以满足用药需求，通过基因编辑对合成途径进行调控，提升其含量是一个有效的方式。目前基因编辑技术在药用植物的遗传系统构建、分子育种等方面均有长足的发展，同时也存在一些问题需要优化和解决。在药用植物基因编辑系统的构建中，许多常用药用植物如人参、丹参、地黄、甘草等已建立了完整高效的基因编辑体系，然而在柴胡、大麻、番红花等植物中建立的基因编辑体系，其编辑效率仍需提高，金银花、三七、黄芪等常用药用植物的基因编辑系统亟待建立。在药用植物的分子育种中，基因编辑技术的应用还处于初步阶段。一是应用的药用植物的种类较少，仅限于人参、颠茄及罗勒等少数物种，而且许多未获得预期目标性状；二是应用的方法较为单一，通常采用单位点突变或单基因敲除来培育新种质，很少靶向编辑多个 DNA 位点。

2）基于合成生物学技术助力珍稀濒危药材活性物质的异源生产：合成生物技术的发展为中药活性物质由传统资源利用模式向高效、绿色、稳定可控的新型工业生产模式转变提供了理论和技术支撑。近年来，国内外研究团队已经完成秋水仙碱、东莨菪碱、大麻素类等活性物质及其中间体物质的异源生产，其中最具代表性的两个例子：加州大学伯克利分校团队在酵母中构建代谢途径高效生产青蒿酸，产量高达 25g/L，并经简单反应合成青蒿素，其不足 100m^2 发酵车间 2013 年产青蒿素达 35 吨，相当于我国近 5 万亩耕地的种植产量，这种高效获取青蒿素的方法得到了 WHO 批准；KH617 作为我国自主研发的抗肿瘤新药广泛用于各种肿瘤的治疗，对晚期实体瘤尤其是弥漫性胶质瘤具有显著疗效，中国中医科学院黄璐琦院士带领联合科研团队，通过合成生物技术实现 KH617 工业化生产，并已获中国国家药品监督管理局药品审评中心和美国 FDA 的新药临床试验批准，有望成为国内第一个合成生物学来源的植物天然产物新药。

在活性物质合成生物学研究中，我国学者在丹参酮、KH617、天麻素等取得重要突破，但在结构复杂活性物质途径解析、途径组装及适配等领域与国际顶级团队仍存在一定差距。德国马克斯·普朗克化学生态研究所团队于 2022 年解析了士的宁下游途径 10 步催化过程，斯坦福大学团队于 2023 年发现 22 个不同来源酶完成柠檬苦素 12 步生物合成，加州大学伯克利分校团队于 2022 年完成 44 个植物、酵母基因改造，将 31 步生源途径重编程到酵母实现半合成长春碱，进一步发展为可扩展平台，用于生产3000余种天然及非天然生物碱。

(4) 制约因素及技术瓶颈

珍稀濒危药用植物生殖力、存活力、适应力低下等内在因素是其走向濒危的根本遗传因素，这种生长特性加大了珍稀濒危植物遗传改良研究的困难。在建立植物遗传转化体系、构建差异表达基因图谱等研究过程中植物的生殖力和存活率是一大制约因素；植物调控和反馈机制解析不顾完善是遗传改良技术实现的另一个重要制约因素，例如，在微生物细胞工厂内重构生物合成途径仅需解决催化元件效率问题，但由于植物复杂的调控和反馈网络，在植物底盘的外源生物合成途径重构会出现一定概率的脱靶问题，导致目标成分无法产生；珍稀濒危药用植物遗传信息库的建立有待完善，活性成分形成和调控因子的挖掘是微生物生产和植物底盘生产的基础，合成和调控同步解析才能解决植物改良和生物合成制造中出现的脱靶问题。因此，自动化、高通量筛选并鉴定基因功能是现阶段亟须加强开发的技术研究。

(5) 发展与展望

1) 重点发展方向：利用基因编辑、合成生物学等前沿技术建立珍稀濒危药材"新药源开发保护"、药用活性物质"不种而获"技术平台，推动珍稀濒危药材新药源开发应用及其活性物质的高效生物制造，是未来中药资源可持续开发利用的重要方向。

2) 具体发展任务：开展珍稀濒危药材的驯化、品种选育、仿野生栽培、野生抚育、种苗繁育、分子育种等研究，并搭建组织培养体系，实现濒危药材的"新药源开发保护"；深入挖掘动植物遗传资源，系统阐释活性物质形成和积累的分子机制，指导中药材规范化育种与栽培，发展基于合成生物学的活性物质绿色、可持续新型中药现代化经济制造模式。

(三) 质量控制

1. 商品规格等级

(1) 技术重要性

中药材是特殊商品，既具有一般的商品属性，又具有药品的特殊属性，且来源广泛，如动植物等具有生物多样性特点。其从育种到种植（养殖）、采收、加工、储藏、运输到出售，整个过程链长、受生态环境因素影响大且不完全可控，同时还受种植管理、采收加工方法等人为因素影响，因此质量易不均一而产生了品质与品相的差异，进而分化成了不同的商品规格等级。因此，为了适应商品交易的需要，按照药材品质优劣、外观品相差异、大小分档等不同层次的需求，进行了规格与等级的划分，以便在市场进行商品交易。中药材商品规格等级伴随中药材交易的发展而产生，自古以来就有"看货评级，分档定价"的传统，至今中药材依然根据品质与品相差异划分成不同的规格等级进行流通，因直接与价格挂钩，因此也会对上游的生产产生影响。因此，中药材商品规格等级是中药材生产流通使用中的重要环节，如何对其进行科学的划分是业界的热点、难点。商品规格等级的划分会影响上游的生产、影响下游的使用，因此是中药材实现优质优价的基础。

（2）技术名称和释义

商品规格等级划分技术：是指按照药材不同来源、品质优劣、外观品相差异、产地加工或饮片炮制时的大小分档等不同层次的差异与需求，采用性状、理化、生物等不同的方法，对中药材进行规格与等级划分的技术。

（3）发展现状分析

早在春秋时期《范子计然》中就有80多种药材的商品规格，历代本草均有对药材品质评价的论述，尤其是产地的差异，以及大量气味、形态、色泽等性状评价的描述。中华人民共和国成立以来，行业主管部门先后制订过多个中药材商品规格等级标准，其中明确为部颁标准的有：1959年卫生部颁布的《三十八种药材商品规格标准》、1964年卫生部与商务部联合颁布的《五十四种中药材商品规格标准》及1984年国家医药管理局与卫生部联合下达的《七十六种药材商品规格标准》。2013年，经商务部、国家中医药管理局批准同意，以中国中医科学院中药资源中心为技术依托单位成立了"中药材商品规格等级标准技术研究中心"，由全国多所中医药科研、教学单位及多家中医药企业共同承担常用中药材商品规格等级行业标准的重新研究制（修）订工作，至今已完成了230余种常用大宗药材标准的制（修）订工作。2019年发布了《中医药-中药材商品规格等级通则》ISO国际标准。

古代及现代多种规格等级标准的划分主要是根据生产情况结合性状特征进行划分。如根据药材属性的非连续性特征，依据主次，按基原、产地、栽培方式、药用部位、采收时间、加工方法等对不同交易品类进行规格划分。在规格下又根据药材属性的连续性特征，按外观特征、断面特征、质地、质量、长度、厚度、直径、含杂率、气味等对不同交易品类进行等级划分。等级划分大多以可量化的指标作为依据，根及根茎类大多根据其体形按照长度、直径、大小进行划分，皮类药材大多以厚度划分，果实种子类大多以成熟度、饱满度、直径、质量划分等。共性的划分如非药用部位、杂质的比例、色泽、气味等。但需要注意的是，虽然规格体现的是品类概念，但规格与等级之间亦存在相互交叉的情况，不同规格之间亦存在等级观，如传统上将道地药材作为高品质药材，又如不同药用部位虽然划分为规格，但是不同药用部位存在优劣，如三七按照不同药用部位分为主根、筋条、剪口等，但以主根为高规格。因此，规格与等级之间难以截然分开。

中药材的等级优劣应当以临床疗效评价为金指标，然而在实际中，由于中药自身成分的复杂性和多样性，加之中药多以复方应用，导致中药材等级评价存在一定的困难。以往学者主要基于性状、化学成分、生物评价3个方面对中药材商品规格展开划分。常用的技术手段有感官性状评价指标Delphi法，其中性状评价包括形态、大小、颜色、气、味、质地、断面、粉末显微鉴别等；基于电子鼻、电子舌、比色卡等技术的气味客观化评价法；化学评价法主要基于药材所含的化学成分进行划分，如根据指标性、大类或总成分的含量，并结合农残、重金属、有害元素及外源性污染物等进行划分，根据指纹/特征图谱进行划分等方法；生物评价包括DNA鉴定、生物效毒价检测等；以及综合上述若干种方法的综合评价法。

此外，需要注意的是不少药材在相同生产条件下，其便于交易使用的性状差异与内在质量并无本质差异，而是为了产地加工或者后续在饮片生产中大小分档、减少损耗等需要而进行的划分，如白芍、泽泻、浙贝母等正常情况下的个体大小差异与质量关联性不大，但是大个的相对切制的饮片完整性较好，破碎率低。其次是单纯的品相观，商品注重外观品相是客观存在的现象，因此中药材交易中也存在外观品相的划分。

（4）制约因素及技术瓶颈

中药材的等级优劣应当以临床疗效评价为金指标，然而在实际中，由于中药自身成分的复杂性和多样性，加之中药多以复方应用，导致中药材等级划分存在困难。因此建立完善适合于单味中药材作用特点的药效评价模型及技术体系，是当前制约中药材等级划分的重要因素之一。

目前性状、化学、生物三类主要的划分方法均存在各自的局限，如感官性状评价指标Delphi法受到参评专家的自身经验、认知程度不同而呈现较大差异，相同的样品不同的专家得出截然相反的结论；化学评价方法存在成分与疗效之间关系不明的难题，在不清晰有效成分的情况下，仅凭现有检测技术水平下所测定的某些指标性成分含量的高低并不能有效地评价药材的等级；而生物评价则存在单味药材相应功效缺乏模型的难题。因此现有的不同划分手段均不能灵敏有效的反馈药效情况。

（5）发展与展望

1）重点发展方向：挖掘整理不同药材传统等级划分的经验，并以传统认可的优质药材为基准，通过现代理化分析技术进行表征，是未来进行科学划分中药材等级的重点发展方向。由于历代医家在长期的临床实践中，以临床疗效为指标，长时间、大量观察基础上所总结的等级优劣论述是解决目前等级划分无标准的有效路径。以传统总结的等级优劣论述为依据，对符合传统等级优劣的实物采用现代多维理化分析技术进行表征，并加以药效评价验证，得到相互的差异规律，进而制定出合理的等级划分标准。

2）具体发展任务：通过本草考证结合中医文献数据库、方志库等，对历代本草、方书、医籍、方志等资料中所保存的历代医家关于药材品质优劣的相关记载进行系统梳理与研究，获取基于人用历史经验的药材品质论述；采用人工智能、数字化成像、高光谱等现代技术对符合传统品质性状特征的药材实物标本进行现代化、规范化表征，在此基础上通过液相、高分辨质谱、质谱成像等现代分析手段，进行内含特征性成分规律的分析与表征；并采用动物、组织、分子水平的药效学评价。构建基于人用历史经验的现代化科学划分等级技术方案。

2. 真伪鉴别技术

（1）技术重要性

中药是中医防治疾病的物质基础，药材的质量直接关系着人民身体健康和生命的安危，也是保证中医疗效的重要标志。中药材质量的最根本问题，是药材品质的真伪优劣。真实性是中药品质评价的首要环节，真伪鉴别方法的建立、鉴定标准的制定是中药材质量控制的主要任务之一。

郑肖岩《伪药条辨》序言中云："虽有良医而药肆多伪药，则良医仍无济于事，故良医良药，互相辅而行。"只有确定中药材真伪，才能进一步谈中药材安全性和有效性的问题。建立简便、准确、反映中药临床疗效的鉴别方法，是保障中药材质量，促进中药产业高质量发展的重要一环。

（2）技术名称和释义

中药材真伪鉴别技术是指通过一系列方法和技术手段，判断中药材的物种来源和药用部位是否符合规范。真伪鉴别技术一般可分为基原鉴别、性状鉴别、显微鉴别、理化鉴别和生物检定等五大鉴别方法。基原鉴别是指应用生物、矿物分类学的知识与方法鉴定动、植、菌、矿物药材的生物、矿物学来源，确定其学名及药用部位；性状鉴别指通过利用形状、大小、色泽、表面、质地、断面、气、味等性状特征判别中药真伪；显微鉴别指用观察药材和饮片的切片、粉末、解离组织或表面微观特征，并根据组织、细胞或内含物等显微特征进行相应鉴别；理化鉴别是通过化学分析或仪器分析的方法利用中药的某些特定的化学性质来进行鉴别的方法；生物鉴定法则是利用药效学或分子生物学等有关技术来鉴别中药真伪。

（3）发展现状分析

随着生物学、化学、光学、计算科学等领域新技术和新方法引入中药真伪鉴别领域，当前不同中药材真伪鉴别技术都有了一定发展，并逐渐形成从中药原动植物到中药种子种苗、中药材、中药饮片、中药提取物和中成药的生产全链条真伪鉴别体系。然而，不同中药材真伪鉴别技术发展不平衡，性状鉴别和理化鉴别仍是中药材真伪鉴别的主要手段，多数鉴别方法都存在关键技术设备制造、技术方法集成、数据库系统化研究少等问题。

1）基原鉴别和显微鉴别依赖于鉴别人员自身经验，客观化、数字化不足。目前动、植、菌、矿物分类学从业人员逐渐减少，基原鉴别和显微鉴别经验传承不足，中药材真伪鉴别实践中显微鉴别难以实现种属的准确判定。而花伴侣、形色等智能识物软件主要依据花的形态，对中药基原物种识别能力不足。

2）性状鉴别处于向智能化、客观化、数字化方向发展的初期阶段。目前机器视觉和光谱成像等技术的发展已经初步实现了中药材中药饮片形、色方面的快速鉴别，并已搭建中药材真伪智能识别仪器设备原型机。但整体来说用于作为真伪鉴别训练的图片数量少、涵盖药材品种种类不足，图片标注质量不高，图像识别算法多直接参考其他领域算法，缺乏适合中药鉴别的人工智能识别算法等核心技术。

此外，中药材的气和味作为判断中药性味功效的重要依据，其主要检测手段仍然依赖于色谱－质谱联用方法或电子鼻、电子舌等机器智能感官评价方法，同一批次、产地不同样本间异质性大，且检测流程耗时较长，无法真正实现中药真伪高效鉴别应用，难以体现中药的性味－功效关联特色。

3）理化鉴别作为中药真伪鉴别的核心技术有长足发展，特征图谱和指纹图谱成为中药材理化鉴定的重要手段。理化鉴别是中药真伪鉴别的主要方法，也是评价中药质量的核心手段。随着人们对"中药整体成分发挥作用"认识的加深，除指标性成分作为鉴别手段外，中药指纹图谱和中药特征图谱是近20年来发展起来的针对中药整体成分或主要特征成分的真伪鉴别方法。对于药效或有效成分明确的中药材，以药效或有效成分为质量标志物进行真伪鉴别，对于药效或有效成分尚未明确的中药材，建立指纹图谱和特征图谱，构建中药整体成分质量控制体系，已成为中药材真伪的发展方向。

此外，基于高光谱成像、近中红外、三维荧光及可视化传感技术快速发展，结合化学计量学算法已实现中药材中特征成分准确检测及整体化表征。色谱与质谱联用技术，色谱与核磁联用技术以及各种系统化、集成化、自动化分离鉴定技术的发展将极大的提高中药化学成分的分离、鉴定、制备的工作效率及能力。

4）生物检定技术因其高专属性逐步受到认可，但在中药产业应用不足。生物检定技术能直接反映真伪鉴别方面，反映物种真实性的 DNA 分子鉴定技术已有应用，DNA 条形码技术、DNA 特征序列技术、特异性 PCR 技术等物种鉴别手段已广为应用，Genbank、BOLD、CGIR 等相应核酸数据库已基本建立，但数据可靠性有待进一步提高。除 DNA 分子鉴定技术外，特征肽段鉴别技术已用于缺乏专属性次生代谢产物的动物药材及其制品鉴别。

质量评价方面，《中药生物效应检测研究技术指导原则》已发布，但目前采用生物效应进行质量评价的中药主要集中于清热药和活血化瘀药，其他类中药研究较少。清热类中药的生物效应评价多以抗菌活性、抗病毒活性、抗炎活性为主，活血化瘀要采用抗纤维蛋白原活性、抗血小板聚集活性、体外凝血酶时间等手段测试，直接体现中医药临床功效的药效活性评价技术仍缺乏。

另外，生物检定技术操作更为复杂，检测成本高，科学研究较多而产业化落地应用不足。

（4）制约因素及技术瓶颈

中药真伪鉴别技术发展的主要制约因素包括五个方面：①经准确鉴定的权威、代表性样品数量不足，导致真伪鉴别结果错误；②机器智能感官、图像智能识别等技术依赖于极大样本量、大数据的检测数据或检测图像作为训练集，鉴别结果准确性依赖于涵盖度高、样本收集齐全的真伪品数据信息，缺乏适合中药鉴别的人工智能识别算法等核心技术；③多数中药材未识别出可用于表征中药临床疗效的有效成分或有效成分群，导致理化鉴定偏向于表征指标性成分或指标性成分群而非能直接反映中药材疗效的组分，且部分指标性成分含量低微，化学成分表征困难，存在复杂基质干扰以及不同批次、产地、品种之间差异性大等问题；④多数生物效应评价缺乏适合的病症模型和作用靶点,不能很好反映中医药临床功效,中药材 DNA 分子鉴定技术缺乏标准、权威的中药核酸标记参考数据库,致使结果判定争议等。⑤中药真伪鉴定多局限于中药材,而加工提取后的中药提取物、中成药失去了全部性状特征,缺乏有效的质控手段。

(5)发展与展望

1)重点发展方向:收集高质量机器感官、图像识别大数据,建立适合中药鉴别的人工智能识别算法。发掘中药质量标志物,整合化学计量学、人工智能等方法自动化表征、识别及建立中药真伪鉴别标记和方法。建立适合中药临床功效评价的动物模型及多维的生物效应评价体系,建立统一、高质量、标准化的中药性状、显微、理化及核酸标记参考数据库,研制自动识别、比对和鉴定的一体化鉴定数据分析平台和智能鉴定设备,实现中药生产全链条真伪智能鉴别。

2)具体发展任务:整合国内各单位动物、植物、矿物中药标本库数据,形成统一测试数据背景集,研发适合中药鉴别的人工智能识别算法,建立统一、开放的中药标准化测试数据。开展中药生物效应评价芯片、细胞、动物模型体系研究,以及鉴定智能装备研发,开展试点和推广应用。

3. 品质评价技术

(1)技术重要性

中药品质是其发挥临床疗效的基础,多年来中药品质评价与控制一直是中药现代化研究的重中之重。由于中药生产的全产业链长,影响因素繁多,市场上药材品质参差不齐,严重影响了中药产业的发展。随着信息科学高速发展,生物技术、分析技术等新技术的不断涌现,为中药品质评价提供了先进的科学技术保障。因此,依据中药化学成分多样性、原料不稳定性和功效多向性的特点,构建适合中药特点的品质评价模式和方法,是保障临床用药安全性和有效性,实现市场优质优价的前提和基础。

(2)技术名称和释义

中药品质是指中药及相关产品的品种、产地、规格、等级、质量及其与功效相关的属性。中药品质评价技术是为了保障临床用药安全有效的需求,综合运用多学科技术和方法,基于感官评价、化学评价和生物评价等多源信息融合实现药材品质优劣判定的技术。

(3)发展现状分析

中药的品质优劣直接关系到临床疗效和安全性。由于中药本身的复杂性、科技条件、研究思路和方法等因素的局限，当前中药品质评价尚未形成系统性的共识模式和方法。如传统认为个头大的药材质量好，但众多的文献报道了个头大的药材，其指标性成分不一定是高的，生物效应不一定是好的。因此，越来越多的研究者尝试开展 3 种评价方法的融合统一研究，从外观性状、化学成分、药效评价或生物效应等方面，借助于现代的科学技术和仪器，如采用电子显微鉴定法、色谱法（HPLC，GC，UPLC-MS）、光谱法（UV，IR）、分子鉴定技术（DNA 条形码、PCR 分子鉴别、蛋白质标记等）、色谱-光谱联用技术、计算机图像分析技术、仿生技术、差示扫描量热法、生物效应评价技术等对中药进行综合品质评价，对中药材产业的健康发展起到积极促进作用。

相对于品质评价技术和方法的成熟，学者们更多是从评价模式上提出创新思路，如"一测多评"法、"谱效整合指纹图谱"技术、"等效成分群"体系、"效应当量"模式、质量标志物的概念、临床价值导向的生物测定法等。

（4）制约因素及技术瓶颈

中药现代化发展到今天，仍有相当大比例的中药药效成分不清晰，是制约中药品质评价的根本原因，如源于动物、菌类的部分药材，受限于蛋白/多肽、多糖等大分子物质检测技术的障碍，导致中药品质处于"难评难控"或"虽控无为"的状态。

以化学基准为主的评价模式，与临床功效关联不足。如何构建彰显临床价值的中药品质评价和控制体系一直是困扰中药行业发展的瓶颈问题。

此外，中药产业的高速发展带来新问题：野生变家种的品种增多，栽培产地肆意扩大，野生资源减少，自然环境变化。这些因种质资源、栽培条件等变化带来的药材外观性状变异对中药品质评价技术和模式提出新的挑战。如何基于传统性状的科学内涵阐释，建立其与现代质量评价体系的关联性，进而构建感官评价、化学评价和生物评价相融合的中药品质评价模式和方法势在必行。

（5）发展与展望

1）重点发展方向：以中药化学分析与生物评价为核心，结合中药性状、遗传等多维质量信息，引入生物信息学、深度学习等技术和方法，构建高效、稳健、可及的中药品质整合评价策略和关键技术体系，以及以化学-生物为核心的数字化中药质量信息大数据平台，是未来中药品质评价重点发展方向。

2）具体发展任务：针对中药临床汤剂入药的特点，聚焦于迄今药效物质尚不清晰者，如菌类药、动物药等研究难点，开展蛋白/多肽、多糖类等水溶性生物活性大分子的结构表征和检测技术研究，改善当前品质评控体系中大分子检测不足的现状。针对市场急需或者新增水溶性对照物质，开展规模化工程制备技术研发，加强组分对照品的研制与推广应用，探索数字对照物质研究。为构建化学—生物评价融合的中药品质评价技术平台夯实物质基础。

引入生物技术和人工智能仿生技术，构建传统性状评价的客观化和数字化技术体系。针对药效成分群明确的中药，发展多成分质控法，促进中药品质整体提升；针对不明确者，构建临床价值导向的适合中药特点的生物测定法，弥补感官评价和化学评价的不足。

持续推进中药材规范化生产技术体系建设，强化中药材生产过程控制，促进中药品质评价和科学监管向源头延伸。

二、中药饮片和配方颗粒产业技术路线图发展分析与目标

（一）中药饮片

1. 炮制工艺

（1）技术重要性

中药炮制是我国中医药特色的重要体现，是我国传统文化的中药组成部分。炮制工艺是确保中药饮片质量的关键，加强中药饮片生产全过程研究，提升中药饮片生产制造水平，促使炮制工艺从模糊走向可控、从经验走向科学，推动中药饮片工业朝向标准化、智能化生产，为中药饮片工业优化结构、转换动能、提质增效提供科技支撑，推动中药饮片质量提升和产业高质量发展，是中药饮片工业发展的必然趋势。

炮制工艺评价指标及策略的不同导致工艺参数差异显著，单纯依靠老药工的经验判断炮制终点，无法建立科学规范的炮制工艺。因此，必须多学科融合，充分借鉴并整合现代检测技术，建立结合"个性化炮制"与"过程控制"的研究思路与模式，推动炮制工艺实现标准化与智能化，促进中药炮制的传承与创新。中药炮制与中医药是部分与整体的关系，炮制技术及相关问题诸如高品质中药生产关键技术、中药智能制造关键技术装备等的解决思路可为中医药其他重大问题的处理提供参考，促进中医药行业的整体发展。

（2）技术名称和释义

中药炮制工艺是指在中医药理论的指导下，对中药材进行加工制作成为饮片的工艺，以达到使药材纯净、矫味、降低毒性和增强药物疗效、改变药性、便于调剂制

剂等目的，主要包括净制、切制、炒制、烫制、煅制、蒸煮制、复制法等加工制作手段。

（3）发展现状分析

中药炮制作为中医药理论的精华，具有悠久历史，自现知我国最古老的医学方书《五十二病方》起，历代古籍均有关于炮制理论、技术和作用的记载。中药炮制技术于2006年被列入第一批国家非物质文化遗产名录，是中药传统制药技术的集中体现和核心。在中药炮制技术领域，因我国幅员辽阔，地域宽广，各地药材自然资源、用药习惯、生活习俗、文化传统和方法、方言语音的不同，各地炮制加工具有鲜明特色，形成了具有地方特色的不同炮制技术流派。目前全国主流炮制流派可大致归为4个，即江西的樟帮、建昌帮，北京的京帮以及四川的川帮等。

针对中药饮片传统炮制技术的传承与创新，目前存在以下问题。

1）具有地方特色的炮制技术未被积极传承：国家法规要求，中药饮片必须按照国家药品标准进行炮制，各省、市、自治区除去国家药品标准规定的，对于没有规定的，必须自制规范进行炮制，导致某些具有地方特色的炮制技术无法延续使用。同时，由于全国各地用药习惯、地域差异等造成了不同炮制技术流派，其作为传统炮制技术的重要组成部分，至今未进行系统调研梳理，同时又因炮制方法秘而不宣，使其无法得到传承。

2）饮片生产企业执行的炮制技术缺乏规范标准：各大科研院所及高校针对中药炮制技术在炮制原理、工艺技术等方向展开的基础研究成效显著，但因企业与科研单位利益导向不同，两者之间缺乏沟通桥梁，企业普遍技术支撑不足，缺乏创新动力，对科技成果的吸收能力较低，对科技成果转化的风险承受力弱，使得基础研究成果无法运用到实际生产中，科研成果无法转化为产业优势，造成了科研与生产的割裂，一定程度上导致了资源的浪费。

3）炮制设备落后、智能化和标准化水平低，且炮制技术与设备基础研究薄弱：中药产地加工和炮制设备落后，智能化和自动化水平较低，仍停留在手工和半手工阶段，多数为单机设备，功能单一，缺乏现代信息技术和控制技术的应用，各个加工环节相互脱离，自动化程度较低，完成完整的炮制过程耗时长，步骤烦琐，生产效率低，无法实现过程监控，难以保障饮片质量。同时，目前的炮制设备多为非标准化设备，产品质量参差不齐，性能差异大，中药饮片炮制参数规范化很大程度上依赖于炮制设备的规范化，但目前一种炮制流程对应多种炮制设备的情况，导致了不同药材生产企业生产的同一种饮片质量差异较大。此外，传统炮制工艺无法量化为标准的机械化炮制参数，导致饮片质量降低。中药炮制设备研发设计过程往往依据经验数据，缺乏科学的计算模型和生产工艺参数等基础研究支撑，导致炮制设备性能与饮片生产企业需求契合度不高，造成能源浪费，增加成本。且多数饮片炮制设备的研发多针对净制、切制炮制过程，而相对更重要的炒炙过程反而缺乏创新性较高的炮制设备。针对发芽、发酵、制霜、干馏等特殊炮制技术的机械化设备更是屈指可数，其药材生产加工仍然依赖于传统手工炮制操作。

针对配方颗粒等新型饮片，其质量可控，可实现机械化生产，调配自动化，省时省力，但存在以下问题：饮片原外观性状特征损失，生产工艺单一，功效和安全性受赋形剂影响，单煎与合煎等效性方面尚未达到统一意见。

传统饮片及新型饮片的炮制工艺所涉及的技术手段从以下四个方面来阐述。

1）中药饮片炮制过程：炮制工艺智能监控和自动化控制技术；

多传感器融合的炮制过程在线识别与检测技术；

基于性状－颜色－物质－药效关联的炮制过程质量标志物辨识技术；

基于神经网络融合表里关联的饮片炮制程度辨识关键技术；

基于水分可视化的低场核磁共振技术。

基于温控因子－在线感知因子－工艺参数因子－表里质量因子－效应因子的火力火候集成表征辨识技术；

2）饮片炮制终点判定：基于机器视觉融合深度学习的炮制终点判定技术；

基于烟气分析的炮制终点判定技术。

3）配方颗粒的制备及质量检测：提取：超临界流体萃取技术、酶辅助提取技术、β－环糊精包合技术、超微粉碎技术、微滤膜技术、近红外光谱分析技术；

浓缩、干燥：真空减压干燥、真空冷冻干燥、真空微波干燥和喷雾干燥技术等；

制粒：湿法挤压制粒、挤出滚圆制粒、流化床制粒技术等，掩味技术（包衣、蜡质材料溶化或喷雾冷凝制粒、环糊精包合、微囊或微球化、固体分散化技术）；

质量评价：粉体学表征技术、红外光谱法、高效液相色谱法、气相色谱法、指纹图谱等。

4）其他新型饮片：饮片颗粒度控制技术、饮片压制技术、鲜饮片冻干技术等。

（4）制约因素及技术瓶颈：中药炮制是以科学合理的炮制工艺为前提，在中药炮制设备基础上，结合具体饮片的自然属性和生产特点，依照工艺步骤，融合现代科技手段，将中药材转化为安全有效的中药饮片。中药材具有种类繁多，形态、质地差异悬殊，炮制方法复杂多样，饮片要求各异的特征，因此所建立的炮制技术应具有一定专属性，不同炮制工艺所涉及的技术手段应与药材性状、炮制设备密切相关。

我国中药炮制工艺设备行业整体存在技术水平较为落后，自主创新能力较低，同时存在高耗能、低效率、自动化和智能化水平低、标准化观念弱等问题，炮制设备生产企业规模较小、技术力量薄弱、过程控制全凭经验，缺乏科学合理的质量控制手段，制约了饮片产业的高质量快速发展。炒炙、煅制和蒸煮等加热炮制工艺中涉及较多关键技术，如炮制时间、炮制温度、炮制火候等，针对不同质地特定的药材均需精准控制及研究，过程烦琐且复杂，同时因炮制为我国独有技术，无法借鉴他国，只能自行探索，导致研制时间较长。

针对配方颗粒，目前暂未形成公认的配方颗粒与传统汤剂疗效一致性评价方式和评价标准，研究不够系统、规范，研究资料和数据未进行系统整理和归纳，此外，配方颗粒缺乏统一的国家标准，制备工艺差异会导致生物等效性不一致等。

（5）发展与展望

1）重点发展方向：技术的发展离不开理论和设备的支持。中药饮片产业中炮制工艺的研究应围绕阐释炮制理论科学内涵和中药炮制设备的研制两大方向来开展。

2）具体发展任务：①利用现代科学技术，围绕七情相制论、净制理论等深化传统炮制理论基础研究；②饮片生产工艺的现代客观化、数字化评价体系研究；③饮片生产工艺过程标准体系研究；④饮片生产在线监控技术研究；⑤中药炮制信息化技术和设备的研制与开发。

2. 质量控制

（1）技术重要性

中药饮片是中医药传承发展的重要物质基础，也是中药产业发展的重要基石。如何做好中药饮片的质量控制，制定高质量饮片质量标准体系，一直是中药产业发展的关键科学问题之一。

中药饮片的原材料是中药材，其质量直接影响着中药饮片的质量。传统对中药材和饮片的质量评价主要是从形状、颜色、大小、味道、断面、质地等特征分辨其质量，对评价人员的理论和实践经验要求较高，且过度依赖于评价人员的主观判断，没有严格统一的评价标准，难以实现产业化评价的客观公正。必须加强饮片炮制过程的质量传递和过程控制研究，制定严格的饮片炮制规范，才能生产出质量一致的优质饮片。

中药由于不规范栽培种植与炮制加工、人为掺假使劣，中药材质量大有"江河日下"之势，严重影响临床疗效。针对中药品质评控"以偏概全，难关药效"的不足，建议引入能反映临床疗效的生物效应评测、效应成分指数及品质综合指数等评价方法，以期推动"难关临床疗效的中药碎片化研究"向"以临床疗效为导向的中药整合创新研究"发展，创建符合中医药特点的且主导国际的中药饮片质量标准的评控体系。

（2）技术名称和释义

中药饮片质量控制是指通过对原料药材采集加工控制、饮片生产控制、饮片质量评价和监控等一系列的质量控制措施，确保中药饮片质量符合相关标准和规范要求。

质量控制的手段包括理化指标检测、药效活性检测、毒理学检测、微生物学检测等，即通过药材鉴别、药材质量评价、药材加工、饮片制备、药效成分分析和微生物检验等方法，以及制定药材质量标准、饮片质量标准、药效成分含量标准和微生物限度标准等标准，可实现中药饮片的质量控制。

（3）发展现状分析

中药饮片质量控制的方法逐步从传统经验、主要有效成分及指标成分测定，发展到一测多评、质量标志物、生物标志物、仿生感官等现代分析技术综合运用。随着现代仪器分析技术的快速发展及人工智能技术的兴起，带动了中药质量控制研究从初级向更深层次迈进，从单一化学评价向以临床疗效为导向的中药整体质量控制转变。

中药饮片的传统质量控制是以"辨状论质"的经验鉴别为基础，依据中药的"形、色、气、味、质"，判断其真伪优劣，然而这种方式主要依据老药工的经验来判断，具有主观性强、传承难度大等缺点。随着计算机技术与人工智能的结合，电子眼、电子鼻、电子舌等新型仿生感官技术逐渐在中药饮片质量控制领域受到重视。通过仿生感官技术的应用，力图减少人为主观因素对质量评价的影响，建立传统质量控制方法的客观评价体系。当代中药质量评价从基因鉴别、化学成分分析、生物效应评价、外源性污染物控制等方面对中药质量进行评价，形成了较为完善的中药饮片质量控制体系。主要包括过程控制技术、人工智能仿生技术、化学成分分析技术、生物技术等。

1）过程控制技术主要包括在线实时检测和离线过程检测两类，应用紫外可见、红外、近红外、荧光、拉曼光谱、色谱技术、智能感官技术、高光谱技术等检测中药生产过程关键质量属性，获取过程信息，为科学、客观地控制中药及其产品质量提供指导。

为切实加快中药产业化发展，中药质量控制的传统理念"质量源于检验"在不断向"质量源于生产制造方式"转变。采用过程分析技术实时或离线检测中药生产过程的关键质量属性，在线过程分析技术与光谱技术结合紧密，因其在中药生产过程分析中具有速度快的优势，被许多企业广泛使用以把控中药质量。

加工和炮制作为中药饮片的前端，直接影响中药饮片的质量，可见二者是中药饮片规范化生产的重点过程控制环节。应用智能感官技术、非接触红外测温、生物评价、多组学技术，客观化传统炮制经验，以控制中药质量传递的加工终点。最终实现饮片炮制过程质量监控技术水平的提升。结合现代科技手段将中药饮片感官评价与内在质量相关，已被成功应用于栀子、黄芩等不同饮片生产过程监控及质量评价。

离线过程控制技术也不可或缺，需要更加灵敏、精确的技术进行支持，如与色谱技术相结合的含量测定、指纹图谱等。华润三九（雅安）药业有限公司、江苏康缘药业股份有限公司等采用各种分析手段对人参、黄芩、当归、大黄等大品种饮片生产进行过程监测，以有效保障中药饮片生产的质量。

2）人工智能仿生技术主要以人的感官为指标对饮片开展定性定量分析，采用电子感官模拟人体真实感官，全面展示中药饮片的性状信息，将中药质量评价经验指标"形、色、气、味、质"的描述客观量化，转为数据化表达。主要包括电子鼻、电子眼、电子舌、电子牙。

电子眼，可用机器模拟人眼，结合光学、生物学、电子机械等多方面的技术对所得图像信息进行处理判断与分析，实现图像的数字化与编码化。电子鼻，即利用对个气敏传感器模拟人力的嗅觉系统，将气味分子转化为不同的电信号识别混合气体。电子舌，即模拟人类的味觉感受机制识别和分析不同化学物质的味道，涵盖了酸、苦、涩、甜、咸、鲜等基本味觉，可通过统计方法对数据的分析处理快速反映出样品的整体质量信息。电子牙（即质构仪），通过探头以稳定速度进行下压，穿透样品时受到的阻力和阻力曲线表示物品多个机械性能参数和感官评价参数，分析得到硬度、黏性、凝聚性和弹性等参数，较客观地反映饮片的质地特性。

越来越多的中药饮片企业，如四川新荷花中药饮片股份有限公司、江中药业股份有限公司、鲁南厚普制药有限公司等，结合"电子鼻""电子舌"等技术，除了在药材真伪鉴别、产地鉴别和质量优劣方面的应用，还将其与中药炮制规范紧密结合，用以指导饮片炮制时间、干燥温度、切制方法等工艺参数，为中药饮片生产的智能化、规范化提供参考。

3）化学成分分析技术包括光谱法、色谱法、质谱法及多种分析技术联用法等。主要围绕有效成分、有效部位、毒性成分或其他特异性指标成分等进行。

化学成分分析技术是指采用化学分析的手段检测和评价中药质量的方法。研究的技术载体主要有 HPLC、GC、GC-MS、LC-MS 等。其中 HPLC、GC 法是当前中药饮片有效成分及指标成分使用最广泛的检测手段，也是近年来《中华人民共和国药典》中使用最为广泛的检测技术。《中华人民共和国药典》2020 年版中，采用 HPLC-MS 技术对阿胶、龟甲胶、鹿角胶不同种属动物皮源的特征肽段进行鉴别，对阿胶中的特征肽（驴源多肽 A1 和 A2）进行了测定。此外，2020 版《中华人民共和国药典》还增加了 3 种禁用农药的色谱-质谱联用的通用检测方法及相应限度，已有研究者开展了中药饮片中登记农药、植物生长调节剂等残留的检测方法及符合中药使用特点的限量标准及相关指导原则的研究。

中药指纹图谱根据所采用的技术载体可将其分为紫外光谱、红外光谱、薄层色谱、气相色谱、液相色谱、毛细管电泳、拉曼及 NMR 指纹图谱等。应用指纹图谱监控中药的质量稳定性，在国内已逐渐成为一种趋势。《中华人民共和国药典》2020 版一部中天麻、霍山石斛、羌活、沉香、金银花、蟾酥等药材项下收载了其 HPLC 特征图谱。

化学成分分析经历了单一指标到多成分中药整体质量控制阶段，包括一测多评、双标多测、对照提取物法等方法。2010 年版《中华人民共和国药典》首次收载一测多评方法，2015 年版《中华人民共和国药典》扩展至 8 个品种。随着该方法的不断研究和成熟，如丹参、穿心莲、黄连、淫羊藿、蟾酥等中药饮片的一测多评法已被《中华人民共和国药典》收录。

4）生物技术主要包括 DNA 分子鉴定技术、生物效应技术。

随着分子生物学检测技术的成熟，DNA 分子鉴定法开始逐渐应用于中药饮片的质量控制，主要包括分子杂交信号、PCR 扩增指纹、核酸序列分析三种，为中药饮片原材料以及微生物污染溯源鉴定的推广应用奠定了基础。如川贝母、乌梢蛇、霍山石斛、金钱白花蛇、蕲蛇等饮片的 PCR 法已被《中华人民共和国药典》收录。

中药是一个多成分、多靶点发挥药效的复杂体，虽然化学、物理的分析方法具有较高灵敏度，但部分检测指标成分不能代表中药的疗效或有效性，以致中药质量检测指标常与功效活性的相关性不强。为弥补现行质量控制方法的不足，中药生物效应评价受到越来越多的关注。国家药监局药品审评中心于 2020 年发布了《中药生物效应检测研究技术指导原则（试行）》，推动了生物效应检测方法的探索研究。

目前，采用生物效应进行质量评价的中药主要集中在清热药和活血化瘀药，其他类中药的报道相对较少。其中，清热类中药的生物效应评价多以抗菌活性为主，黄芩、黄连、板蓝根、连翘等具有广谱抗菌活性，常以抑菌圈大小、最小抑菌浓度、最低杀菌浓度进行评价。采用抗纤维蛋白原活性（大黄）、抗血小板聚集活性（川芎）、体外凝血酶时间（麝香）等测试手段对活血化瘀中药进行评价。此外，研究者应用酶活力、凝集素活性、抗病毒测试、抗炎活性等生物效应检测方法评价中药饮片的质量。《中华人民共和国药典》2020年版收载了凝血酶滴定法以评价水蛭抗凝血活性，紧密结合临床功效进行质量评价。

长期以来，国际上对植物药/中药质量评价和控制主要是参照化学药的模式，主要检测内容为化学含量测定和化学指纹图谱。然而，由于植物药源自天然的质量波动性以及化学组成固有的复杂性，国际上也已认识到仅依靠化学评价方法常常不足以全面评价和控制植物药/中药的质量。因此，国际上也有学者采用生物评价的手段评价植物药质量，如耶鲁大学郑永齐教授根据黄芩汤研制的PHY906，采用细胞基因表达谱（生物指纹谱）作为评价其质量一致性的方法，与化学指纹图谱共同把关产品质量的一致性。

（4）制约因素及技术瓶颈

现代中药的质量控制策略借鉴了化学药物质量评价的模式，逐步形成了以化学标志物检测为核心的中药质量控制体系。现代分析仪器技术方法广泛应用于中药质量控制。然而，基于中医药理论的辩证性、中药药效物质基础的复杂性及质量影响因素多样性等原因，目前中药质量控制模式和技术存在"以偏概全、难关药效"不足问题，如何构建彰显临床价值的中药质量标准体系仍是困扰中医药发展的瓶颈。

该技术对临床合理用药和临床疗效提升的指导和支持作用一直难以体现，具体存在以下问题亟待解决。首先，复方中某些具有传统药理功效的成分由于含量较低，所占比例小，未达到起效浓度，可能显示不出其生物评价效应。中药质量生物评价方法不同于一般的药理学实验及化学评价，其与药理药效评价的区别在于前者的最终目的是对中药的质量进行评控，而后者仅仅在于筛选药理成分及探讨作用机制。中药质量生物评价须具备定量药理学与药检分析的双重属性和要求，其方法学考察既包括试验设计、量化指标、剂间距、分组、对照、可靠性检验等定量药理学的内容，还包括线性范围、精密度、重现性等药物分析的内容。且在生物评价的过程中，不应以化学评价中的方法学指标为参照，其专属性、准确性及检验误差等不及理化鉴定，但由于其针对主要功效即可建立相关性好、操作性强的检测方法，与中药的安全性、有效性相关联，加之采用生物鉴定设计和统计方法，因此具有较好的重现性和稳定性。

其次生物评价方法的通用性较差，难以同时满足数量众多的中药的质量评控。构建中药质量生物评价方法的关键科学问题在于生物评价方法的优选与验证（怎么比）和工作参照物的建立与标化（与什么比）。

电子传感技术对设备要求较高，大部分传感器都存在不稳定、寿命短、价格昂贵等问题。数据采集依赖于相机等传感设备所采集的信息，位置的变化，采集环境的变化均会对检测结果带来影响。此外采集的数据是否精准还需要进一步研究，如机器视觉多采用二维图谱，对中药长、宽、高无法精准提取，且只能采取一个平面的颜色，在不控制光源的情况下，颜色数据不易稳定。同时人体感官机制复杂，仪器数据与真实感官之间存在较大差别，两者间差异性较大，智能感官目前还缺少统一的标准，主要用于定性或半定量分析，未能达到完全传达饮片质量准确信息的水准。

此外，智能感官分析技术应用前提是建立各味中药定性定量模型，该过程前期工作量大、较为烦琐，现阶段的研究无法满足完整数据库的建立，在实际生产应用中未进行普及，未能在药材饮片生产实际中大规模推行。

（5）发展与展望

1）重点发展方向：生物评价具有关联功效的优势，原则上适用于所有中药的质量评价，尤其适用于两类：一是组成复杂、理化方法难以测定的中药；二是理化测定不能反映其临床功效的中药。将生物评价引入中药质量评价体系，不仅可鉴定品种和质量，而且可以评价药效，甚至观察毒副作用，尤其在无法对中药未知复杂成分用化学检测方法控制其质量时，更能凸显其优越性。

生物测定方法建立可优先考虑贵、稀、濒、毒饮片，兼顾来源复杂及多基原品种。流通市场上角类动物药大多以粉末销售，常规性状鉴定难以有用武之地；有毒饮片特别是毒性成分不明确或既是毒性成分又是有效成分的情况，需要生物测定进行质量控制，如洋地黄叶及乌头类中药。来源复杂及多基原品种往往化学特征或专属性成分不明确，也可采用生物活性指纹谱的生物测定方法进行甄别。

关联功效是生物评价方法的优势和特色。然而建立与中药临床功效完全对应的生物评价方法有时存在一定难度。有的中药功效较多，全面评价较为困难，如大黄具有泻下攻积、清热泻火、凉血解毒、利胆退黄、逐瘀通经的功效，大黄炭还具有止血功效。部分中药的功效难以找到合适的药效模型或药理作用相对应，如温经通脉、助阳化气、泻火除蒸等。

近年来，生物效应表达谱如生物自显影薄层色谱、生物热活性指纹图谱、细胞表型特征谱、基因表达谱、蛋白质表达谱、代谢物表达谱等应运而生，不仅能够鉴别中药饮片的真伪优劣，对其质量进行波动监测，还兼有指纹特性。中药整合观、中药质量标志物、中药品质标准评控金字塔、炮制过程标志物等新思路、新模式的提出，涌现了一系列的中药质量评价的新技术、新方法，为构建彰显临床价值的中药质量标准体系提供了思路和参考。

2）具体发展任务：生物评价仍尚处于探索阶段，应与理化分析技术结合使用、互为补充，以更科学、有效地进行中药质量控制。针对不同功效的中药，应选择能够反映其临床疗效的生物活性测定方法，进行全面、深入地研究，制定关联临床、可量化的质量评控体系，促使中药产业高质量发展。

在现有基础上，需要加强与临床实践紧密结合，充分把握中医药理论的科学内涵，将其与现代前沿技术深度融合，积极推进中药饮片质量控制关键技术开发，加快建立符合中药特色的技术方法体系，以促进中药产品质量提升和中药产业高质量发展。

人工智能仿生技术作为一个质量控制的补充，一方面大幅缩短了中药饮片的鉴别时间，使判别结果更加客观化、直观化和标准化，另一方面将其融合到专业化饮片生产线中，可为智能化生产创造条件，这需加强仿生特征与饮片内部质量的关联，建立数字化采集和评判标准，最终规范中药生产，全面提升中药质量，推动中药产业的发展。

3. 中药配方颗粒

（1）技术重要性

中药配方颗粒研究是中药材产业链的延长与中药产业标准化中的重要的一个环节，也是中医药传承创新发展与中药现代化集中体现。面对当前各种药物新剂型发展日新月异，中药经过三十多年来的适应现代化发展，由传统的中药饮片逐渐发展成中药配方颗粒，既保证传统中药的临床药效，又兼顾方便携带服用等现代生活需求。中药配方颗粒是中药汤剂发展至今，顺应时代的产物，具有方便携带和服用、剂量准确、易于调配和储存、质量稳定可控等优点，受众人群越来越广泛，临床处方量逐年增加，市场规模不断扩大。

根据实际的临床实践需求，保证中药配方颗粒的有效性以及质量均一可控性，体现中药配方颗粒质量控制的特点，需要构建适合中药配方颗粒的研究技术。中药配方颗粒研究技术可以根据临床需求为中药配方颗粒国家标准制定的开发研究指明有效路径，提供技术体系以及研究方案，从而最终制定出能有效的中药配方颗粒国家标准。随着中药配方颗粒研究技术体系的不断发展完善，将会极大促进中药配方颗粒的质量提升，并有效解决临床需求，凸显中药配方颗粒的临床优势。

（2）技术名称和释义

中药配方颗粒是以中医药理论为指导，采用符合炮制规范的中药饮片为原料，运用现代技术和质量控制手段对单味中药饮片进行提取、过滤、浓缩、干燥、制粒等工艺制备得到的供临床调剂使用的颗粒制剂。中药配方颗粒的质量监管纳入中药饮片的管理范畴，中药配方颗粒源于中药饮片，但又是中药饮片的深加工品，两者同中有异。中药配方颗粒不是对中药饮片的替代，而是在临床应用上给医生和患者多一种选择。

（3）发展现状分析

中药配方颗粒在我国的试点工作始于1993年，2021年1月，国家药品监督管理局发布了《中药配方颗粒质量控制与标准制定技术要求》；2022年2月，在国家药监局等四部委共同发布了关于结束中药配方颗粒试点工作的公告，明确了中药配方颗粒生产、经营质量管理的要求，有关临床使用方面的政策，也将由相关部门另行制定或明确。全面放开对各级企业生产配方颗粒的限制，标志着我国20年来的中药配方颗粒试点工作结束，进入"后试点"阶段。

当前国内的中药配方颗粒研究技术体系，主要是研究标准汤剂的原料的技术、研究标准汤剂的制备与表征应用技术与生产工艺的研究技术。与中药配方颗粒类似的产品在日本被称作汉方药，在中国台湾被称作科学中药。日本汉方药更多还是倾向于传统药材粉末入药或保留中药材水煎的特点，为了保证药物成分在提取过程中不被破坏，更多地采用温度略低的提取方式，如温浸提取；在浓缩干燥工艺大多采用减压浓缩、喷雾干燥，甚至真空冷冻干燥等技术和设备；在汉方药的质量标准中，常规检测项目除了检测性状、干燥减重、崩解时限等以外，重金属残留量和农药残留量的监控相对严格些。由于日本汉方药的研究较早，其在制剂工艺技术研究上比较成熟，颗粒颜色美观、粒度均一、口感等方面研究较细致。日本的汉方药质量控制主要是由各生产企业自主研究制定的质量标准，没有统一的国家标准。随着中药配方颗粒国家标准的全面推行，国内中药配方颗粒研究技术也达到了一个新的技术要求，在标准汤剂特征图谱方面的研究技术达到了一定的领先地位，但在中药材原料农药残留控制以及制剂工艺研究方面存在一定的差距。

1）中药配方颗粒的原料技术研究：中药配方颗粒的原料的技术研究中，供中药饮片生产用中药材应符合现行版《中华人民共和国药典》或其他的国家药品标准中相关规定。应固定基原、采收时间、产地加工方法、药用部位等并说明选择依据。供中药配方颗粒生产用中药饮片应符合现行版《中华人民共和国药典》中药饮片相关要求及炮制通则的规定。因此需要用到文献的查阅与收集、中药材鉴定技术、中药炮制技术、中药材产地信息收集技术、中药重金属残留检测技术等。在中药材的鉴定中，有传统的性状鉴别、理化鉴别、显微鉴别、薄层鉴别，另外还引用了PCR特征分子鉴别技术和中药材DNA条形码分子鉴定技术等前沿的鉴定技术。

2）研究标准汤剂的制备与表征应用技术：研究标准汤剂的制备技术中，主要用到中药煎煮技术，固液分离技术、浓缩和干燥技术。煎煮技术中需要在充分研究古今文献的基础上，考虑中药药性、药用部位、质地等因素，并参照原卫生部、国家中医药管理局《医疗机构中药煎药室管理规范》（国中医药发〔2009〕3号），固定前处理方法、煎煮次数、加水量、煎煮时间等相关参数进行煎煮。浓缩和干燥技术中，浓缩可采用减压浓缩方法进行低温浓缩，温度一般不超过65℃。干燥采用冷冻干燥或适宜的方法干燥，以保证其质量的稳定和易于溶解及免加辅料。

标准汤剂的表征，需用关键的3个参数分别为出膏率、有效（或指标）成分的含量及含量转移率、指纹图谱/特征图谱。出膏率中以干膏粉计算浸膏得率及标准偏差（SD）。制定有效（或指标）成分的含量测定方法，测得各批次标准汤剂中有效（或指标）成分的含量，计算转移率和标准偏差。指纹图谱/特征图谱的研究中，主要使用的是高效液相色谱技术，另外在特征峰的指认上还应用到气相色谱技术、液质联用色谱技术、化学成分鉴定技术、核磁共振技术、红外光谱技术、质谱分析技术。

3）生产工艺的研究技术体系：中药配方颗粒生产工艺研究应以标准汤剂为参照，以出膏率、主要成分含量转移率、指纹图谱/特征图谱的一致性为考察指标，对原料、中间体及成品制备过程中的量质传递和物料平衡进行全面研究，确定各项工艺参数。需要进行中药生产提取、固液分离、浓缩、干燥以及辅料品种和用量等方面的研究。主要使用的是煎煮提取技术、连续逆流技术、喷雾干燥技术、超临界流体干燥技术、真空冷冻干燥技术、湿法制粒技术、干法制粒技术、一步制粒技术、喷雾制粒技术以及制剂工艺开发技术等。

（4）制约因素及技术瓶颈

《关于结束中药配方颗粒试点工作的公告》提出无国家统一标准的品种，允许省级药品监督管理部门自行制定标准。然而各省标准制定进度不一，仍存在省级标准未覆盖的品种，造成一定程度的管理缺失。同时，各省标准尺度不尽相同，出现"一品多标"等情况，是目前中药配方颗粒发展的制约因素。

由于《中药配方颗粒质量控制与标准制定技术要求》明确提出"对于部分自然属性不适宜制成中药配方颗粒的品种，原则上不应制备成中药配方颗粒"，如矿物药、贝壳类药、贵重药和需要特殊处理的有毒药材等因自然属性不适宜制成配方颗粒，临床上医师在开中药配方颗粒处方时，会出现所需中药材无对应中药配方颗粒的现象，是未来中药配方颗粒亟待突破的技术瓶颈。

此外，部分中药配方颗粒存在溶解性和口感问题，在临床应用时，患者及医师反映有部分中药配方颗粒出现溶解不完全现象，并且服用时口感不好，且有渣粒感，也是中药配方颗粒有待解决的技术瓶颈。

（5）发展与展望

1）重点发展方向：建立健全的全产业链质量管理体系，建立从药材种植到临床应用的全程质量控制体系，是未来中药配方颗粒发展的重要方向。在源头上充分布局中药种植，建立高标准的中药材规范化种植基地，强化对种植过程的监督和管理，实现从源头上保障中药材的质量。同时，建立统一和规范的中药饮片炮制标准，对药材、饮片、中间体、成品的生产全过程智能化质量监督，实现各环节的规范管控。严格把控质量的同时加大科研攻关力量，解决中药配方颗粒制剂过程中标准不达标、品种覆盖少等难点问题，健全规模化、智能化的生产和调配体系。关注并完善终端销售环节，健全产品流通渠道和营销业务，尽可能拓宽客户市场。实施全产业链布局，使各环节相互协调、相互依托。

2）具体发展任务：具体可以从"种质资源筛选、GAP基地建设、中药材质量管理体系、生产线的质量管理体系、药效学和药理学研究体系、标准化和规范化研究体系以及全周期质量追溯技术体系"等方面构建、整合和完善，系统构建中药配方颗粒全产业链质量管理体系，实现从资源、种植、加工、生产、销售、监控等多方位、多环节的控制，建立中药配方颗全产业链质量管理体系。

三、中成药产业技术路线图发展分析与目标

（一）中药新药研发

1. 新药发现

（1）技术重要性

中药新药的开发是中成药产业以及整个中医药产业中最重要的一环，也是中成药产业持续发展、中医药产业价值不断提升的集中体现。当前随着化学药物、生物药的不断发展，中医药产业面临的压力越来越大。如何根据实际的临床需求，不断推陈出新中药新药，是中成药产业持续健康发展的关键。

如何根据临床需求筛选获取具有开发前景的候选药物（包括：处方、有效部位、有效成分）是中药新药开发的首要问题，也是中药新药开发成功的关键。中药新药发现技术可以根据临床需求为中药新药的开发指明有效路径，提供技术体系以及研究方案，从而最终获取具有良好开发前景的候选药物。随着中药新药发现技术体系的不断发展完善，将会极大提高中药新药研发的成功效率，缩短中药新药的研发周期，并有效解决临床需求，凸显中药的临床优势以及防治重大疾病的临床疗效。

（2）技术名称和释义

中药新药发现技术：中药新药发现技术是指根据临床需求，基于不同的研究路径，采用一系列的技术方法，筛选获得具有良好开发前景的中药新药候选药物。根据中药新药注册分类法规的要求，这些候选药物可以是中药复方饮片、单一来中药来源的提取物（有效部位）和中药有效成分。

（3）发展现状分析

当前中药新药发现技术，主要基于两个方面的研发路径，形成一系列的技术体系。一方面是基于天然药物研发路径，在中药传统功效的指引下，采用现代药理学筛选技术方法，对分离、纯化得到有效部位、单体成分进行筛选，进而获得潜在的创新药物分子或提取物，其中的技术方法主要涉及药物获得（分离、纯化、制备等）及药效活性筛选（分子、细胞、器官、动物水平）两个主要环节，相关的技术方法与国外发展水平基本一致，但在关键技术设备制造、技术方法的集成化、系统化方面，尚存在一定的差距。

另一方面，中药复方药物是中药新药发现的另一重要途径，也是体现中医药特色、临床优势的重要载体形式。由于中药复方药物主要源于临床实践经验，因此中药

复方药物的处方主要是对临床人用经验（包括：医院临床数据、中医传统古籍文献、民族药文献等）进行挖掘、筛选、优化，从中确定有效处方，并进一步明确其药理活性、临床适应症及疗效。在处方的筛选过程中涉及多种处方挖掘技术以及处方优化技术节，而制约当前中药复方药物新药发现的技术方法，主要是缺乏能够有效体现中医药临床功效优势的活性筛选技术体系及药效评价方法。

1）基于中药有效成分或有效部位的中药新药发现技术，其关键技术体系主要涉及中药化学成分或有效部位的高效分离、鉴定、制备以及药效活性的高效筛选、评价。

在中药化学成分或有效部位的分离、鉴定、制备技术方面，当前在分离、制备方面，常用的技术方法有色谱分离技术、膜分离技术、分子蒸馏技术等，其中色谱分离技术应用最为广泛，例如：高效液相色谱分离技术、高速逆流色谱分离技术、超临界流体色谱分离技术、多维色谱分离分析技术等，并且新型色谱填料的不断发展将为中药成分或有效部位的精细化分离、制备提供有力支持；在化学成分鉴定方面，常用的技术方法有核磁共振技术、红外光谱技术、质谱的分析技术等，并且基于人工智能的化合物波谱数据鉴定技术将极大地提高化合物的鉴定效率。此外，色谱与质谱联用技术，色谱与核磁联用技术以及各种系统化、集成化、自动化分离鉴定技术的发展将极大地提高中药化学成分的分离、鉴定、制备的工作效率及能力。

在中药活性成分或有效部位筛选技术方面，当前针对不同疾病，在动物、器官、细胞、分子靶点层面均有较多的中药新药活性成分的筛选、评价技术。例如，基于靶标垂钓的中药活性成分筛选技术、基于类器官的中药活性成分筛选技术、基于微流控芯片的中药活性成分筛选技术、基于生物色谱的中药活性成分筛选技术等。此外，基于计算机的中药活性成分虚拟筛选技术近年来得到了广泛应用，促进了中药新药活性成分的快速筛选和发现。

此外，有些化合物，其本身药效活性不强或药代行为不理想，但其代谢产物药效作用很强或药代行为很好，对这类化合物可以通过体内、外代谢研究技术（如：采用Coca 2 细胞模型等）对代谢产物进行研究和筛选，或者采用化合物结构修饰技术进而获得成药性更好的有效成分。通过以上中药活性成分或有效部位筛选技术的不断发展和完善，为中药新药（有效成分、有效部位）的发现提供持续的支撑和动力。

2）基于中药饮片的中药复方创新药物的发现，其技术方法主要涉及中药新药处方的挖掘、发现、优化等环节。

中药饮片、提取物组成的中药复方创新药物发现的关键核心是处方的发现和优化，其处方来源主要包括文献古籍、临床经验、民族民间药物记载等。基于以上数据，可通过中药处方数据挖掘技术、中药处方优化技术等，辅助完成处方的筛选以及优化，为中药复方新药的开发提供有效处方。

在中药新药处方挖掘方面，当前主要有基于熵聚类的处方挖掘技术、基于神经网络算法的处方挖掘技术、基于因子分析的中医药处方挖掘技术、基于复杂网络的中医药处方挖掘技术等，通过以上数据挖掘技术方法，定性、定量挖掘出药物之间、"病－证－症－药"之间的相关性，以及挖掘出名医名家经验的核心组合和隐藏于方剂配伍之中的而没有被临床医家所重视的核心组合，以期为中药复方新药的处方发现的提供参考。

在中药新药处方优化技术方面，针对中药的处方优化环节，主要通过"实验设计－药效评价－数学建模"的方式进行活性的预测以及处方的优化，其核心是基于有限的药效试验及多维的药效指标，建立适当的数学方法，完成对组方的优化，获得最佳的药理活性。例如：有研究者采用"均匀实验设计－药效试验－数据建模"的方法来研究中药组效关系，在同等情况下，不仅试验次数较正交设计大为减少，所采用的 Improved LARS 回归数据分析方法，符合中药复方量效关系研究中的非线性特征，适合"非线性、小样本"的中药多组分与生物效应间数据分析和关系描述。但是，无论采取何种技术方法进行处方优化，最终仍需临床进行的疗效确认。

（4）制约因素及技术瓶颈

由于缺乏有效解析宏观临床人用经验与微观多成分药物作用机制关联关系的技术方法，使得中药复方新药的研发更多的是基于临床人用经验，而无法从分子机制角度有效进行中药复方新药处方的发现和优化，制约了中药新药研发深度与效率，是未来中药新药发现亟须解决的技术瓶颈。

建立完善适合于中药作用特点的高效筛选评价模型及技术体系，是当前制约中药创新药发现的重要因素之一。尤其是对于中药复方药物的开发，由于其成分及作用机制复杂，并讲究对症治疗，传统的评价方法及技术体系无法满足需求，因此建立适合的动物模型及多维的药效评价体系，是当前中药新药发现技术亟待突破的技术瓶颈。

此外，对于中药单体药物的发现，微量成分以及体内代谢成分难以大量高效分离制备，制约了药效及活性成分的发现。因此微量成分的分离制备技术以及系统化、智能化、自动化的分离制备设备的研发，也是中药新药发现有待解决的技术瓶颈。

(5)发展与展望

1)重点发展方向:建立基于中药大数据的中药新药发现技术平台,是未来中医药创新药物研发的重要方向。中医药经过长期临床实践,积累了大量有效方剂和人用经验,与此同时重大新药创制等国家科研项目的支持下,中医药现代研究不断深入,积累了大量的中医药生物学、组学数据、化学信息数据,如何整合现有数据资源,整合、有效利用各种数据挖掘挖技术方法,从大量数据中挖掘出有价值的信息,促进中药新药发现及开发,是未来中医药新药发现的重要路径。需要说明的是这种挖掘发现是双方向的,既可以是"自上而下"即从临床人用经验出发,亦可是"自下而上"即从微观的分子机制出发,最终为解决临床需求,发现新的中药创新药物。

2)具体发展任务:具体可以从"传统人用经验大数据、现代临床大数据、药理活性大数据、组学大数据、中药成分大数据、分子靶标大数据"等方面整合、完善现有数据资源,系统构建中药大数据分析技术平台,从中药饮片、提取物组分、单体化合物多个层面,建立中药新药发现技术平台。

2. 制备工艺

(1)技术重要性

中药新药研发过程中,制备工艺不但关系到新药研发中药学部分的质量标准、稳定性研究,同时对药效、毒理、临床研究部分也影响重大。如何根据临床应用历史,实现中药新药的"三小"(剂量小、毒性小、副作用小)、"三效"(高效、速效、长效)、"五方便"(服用、携带、生产、运输、贮藏方便),是制备工艺研究的关键。制备工艺研究的基本原则是根据中药物质组成的特点,合理的设计中药新药制备工艺,以最大程度保留中药制剂原有临床疗效,并确定制剂的关键质量属性,以保障产品质量。

(2)技术名称和释义

中药制备工艺是指将中药材经过一系列制备,加工成为中药制剂的过程,是中药新药研发的重要环节,包括了原料前处理、炮制加工、提取精制、浓缩干燥、包装等环节。中药新药研发过程中,药效、毒理、临床研究都要求有安全、有效、质量可控的样品,制备工艺研究则是达到上述保障的技术基础,同时也是满足工业化生产的基本需求。

(3)发展现状分析

中药新药制备工艺主要分为三部分:一是制剂成型前的物料制备工艺,包括提取、分离、纯化、浓缩、干燥工艺等，对可能影响物质基础的工艺方法和步骤进行筛选，如提取方法和次数、溶媒种类等，并制定有效的控制和评价方法，如以相对密度控制浸膏的浓缩程度，以有效成分的转移率和含量、浸膏得率控制有效成分纯化的程度等。二是成型工艺，在制剂原料性质明确的基础上进行制剂处方设计和成型工艺研究，基本确定辅料种类和用量，以及成型工艺方法和工艺参数。三是工艺放大研究，确定了制剂成型前和成型工艺后，选择与中试规模配套的生产设备，考察工艺放大的可行性，并进一步完善工艺路线，固定工艺条件，确定主要工艺参数，对每一工艺步骤取得基本稳定的数据，对制备的中间体、半成品和成品进行质量研究，为后期向大生产的过渡提供依据。

目前我国获批的中药新药的生产工艺仍以传统工艺为主，其中提取工艺以回流法应用最多，尤其是采用水作为煎煮溶媒，但传统的汤剂煎煮法有效成分损失较多，尤其是水不溶性成分和挥发性成分。在制备工艺中的提取工艺，应根据中药中有效成分的性质，尽可能多地采用新方法、新工艺、新技术，如超临界萃取法、半仿生提取法、酶提取法等，以提升制剂中有效成分含量。目前分离与纯化工艺主要包括醇沉法、絮凝沉淀法、膜分离法、大孔吸附树脂法、超临界萃取法以及超滤技术等，这些技术方法虽然能克服中药制剂剂量大、辅料量大的缺点，但在产业化应用过程中受技术力量、经济条件、设备条件等多方面因素的影响，需根据具体处方特点进行详细研究。中药新药研发过程中较少关注成型工艺，并且多数以经验式判断为主，但成型工艺过程更多是与制剂成型前物料、辅料的物理属性密切相关；制剂成型前物料的物理属性决定着下一步成型工艺的难易程度，工艺过程是否顺畅直至影响终产品的质量。

此外，近些年"质量源于生产""质量源于设计"理念逐渐成了国际上公认的药品质量管理理念，该理念认为"药品质量是通过良好的设计后生产出来的"，即在对工艺过程透彻理解并积累翔实数据的基础上，确定关键物料属性和关键工艺参数，进而建立能满足产品性能且工艺稳健的控制策略，实施产品和工艺的生命周期管理。在中药新药研发过程中，应将"质量源于生产""质量源于设计"理念贯穿于制剂的提取、分离纯化、干燥、制剂成型等各工艺单元，分析工艺环节的关键质量属性与关键工艺参数，指导建立设计空间，并结合过程分析技术，实现全过程质量控制，从而提高生产效率，保证中药制剂安全有效。

（4）制约因素及技术瓶颈

相比化学药品，中药制剂的成分复杂、服用剂量大、物料性质多样，且制备工艺上仍未解决传统"粗、大、黑"的问题，生产工艺现代化程度低、不规范、过程控制不足，并且在线检测、质量溯源、过程控制等技术水平低，严重影响中药生产工艺现代化进程。

近年来众多先进的提取、纯化、富集等新技术以及层出不穷，一批制剂技术也日趋成熟，其在中药中的优势也日益凸显，但始终停留在实验室阶段，工业化进程缓慢。究其原因，一方面在于工业放大风险评估建模不充分，另一方面也与科学研究的系统性不足密切相关。

此外，由于中药浸膏量大、性质复杂以及制备过程中各种物料的性质千差万别等特点，缺乏量化表征及内在科学规律的阐释，易受到人、机、物、法等多种因素的影响，导致制剂成型质量均一性差、批间差异大。

（5）发展与展望

1）重点发展方向：亟须开展中药制剂传承创新研究，以共性关键技术、先进制造技术、现代工程技术和前沿引领技术为主攻方向，攻克制约中药新药制备工艺发展的瓶颈问题，建立可应用于产业化的中药制剂关键共性技术，形成一批疗效优、安全性好、质量稳定的中药新药。

2）具体发展任务：针对中成药生产工艺过程中的关键环节进行研究，保证产品质量，形成规范化生产工艺管理体系；开展中药制剂生产过程关键共性问题研究，针对中药制剂共性关键问题，集中解决一批中药制剂提取率低、能耗高、服用量大、成型困难、质量控制薄弱等现实问题，开展中药生产工艺关键技术、中药及挥发油高效提取及稳定化技术、自动化与智能化生产关键技术等研究；开展中药浸膏、辅料、中间体以及成品的物理特性参数客观化表征研究，创新形成中药制剂学质量评价及控制方法，优化品种成型质量；搭建中药制剂规模化制备的关键技术及新产品研发平台，整体提升中药制剂水平。

3. 剂型

（1）技术重要性

剂型是中药临床应用的形态，即产品的最终体现形式。中药不同的剂型有着各自的特点和优势，临床上应用剂型的选择对于药效的发挥和疾病的治疗具有重要的影响。包括有些中药制剂的剂型改变后，作用性质会发生变化，导致功能主治不同；不同剂型的作用速度不同，可以用于治疗不同疾病类型；药物剂型不同，其毒副作用亦可能不同；不同剂型可影响药物的体内分布，以及可实现靶部位、靶器官富集；并且剂型，制剂处方组成、制备工艺的差异，会对药效产生显著的影响。

（2）技术名称和释义

剂型，即药物制成的形状。释义为适合于疾病的诊断、治疗或预防的需要而制备的不同给药形式，是临床使用的最终形式。适宜的剂型可发挥药物的最佳疗效，减少毒副作用，便于使用、存储和运输。剂型的种类繁多，既有汤、丸、散、膏、丹等传统剂型，又有在保持传统制剂的基础上，采用现代制剂的方法研究出的颗粒剂、片剂、糖浆剂、气雾剂等剂型。

（3）发展现状分析

中药制剂最早出现在夏商时代，其后逐渐发展有了丸、散、膏、丹等数十种传统剂型，为第一代剂型。随着临床用药的需要、给药途径的扩大和工业的机械化与自动化，出现了片剂、注射剂、胶囊剂与气雾剂等第二代剂型。第三代剂型为缓释、控释剂型。为使药物浓度集中于靶器官、靶组织、靶细胞，发展为第四代的靶向给药系统。而反映时辰生物学技术与生理节律同步的脉冲式给药，根据所接受的反馈信息自动调节释放药量的自调式给药的为第五代剂型。

近年来，中药剂型的发展吸收了现代药学的理论与技术，在生产工艺上不同程度的运用了新技术、新设备，发展了注射剂、粉针剂、雾化吸入剂、速溶颗粒、缓释剂、冲剂等中药剂型，在临床应用中取得了显著疗效。例如丹参有"活血化瘀"的作用，被制成不同的剂型而广泛使用于临床，如"丹参注射液""复方丹参片""复方丹参滴丸"等，在临床广泛使用且效果明显。随着纳米技术和高分子材料的发展，一些新型的口服缓控释剂型包括胶束溶液、脂质体纳米混悬液、固体脂质纳米粒和固体自微乳胶囊等被相继开发。此外，新型注射缓控释给药技术解决了注射给药时的疼痛感，并降低了感染的风险；植入缓控释给药系统中，在体成型给药技术避免了植入剂需进行外科手术的缺点。这些新剂型和新技术不仅增加了缓控释制剂的给药途径，也大大提高了患者的顺应性，目前已有许多产品用于生产或临床。然而，现代药剂学是一门开放和交叉的学科，涉及众多的物理科学和生命科学等领域，其发展有赖于新剂型和新释药系统的进步。随着新技术、新能源和新材料的出现，许多仪器设备、化学和生物制药技术被引进到现代中药制剂领域，中药制剂的剂型研究发展也非常迅速，包括脂质体、微囊和微球技术、水溶性骨架型透皮技术、固体分散技术等都有了很大进步，但是大多数研究多限于实验室研究，缺乏工业化产品，基础研究或者产品开发与国际领先水平还有很大的差距。

中药制剂有些虽采用现代科学方法研制而成，却尚未得到中医临床的广泛使用，有些疗效确实深受临床欢迎，却未能及时地打入国际市场发挥更大的作用。为使中药新剂型能保持临床的独特疗效，又能以现代科学方法和手段体现其内涵丰富的理论基础，应大力发挥中医药的特色，不断提高药品质量，重点开发对疑难病、重症疾病药品的开发，及时关注国际制药信息并及时汲取国际最新的制药技术，确保研发中药剂型的质量及其临床投入用药的有效性和安全性。因此，中药剂型研究的未来，应当传承精华，守正创新，加强搭建起沟通基础研究和应用开发的桥梁，建设高素质的科研人才队伍，开发具有自主知识产权的新制剂和新技术，加强新制剂、新剂型、新工艺、新辅料和新设备的开发，建立新制剂和新技术合作平台，加强学科间的合作，促进国际的学术交流，促进中药剂型的研发同国际接轨。

（4）制约因素及技术瓶颈

中药制剂基本只停留在第一代和第二代剂型，如颗粒、胶囊、口服液等剂型，罕见缓控释、靶向中药制剂，与现代药物制剂前沿相比，仍存在着相当的差距。目前中药制剂剂型的研究过分追求剂型的先进性，忽略了药物疗效；且中药新剂型的研究主要集中于实验室阶段，真正投入工业生产的少。中药复方多成分、多靶点，且活性成分不明确、用药剂量大，限制了剂型的选择，以及高端制剂的发展。

（5）发展与展望

1）重点发展方向：针对中药制剂的科技水平低、创新性不强，缺乏缓控释、靶向等高端制剂等问题，要将中药与现代新型递药系统、新型生物材料、生物药剂学等学科进行交叉融合，重点突破中药高端制剂制备、新型药用辅料制备等关键技术，创新研究模式、突破关键技术，开展一批适宜于中药作用特点的新型制剂示范性研究，明确其制剂生物效应内涵，为中药高端制剂的构建及系统评价提供新的技术与方法。

2）具体发展任务：针对中药新剂型生产转化难的问题，开展制约中药新剂型产业化的共性、关键问题的深入研究，如中药缓控释制剂关键技术的推广，中药吸入、生物黏附等新剂型的系统研究。针对中药活性成分组及复方，开展中药制剂载药量提高技术、中药纯化精制技术以及中药微粒给药系统、中药缓控释给药系统研究等，结合中药多成分、多靶点的作用特点，开发符合中药复方特点的高端制剂并实现其普遍化。大力开展高技术、高附加值的药用辅料研发。重点开展缓释与控释辅料，胃溶、肠溶、阻湿等包衣辅料，腔道给药专用辅料，表面活性剂及透皮释放剂专用辅料，可压性、流动性、抗黏性优良的填充剂，可生物降解的高分子辅料，新系统及新制剂所需的高端辅料等，以期提高药用辅料行业发展水平。

4. 质量控制

（1）技术重要性

中药新药研发的产品最终要通过产业化来实现，能否实现规模化生产，保证药品质量的一致性和均一性，是药品生产企业关注的焦点。如果药品不能稳定、可重现地生产出来，也就失去了中药新药开发的意义，控制药品的质量也就保证了药品药效的一致性。

促进中药传承创新和产业高质量发展，推动中药新药研发，亟须建立完善符合中药特点的质量控制体系。2021年国务院发布的《国务院办公厅印发关于加快中医药特色发展若干政策措施的通知》要求"完善中药新药全过程质量控制的技术研究指导原则体系"。《国务院办公厅关于全面加强药品监管能力建设的实施意见》明确"完善技术指导原则体系，加强全过程质量控制，促进中药传承创新发展。"进一步为中药新药全过程质量控制指明了方向和思路。

（2）技术名称和释义

中药质量控制技术：中药质量控制技术是指中药新药的质量控制应是在中医药理论的指导下，采用各种技术、方法和手段，通过研究影响药品安全性和有效性的相关因素，确定药品关键质量属性的过程。随着科学技术发展与应用，同时引入了ICHQ系列指南文件中"药品质量全生命周期管理"的理念，中药新药研发质量控制技术不断提高，源头控制、过程控制等理念逐步形成和普及，中药质量控制理念已由既往经验控制质量、检验控制质量、生产全过程控制质量转变为质量源于设计，基于中药新药质量影响因素复杂等特点，中药质量研究应实施从源头药材和饮片、中间体、辅料、生产过程到制剂贮藏流通等全过程的质量控制。

（3）发展现状分析

国家药品监督管理局药品审评中心陆续发布了《中药复方制剂生产工艺研究技术指导原则（试行）》《中药新药质量标准研究技术指导原则（试行）》《中药均一化研究技术指导原则（试行）》等多个技术要求及指导原则，为中药新药质量可控提供了政策及技术支持。2022年，国务院发布了《"十四五"中医药发展规划》，强调提升中药质量控制水平仍是中药研究的主要任务之一，建立以中医药理论为指导的中药全过程质量评价体系仍是中药研究的艰巨任务。

随着中药活性成分研究思路的创新产出及化学分析手段的不断更新，现代中药质量控制评价理论体系逐渐从"模仿化药"到"符合中医药理论及复杂体系"方向转变，呈现着"单化学成分评价控制－多化学成分评价控制－药效成分评价控制－生物效应评价控制－临床疗效评价控制－多维度评价控制"的路线不断创新和发展。刘昌孝院士提出的"中药质量标志物（Quality Marker，Q-Marker）"新理论，系统解析化学物质与有效性、安全性的关联性，提炼具有专属性和差异性特征的指标进行质量控制，实现可传递和溯源的全程质量控制。这些特点反映质量控制的发展方向，符合中药新药研发的技术要求，应成为中药新药质量研究和质量标准建立的重要依据和技术方法。

当前针对中药质量控制中存在的整体化学物质组群难以完全阐明、控制指标不能全面反映功能属性、药效无法整体直观评判等问题，从化学基准、化学基准与药理效应基准相结合、化学基准与生物效应基准相结合3个方面阐述中药质量控制新模式、新方法中的关键技术。在中药质量控制技术提高方面，均可借鉴国际上药品质量控制行之有效的诸多工具。比如，对于物质成分复杂的中药制剂，通过树立质量源于设计（Quality by Design，QbD）理念，可建立从源头开始的主动设计质量控制模式。再如，中药制剂在生产过程中面临复杂性和不确定性较大时，可针对不同产品，全面梳理生产过程中各环节可能出现的潜在风险，应用危害分析与关键控制点（Hazard Analysis and Critical Control Points，HACCP）等工具，构建以风险为导向的全过程监控关键点质量控制系统。

1）基于"化学基准"的中药质量控制技术：其关键技术体系主要涉及中药指纹图谱技术、中药标准物质替代测定技术。随着中药指纹图谱技术不断创新发展，涌现出多种新型指纹图谱技术，包括多维多息指纹图谱技术、全时段等基线多波长覆盖融合指纹图谱技术、电化学指纹图谱技术、元素指纹图谱技术，常用的是前两者，解决了单一化学成分不能反映整体、单一波长检测信息不足、定量不准等关键问题，为中药整体成分表征提供了新途径。

中药标准物质替代测定技术包括一测多评技术、对照提取物技术、质－量双标技术等，用得较多的是一测多评技术，能够实现中药多指标整体质量控制，尽管一测多评法在一定程度上解决了对照品不足、对照品昂贵的问题，但其存在在不同系统中重现性较差的问题，仍具有一定的局限性。对照提取物技术和质－量双标技术具有较好的发展前景，但其在国内还处于起步阶段。

2）基于"化学基准与药理效应基准"相结合的中药质量控制技术：基于化学基准的中药质量控制技术，虽然实现了化学成分的整体有效控制，但仍存在与药效关联性不强，不能直接反映临床疗效的问题。因此，建立基于"化学基准与药理效应基准"相结合的中药质量控制技术是保证中药功效关键所在，主要涉及的关键技术体系有基于"谱－效"关系的中药质量控制技术、基于系统生物学技术的中药质量控制技术。

基于"谱－效"关系的中药质量控制技术包括谱效色卡可视化质量控制技术、多功效/反向功效精准质量控制技术。谱效色卡可视化质量控制技术其核心内容是基于指纹图谱技术及谱效关系研究方法，实现中药及中药复方整体或单独药效的真实、直观、可视。基于系统生物学技术的中药质量控制技术包括基于网络药理学的 Q-Marker 预测技术、基于代谢组学的 Q-Marker 发现技术。基于网络药理学的 Q-Marker 预测技术在中药材、中药饮片、中药组分、中药复方中得到了广泛应用。基于代谢组学的 Q-Marker 发现技术能够建立以药效成分表达内源性代谢物变化，从而反映生物学客观实质。

3）基于"化学基准与生物效应基准"相结合的中药质量控制技术：Q-Marker 理论的创新性提出，为中药质量控制研究提供了新的思路，中药生物标志物（Quality Biomarker，Bio-Marker）在 Q-Marker 框架下应运而生。构建 Q-Marker 与 Bio-Marker 相关联，生物效应与化学成分相关联的质控技术，更能全面地反映中药的有效性和安全性，是中药质量控制的重要发展方向。主要包括中药生物活性测定技术、效应成分指数评控技术及生物表达谱技术，此类技术是一种新兴的中药质量控制评价体系。

（4）制约因素及技术瓶颈

中药新药质量控制的制约因素主要包括以下几个方面：①各操作单元分段化、单一化，这会导致整个过程缺失完整性，环节之间不连接，信息之间不流通，"虎头蛇尾"致使中药产品质量有着较弱的稳定性；②工艺参数与质量关联度小，指忽略阶段之间的参数与质量的相关性导致目前生产环节孤立化；③评价体系不健全，主要表现为单一化学成分不能实现对中药产品质量的控制，欠缺一套全局动态的质量控制体系，亟待建立中药产品生产的全过程质量控制技术体系。

尽管电化学指纹图谱技术越来越受到重视，但其仍存在研究深度不够、缺乏复杂样品分析、数据分析浅薄等问题，仍需深入分析挖掘。元素指纹图谱技术体系中的激光诱导击穿光谱技术在检测灵敏度，基质效应及便携检测等方面仍存在挑战。

（5）发展与展望

1）重点发展方向：中药新药质量控制研究应在中医药理论指导下，结合人用经验和临床实践，围绕临床价值，基于风险管理的理念，研究探索与药物的安全性、有效性相关联的中药质量控制方法和指标，建立整体性、系统性的全过程质量控制体系。基于中药多成分复杂体系的特点，鼓励通过理论创新、技术创新探索中药的整体质量控制，避免中药质量控制中突出某一化学成分的不足，探索建立符合中药特点的质量控制方式。

加强源头质量控制，重视中药材/饮片质量，建立中药材/饮片生产流通使用全过程追溯体系，对于保证中药质量至关重要。体现"质量源于设计"的理念，充分研究确定产品的关键质量属性和关键工艺参数，建立满足产品质量设计要求且工艺稳健的设计空间及其质量控制策略，鼓励创新制药工艺、技术和装备提高药品质量和生产效率，加强过程质量控制和全生命周期管理。鼓励企业采用先进、高效的质量管理和控制技术，应用智能的制药设备提高中药生产过程质量控制水平。

2）具体发展任务：具体可以从基于化学成分属性，多技术方法联合使用，多维度分析，整合"有机-无机""有效-无效"成分，实现化学成分多维全息整体表征；在相应病症下，从分子、细胞、组织、器官、整体等多维度进行研究，整合宏观和微观两个层次，揭示中药整体作用功效。再者可依据中药多重功效属性特点，针对特定药效，解析与特定药效密切相关的中药内在化学属性，从而实现中药质量有效性的精准控制。亦可从"系统-系统"角度，整合多学科技术方法，结合感官评价-化学评价-生物评价等模式，构建"化学成分-生物效应-中医功效"多维关联，阐明功效-成分-品质关系，提炼质量标志物，建立多元化中药质量控制方法，实现质量关键因素的可视、可控、可溯源，最终实现中药质量整体性、精准性及系统性控制。

5. 中药药效评价

（1）技术重要性

药效是中药新药成药的关键。中药成分复杂，具有多靶点、低活性、广效应的作用特点，单纯沿袭化学药或天然药物的研究模式，往往导致研究结果碎片化，无法充分体现中药整合性作用、整体性调节的药效作用优势。如何科学、合理、规范地评价和表征中药新药作用及特点，是中医药研究领域的重要科学问题和中药新药研发的瓶颈问题。

（2）技术名称和释义

中药新药的药效学研究技术：遵循中医药理论，运用多学科交叉融合的现代技术与方法，根据新药的功用主治，制订符合中医药特点的试验计划，通过选用或建立与中医"证"或"病"相符或相近似的动物模型或体外、离体试验，对新药的有效性做出科学评价，所获得的药效作用及其特点、作用机制、药效物质基础等非临床有效性信息，是指导临床科学合理用药的重要依据。

（3）发展现状分析

中医药临床疗效确切，奠定了其数千年延绵不息、革新发展的根基。近年来，借助现代技术和手段，在中医辨证思维指导下，中药药效及作用机制研究取得长足发展，从中药整体作用与局部效应综合评价、细胞分子等微观层面的精准检测分析、体内过程的连续、动态追踪，生物效应的可视、直观记录等方面，实现对中药药效的全方位解析。但中药临床疗效优势在中药新药研究中仍无法得以充分表征，制约中医临床有效方药的成药前景和研究成果的显示度，亟须方法学的创新。

1）中药新药的药效学研究基本技术要求。根据 2020 年修订的《药品注册管理办法》《中药注册分类及申报资料要求》，按照中药创新药、中药改良型新药、古代经典名方中药复方制剂、同名同方药等进行中药注册分类。中药新药的药理学研究资料包括主要药效学、次要药效学、安全药理学、药效学药物相互作用。不同类别中药新药的药效学研究有不同的要求：中药创新药应提供主要药效学试验资料，为进入临床试验提供试验证据；药物进入临床试验的有效性证据包括中医药理论、临床人用经验和药效学研究。依据现代药理研究组方的中药复方制剂，需采用试验研究的方式来说明组方的合理性，并通过药效学试验来提供非临床有效性信息；具有人用经验的中药复方制剂，可根据人用经验对药物有效性的支持程度适当减免药效学试验或可不提供药效学试验资料；中药改良型新药应提供对比性药效学研究资料说明改良的优势，或提供支持新功能主治的药效学试验资料，有人用经验依据者可适当减免药效学试验。

2）基于中药对机体整体性调节的作用特点，其药效评价关键技术主要涉及动物及体外模型选择、创新模型构建等，多维度、多层次中药新药药效综合评价模型体系趋于成熟并广泛应用。

中药药效评价根据主治的不同，可采取疾病模型经典药理学评价研究模式、中医证候研究模式、中医病证结合研究模式、以证统病研究模式及专病专治等模式，开展中药新药的有效性评价、药效的量效关系（起效剂量、有效剂量范围等）研究、时效关系（药效持续时间，起效时间等）研究。除药物诱导或手术造模等经典药理学方法，自发性疾病模型、基因工程动物模型、人源化动物模型等，近年已广泛应用于中药药效评价及机制研究，助力高水平创新中药研发。内源性功能网络平衡评价技术、生物力药理学研究技术、药动-药效复合研究策略、中药复方"指征药代动力学"等适合中药整体作用评价及机体自身功能修复评价的模型体系和技术方法，成为中药药效研究的重要方法。基于中药成分及体内过程复杂性，可反映复杂中药化学成分的体内特性与转化情况的体外药理学研究方法，如血清药理学、含药肠吸收液法、含药肝孵育法、脑脊液药理学、组织液药理学等体液药理学等体液药理学评价技术，实现体内过程 – 体外实验联动、药效成分 – 剂量 – 浓度 – 活性评价串联，在克服中药体外实验方法局限性、深度解析中药与机体相互作用等方面独具优势。此外，斑马鱼等模式生物筛选及评价技术，因实验周期短、给药便捷、器官病变容易观察、人类体内代谢相似、成本低廉等优点，在中药新药研发过程中开始发挥不可替代的重要作用。

3）针对的中药新药药效优势科学表征瓶颈问题，中药药效的精准化、系统化解析取得阶段性进展。

现代药理学着眼于单一靶点、单一途径的研究方法在中药药效研究中有一定的局限性。20世纪90年代现代医学领域新药研究进入大数据时代，从"单靶标"向"网络靶标"研究模式的转变。针对中药成分及作用方式的复杂性，如何借助国际药物研究新的趋势和相关技术方法，在中医药理论指导下，以药效作用的系统整合评价为目标，从整体、组织、器官、细胞、分子等多个水平，采用药理学、化学、生物信息学等多学科融合技术手段，构建中药药效的系统性、多模态综合评价指标体系，实现中药复杂体系药效物质的识别、作用靶点挖掘、作用机制解析，阐释中药与机体生命活动之间交互作用及作用规律与原理。其关键技术主要涉及表观组学、代谢组学、蛋白组学、脂质组学等多组学分析技术，生物色谱技术、化学生物学等药效成分辨识技术，网络药理学、整合药理学等数据挖掘技术，多重药理学、微流控等多靶标识别技术等。

（4）制约因素及技术瓶颈

中药整体水平药效评价研究已取得较大进展，但仍存在诸多问题，主要表现在动物模型缺乏系统评价体系、疾病模型造模方法与中医疾病认识观的差异等方面。在药效结果分析方面，多组学手段得以广泛应用，但由于生物系统本身的复杂性、多样性，加之研究者对于生物学或数据分析等方面的研究水平的差异性，往往发现数百个差异基因、代谢产物或蛋白表达，但对大多数的表达极其隐藏的生物学机制挖掘不足，导致分析结果的不完整或片面性。

从另一方面，中药药效评价与临床疗效的相关性、一致性研究存在明显的脱节问题，中药药效及其机制的基础研究与中医药理论、临床经验及应用的互动不足，传统记载中药功效及临床而来的大量宝贵的经验停留在临床应用的层面，缺乏扎实的基础研究支撑，而已有的中药药效学基础研究成果也缺乏转化为指导临床应用的有效途径。中药药效学研究的结果对判断和预测新药的临床价值、指导临床精准用药提供科学支撑力度不足。

（5）发展与展望

中医原创思维与现代技术的紧密结合，共同探索中药新药的创新发展路径有重要意义。重视中医药理论指导，加强中药临床前药效与临床疗效的相关性研究，中药功能主治、中医治则的科学内涵研究，可能为中药药效基础研究及中药新药研发提供新的线索和思路，提高中药药效学研究的准确性和可靠性，助力提高中药新药研发的成功率。

随着现代医学的快速发展，类器官－人类疾病的临床前模型兴起，其比动物模型更真实地再现人体药物反应及疗效，更大程度地解决临床疾病的治疗困境。目前美国食品药品监督管理局已经开始利用"肝脏芯片"类器官模型检测食品添加剂、营养补充剂和化妆品的肝脏毒性。未来，中药新药药效的评估与类器官模型、纳米生物编码探针、生物微流控芯片、类血管等研究相结合，可能成为全面、直观评价中药的药效作用的新手段，有可能通过技术革新解决中药药效研究的实际问题，成为高效的中药新药研发新技术。

6. 临床前安全性评价技术

（1）技术重要性

中药新药研发过程中，"安全有效、质量可控"是最基本的要求。其中安全性评价是很关键的一环，也是监管部门更为关心的方面，从某种角度上，安全性甚至可以说是中药新药研发成功与否的"一票否决"因素。在整个中药新药研发过程中，无论是临床前还是临床试验，安全性评价贯穿始终。在中药新药研发越来越重视临床经验的今天，临床前安全性评价尤其是动物实验仍然是必须的，因为：①既有临床经验基本上都是在治疗剂量水平下进行的观察，不能充分暴露其毒性。②限于伦理要求，源于人体身上的临床安全性观察受到诸多限制，不能像动物实验那样更全面地获取毒性信息。因此，临床前安全性评价技术对于中药新药研发是至关重要的。

（2）技术名称和释义

临床前安全性评价技术：中药新药研发从大的方面可以大致分为临床前和临床试验两个阶段，其中临床安全性评价是伴随临床实验进行的，在后面的"临床试验"中将有相应阐述。临床前安全性评价包含了新药发现、成药性评价以及规范化临床前试验中的安全性评价技术。需要指出的是，安全性评价是基于毒理学研究的一种收益－

风险评估，通过毒理试验可以得到客观的新药毒性信息，包括毒性靶器官、毒性剂量和毒性表现，基于这些信息，对于新药的价值进行收益-风险评估，进一步才能得到新药是否有上市价值的判断。比如对于诸如普通感冒等病情较轻的疾病，哪怕有不那么严重的不良反应，都可能影响其顺利上市，但是对于一些严重疾病，即使有比较明显的毒性，但是考虑到其治疗效果带来的改善作用，也是有可能顺利上市。

（3）发展现状分析

临床前安全性评价贯穿于中药新药临床前的全过程，其技术类型和侧重点也有所不同。

在新药发现阶段：对于中药复方，由于其源于临床的特点，在对临床人用经验进行数据挖掘技术寻找有效复方时，需要伴随进行毒性信息的收集整理和判断；对于中药成分的新药发现这个路径，化学药的计算机模拟、毒性数据库分析预测技术都是最基本的安全性评价技术；对于有效部位等中药新药，由于其成分众多且复杂的特性，更重要的是由于其多靶点作用的特点，各类毒性成分数据库分析预测技术尤其重要，但是在分析中尤其要注意其成分剂量，不能以偏概全，由于某一特定成分具有明显毒性就一棍子打死。

在成药性评价研究阶段：最核心的安全性评价技术是药物毒性的各种早期发现和快速筛选技术，主要体现在一些体外实验技术，如分子、细胞、组织乃至器官水平的毒性试验技术。对于有效部位以及复方水平的中药新药，由于其理化性质比较复杂，微流控协同器官芯片技术是一种很有前途的毒性试验技术，能更好地模拟体内环境，获取的毒性信息也更全面。2023年美国FDA通过了一项脱离动物实验而仅凭器官芯片试验结果的新药，使其成为临床前安全性评价领域的热门技术，其应用前景在中药新药安全性评价领域也是值得关注的。这些毒性早期发现和快速筛选技术具有重要的经济学意义，避免具有较大潜在毒性的新药进入时间和财务成本巨大的新药规范化试验。

在规范化安全性评价研究阶段：这个阶段的安全性评价技术基本上都是经典的成熟的技术，但也应注意到，诸如新的毒性生物标志物的研究，在成熟之后也会纳入这个阶段的毒性研究。所以即便是"经典"的技术，也需要不断更新，寻求更灵敏更准确的毒性指标。

（4）制约因素与技术瓶颈

对于中药复方和有效部位的新药研发，由于其成分复杂、多靶点起效和致毒的特点，使得其不能完全照搬西药的毒性试验技术，比较突出的有以下几点：

1）毒性剂量的判断：目前对于毒性剂量进行安全性评价的时候，主要是以安全指数等倍数指标来确定，对于化学药这类"微观"事务确有其重要意义，但是对于中药复方这类"宏观"事务，仅凭毒性剂量和治疗剂量的倍数关系，可能不能得到更加客观的安全性评价结论，需要更加重视安全范围这类的评价指标。

2）正常/疾病状态下的毒性表现可能不一致：传统的新药毒性技术都是在健康动物身上开展的试验，其目的主要是排除各种影响因素，得到"纯粹"的毒性信息。实际上，疾病是失平衡导致偏态的一种机体状态，药物本身就具有偏态，以纠正疾病这种偏态。这就意味着在健康动物身上得到的毒性，并不一定发生在疾病动物。这类思路在近数十年来一直存在，但是受限于疾病造模和数据分析等技术的不完善，一直未能得到完美解决，仅仅表现在相关技术指导原则中的泛泛而谈。这个领域的突破，将大大提高中药新药的安全性评价技术水平，更能客观全面地评价中药新药的安全性。

（5）发展与展望

随着现代技术的发展，中药新药研究的手段得以大大充实。在发展中药新药临床前安全性评价技术方面，最重要的是开放的心态和勇气，这样才能海纳百川，高质量发展中药新药研究。具体到重点发展方向和任务，主要两个方面：一是大力吸收诸如信息技术等在中药研究中的应用，对于中药新药尤其是复方新药，其明显特征是"复杂体系"，从成分的复杂性到生物效用的复杂性，信息技术在解决复杂体系问题方面有其独特优势；二是大力发展监管科学，我国现有新药监管基本上是借鉴化学药的监管体系，面对中药新药尤其是复方，是一个还没有经验的领域，需要在"三结合"指引下发展创新监管。

7. 药代动力学

（1）技术重要性

药代动力学研究贯穿创新药的整个研发过程，扮演了举足轻重的角色：创新药物前期筛选阶段，需要考察药物在体内的动力学特征，推测其成药性优劣；创新药物研发后期，通过药物代谢动力学和临床前研究指导临床给药方案的设计；创新药物上市后，药代动力学研究为临床用药优化（对用药剂量和频次进行改进等）提供科学性依据和结论，药物代谢动力学贯穿了药物筛选、研发到临床整个研发链的始终，是药物安全有效、质量可控的有力保障。

如何从中药有效成分新药的药代动力学研究更大范围、更深层次的切实应用到中药来源的提取物（有效部位）、中药复方创新药中是中药药代动力学研究的首要问题，也是加快推进中医药现代化的关键。中药药代动力学研究及评价技术为中药有效部位和复方创新药提供有效成分的药动学特征、代谢特征以及潜在的中药－化药相互作用信息等，为创新药的质量控制和安全性评价提供依据，最终更有效地指导临床合理、科学、安全用药。

（2）技术名称和释义

中药药代动力学评价技术：中药药代动力学评价技术是指适合中药多成分特点的研究中药在人体内的吸收、分布、代谢和排泄的过程的一系列技术手段和方法。它涉及体外和体内实验技术以及临床人体实验，其目的是通过对中药的药代动力学特性进行评价，了解中药在机体内的行为和作用的相关性，为中药的合理用药提供科学依据，优化治疗方案，提高临床疗效。常用的评价技术包括体内成分及代谢产物鉴定、生物基质多成分定量分析、体内动力学研究、酶抑制、酶诱导、药动－药效建模等。

（3）发展现状分析

当前中药新药药代动力学评价技术脱胎于化药新药的评价技术，没有形成适合中药尤其是中药提取物及中药复方创新药特点的中药药代动力学系统评价技术。其中中药提取物（有效部位）及中药复方创新药进入体内成分数量多，但药效物质基础成分不能完全确认，无法进行合适或充分的分析；效用广泛，难以像化药一样用单一成分的药动学特征与效用进行关联，建立 PK-PD 模型，进而结合药效及安全性评价研究结果，形成具有科学依据的包括给药剂量、间隔、用药时间的给药方案；也未能像化药一样开展中药影响化药的体内暴露系统评价，因而无法提示可能的因中药－化药相互作用影响化药效用的风险。

当前新药审批注册要求进行中药药代动力学相关评价，但要求较少且模糊、不具体，相关指导原则的实践意义并不强。如对于非单一活性成分但物质基础基本清楚的中药，其中药效或毒性反应较强、含量较高的成分，一般需要进行药代动力学探索性研究；文献报道有明确毒性成分进行非临床药代动力学研究；结构相似的一类成分中某一个成分的药代动力学属性可以代表该类成分的药代动力学特征，可从同类成分中选择一个代表性成分进行测定；在进行中药非临床药代动力学研究时，应选择适宜的方法开展体内过程或活性代谢产物的研究；若拟进行的临床试验中涉及与其他药物

(特别是化学药)联合应用,应考虑通过体外、体内试验开展药物相互作用研究。

1)中药多成分分析技术:用于中药药代动力学研究的中药多成分分析技术包括中药多成分及其代谢产物的鉴定以及生物基质中多成分的定量分析技术。

高分辨质谱仪器分析因为其样品处理相对简单、获取信息丰富、分析速度快、数据库建设充分,成为预测、鉴定中药多成分及其代谢产物的主要技术手段,随着仪器的发展,越来越多的进入体内的微量中药多成分及其代谢产物被检出并鉴定。核磁共振技术虽然可以更好的确定分析物的结构,但是其对分析物纯度和量的要求较高,限制了其应用。近年来,色谱、质谱与核磁联用技术的发展则大大提高中药多成分及其代谢产物的在线分离、鉴定分析的效率。

四极杆质谱仪尤其是液相色谱串联的三重四极杆质谱仪是定量分析生物基质中多成分的主要仪器,适用于分析中药的大多数成分,具有灵敏度高、分析速度快、线性范围宽等优点。其他分析仪器,如气相色谱串联的三重四极杆质谱仪适用于中药中芳香挥发性成分,而近年来电感耦合等离子体质谱仪越来越多的用于中药矿物药药动学研究中的分析。

除了分析仪器的发展,还要采用不同的策略分析不同的化合物,如应用氘代化合物替代检测的方法对胆酸类中药给药后生物样品中胆酸类成分进行定量分析;对某些聚糖类成分则综合采用水解、酶解、衍生化等方法进行样品处理,以进行后续的分析等。

2)中药药代动力学研究:中药有效成分新药的药代动力学评价研究与化药新药相同,而中药提取物(有效部位)、中药复方创新药在开展中药药代动力学研究过程中如何拟合多种成分的药动学参数,实现以体内药物浓度的变化表征多组分中药总体药效的目的,是中药药代动力学的关键问题。

当中药有效部位群主要有效成分相对明确,或复方中存在公认主要有效成分时,通常以某一成分为标记物来代表或标示整个复方在血、尿、粪、胆汁或组织中的药动学变化。即在中药质量控制环节已经对其中主要化学成分的含量有所要求时,监控这些主要或代表性成分的药动学研究是可行的。

中药复方创新药含有众多有效成分,有学者提出药动标志物(PKmarker)的概念,即药代动力学研究中的多成分为"发现的暴露显著的活性中药成分或其代谢物,用以反映给药后肌体对中药的物质暴露,并在后续临床研究中与中药的药效和安全性相关联";有学者提出"中药多组分整合药动学"的方法,通过综合评价中药所含成分的药动学特性与药效作用,选取具有确切药效作用和适宜药动学特征的成分为标志性成分，开展多组分药代动力学研究，获得各成分的药时曲线，在此基础上根据各成分对整体药动和药效的权重贡献，选择合适的建模方法对各成分药动学参数进行整合，获得能够最大程度表征中药整体动力学特征的参数；也有学者采用药动学和药效学结合的方法，引入药效动力学指标加以观察，在中药复方众多有效成分中，选择与复方整体药效相关性较高的成分，来表征复方总体药代动力学的特征。

3）中药–药物相互作用评价：药物相互作用（DDI）是指患者同时或在一定时间内由先后服用两种或两种以上药物后所产生的复合效应，可使药效加强或副作用减轻，也可使药效减弱或出现不应有的毒副作用。当前的中药药代动力学研究中，研究最多的是中药影响化药药动学特征带来的潜在影响，即中药–药物相互作用（HDI）。

与化药或中药有效成分新药不同，中药提取物（有效部位）和中药复方创新药的制剂成分与体内暴露成分可能不一致，因而应用体外实验考察中药–药物相互作用相对较少，更多采用大鼠、小鼠、犬和人来直接考察中药提取物（有效部位）和中药复方创新药对合并用药产生的可能的中药–药物相互作用。更进一步，李川研究员提出了"药代和谐"的概念，明确了"药代和谐"指数公式，并用该策略成功研究了血必净注射液与合用抗生素之间的合用风险。

4）其他：质谱成像（MSI）是将经典质谱与离子成像相结合的前沿技术，具有免标记、高通量、信息丰富的优点，能够可视化组织切片中药物以及内源性分子的空间分布和丰度，可以更直观的研究中药成分在组织中尤其是靶部位的分布状况。

（4）制约因素及技术瓶颈

中药提取物（有效部位）和中药复方创新药是多成分共同作用的整体效用，各有效成分的药动学特征往往差异很大且孤立，且各成分效用强度也不尽相同，如何用一个模型整合各单一成分的药动学参数，如何总体评价中药对化药尤其是化药对中药的相互作用，从而解释和指导药物的治疗作用，是目前制约中药创新药药动学评价的关键。

在明确药效物质基础上，建立多成分血药浓度或药动参数与不同整体效用直接或间接桥接的整合药动–药效模型及评价策略，是实现以多成分药动学行为为主依据制定、优化临床给药方案的技术瓶颈。此外，对于通过肠道菌、肠–器官轴发挥直接或间接效用的成分，其不需进入体内即可发挥作用，因此迫待建立该类效用成分肠内浓度变化或药动学特征与药效学关系的模型，该类模型的建立和研究是解决不能进入体内的中药多成分药动学研究的技术瓶颈。

（5）发展与展望

1）重点发展方向：基于现有的技术条件及临床需要，由易到难，确定重点发展方向。发展整体评价的中药影响化药的中药-化药相互作用的动物、人体评价模型及体系，是新药中药药代动力学评价技术的首要发展方向，该模型也可以应用于上市中药或经典名方的评价，完善药品说明书中【注意事项】部分的内容，更好的服务人民生命健康；建立生物基质中中药动物药的替代分析方法，是完善中药药动学研究的技术基础，是新药中药药代动力学评价的次要发展方向；最后，在充分理解化药多种药动学相关模型（如：PK-PD、PBPK、PPK、PPK-PD）的基础上，结合中药多成分、多效应的特点，建立中药特色的相关模型，更好的服务中药创新药的研发与评价，是最终的发展方向。

2）具体发展任务：具体可以从经典名方开始建立中药-化药相互作用的动物、人体评价模型，从人工胃肠液孵育的动物药后建立中药动物药的替代分析方法，从具有强心、降压、退烧等药效中药开始建立多成分血药浓度或药动参数与不同整体效用的直接桥接的整合药动-药效模型，完善中药药代动力学评价体系，丰富中药新药评价的科学内涵。

8. 临床试验

（1）技术重要性

中药新药临床试验是中药新药研发过程的重要一环，通过开展一定规模的临床试验，收集中药新药的安全性和有效性方面的信息，为中药新药的审评和批准上市提供重要的依据。

（2）技术名称和释义

中药新药临床试验，是指以药品上市注册为目的，为确定中药新药安全性与有效性在人体开展的药物研究。中药新药临床试验分为Ⅰ期临床试验、Ⅱ期临床试验、Ⅲ期临床试验、Ⅳ期临床试验。根据药物特点和研究目的，研究内容包括探索性临床试验、确证性临床试验和上市后研究。

（3）发展现状分析

近几年，国家发布了一系列法律法规、指南原则以指导中药新药临床试验的实施，对临床试验的要求也有了新技术要求和法规要求，近几年影响中药新药临床试验的主要法规如下。

2019年《药品管理法》指出"建立和完善符合中药特点的技术评价体系，促进中药传承创新",同年国务院《关于促进中医药传承创新发展的意见》创新提出构建基于中医药理论、人用经验、临床试验三个层面相结合的中药审评证据体系（以下简称"三结合"）。该体系高度契合中医药临床实践特点及中药新药创制规律，为中药研发带来了新的发展机遇。基于"三结合"审评体系的技术要求，2020《中药注册分类及申报资料要求》对中药注册资料提出新技术要求，2020《药物临床试验质量管理规范》对临床试验提出新质量要求，2023《中药注册管理专门规定（试行）》（以下简称"《专门规定》"），全方位解读和明确了"三结合"审评体系的关键技术要求。以临床价值为导向，提供充分的临床有效性和安全性证据，是上市前临床试验的主要目的。《专门规定》明确提出：中药创新药应当有充分的有效性、安全性证据，上市前原则上应当开展随机对照的确证性临床试验。

新的政策法规要求下，中药临床试验的主要技术要求变化如下：

1）强调中医药理论指导的临床试验：《专门规定》提出：中药研制应当在中医药理论的指导下遣方用药，拟定中药预的功能、主治病证、适用人群、剂量、疗程、疗效特点和服药宜忌。鼓励在中医临床实践中观察疾病进展、证候转化、症状变化、药后反应等规律，为中药新药研制提供中医药理论的支持证据。

2）开辟以"人用经验"为证据来源的中药研发新模式：充分利用人用经验数据和证据支持和衔接临床试验设计，提速了新药研发的时间和效率，缩短了临床试验周期。《专门规定》提出：临床试验应当结合上述中医药理论依据和人用经验的总结，对尚未明确的有效性、安全性问题开展研究，可根据需要采用不同的研发策略和灵活多样的试验设计。特别是对3.2类中药新药，提出了可以基于真实世界研究的临床试验申请上市许可，并颁布了《药物真实世界研究设计与方案框架指导原则》，真实世界临床试验的推广和实施，扩大了支持中药新药上市传统的临床试验概念，对真实世界临床试验的设计、实施、评价都有了新的技术要求和质量管理要求。

3）推动中药新药临床试验质量提高与评价体系的完善：《专门规定》提出：中药的疗效评价应当结合中医药临床治疗特点，确定与中药临床定位相适应、体现其作用特点和优势的疗效结局指标。支持研制对人体具有多靶向系统性调节干预功能等的中药新药，鼓励用科学原理阐释中药的作用机理。2020《药物临床试验质量管理规范》对临床试验提出新的质量要求，符合新法律法规与国际规范要求，同时又体现中医特色的临床试验质量管理规范尚待完善。制定科学可行的质量标准管理，可以提高我国中药新药临床试验的质量，推进中药临床研究结果和循证证据获得国际认可。

（4）制约因素及技术瓶颈

目前"三结合"审评体系规范化与标准化建设仍在探索完善阶段，如何创建与之相适应的临床试验技术与标准体系，促进国家"三结合"政策落地实施，是实现中药新药高效研发、提高中医药行业国际竞争力的瓶颈难题，目前的制约因素和技术瓶颈如下：

1）中医理论在中药临床试验中的作用是提出科学假设的起点、是确定目标人群和选择疗效指标的依据，试验设计的全过程要保持理、法、方药、人、指标的一致性。如何验证与表达中医原创理论的科学内涵是中药临床试验的重要问题。

2）充分利用好人用经验数据与证据，可极大节省临床试验周期，提高研发效率，目前人用经验数据治理、统计分析及质量管理关键技术仍在完善中，人用经验与临床试验缺少以转化研发为导向的整体规划，如何遵循法规要求做好人用经验的整理，并和临床试验做好衔接，仍需要探索和完善系列技术、标准和法规。

3）构建体现中医药特色的疗效指标一直是中药评价体系构建的重要部分。如何构建体现中药特色的评价指标/量表，构建体现中药多靶向系统性调节功能的综合评价指标、评价模型与评价方法尚有待研究。

4）提高临床试验质量，推动临床试验数据的国际共享是中药临床试验质量管理的重要目标和方向，随机方法应用与操作错误；盲法应用错误导致破盲；数据完整性、真实性与规范性差；中西药联合应用混杂偏倚；证候评价偏倚等问题，严重影响了研究结果的科学性和真实性，因此，中医药临床研究的质量管理与质量控制需要通过标准化的技术手段予以规范。

（5）发展与展望

1）重点发展方向：基于"三结合"审评体系的技术要求，构建体现中医药特色，遵循中医药研究规律的临床试验系列标准与技术，进一步提高中药新药临床试验的水平和质量，推动中药新药的研发。

2）具体发展任务：①构建支撑中医原创理论转化应用的中医古籍信息化标准与技术规范，促进中医理论的转化应用；②构建制作规范、行业公认的证候量表、综合评价指标，体现中药疗效特色；③完善中医临床试验证候诊断与评价标准，提高中药临床试验的科学性与规范性；④完善符合国际规范的中医临床试验数据标准与信息标准，推动中药临床试验数据的国际共享；⑤构建支撑人用经验转化应用的系列数据治理与分析技术标准，建立系列重大病种多中心数据共享平台，提速人用经验的转化应用。

（二）大品种培育

1. 质量提升

（1）技术重要性

为了确保临床疗效，提高中成药质量成为中国医药产业的一个重要关注点。中成药质量提升面临指标成分不清楚、质量标准不完善、控制指标不明确等问题，导致缺乏优质原料标准、生产过程控制参数依据不充分等现象。因而需要采用各种技术和方法，对药品安全性、有效性和物质基础等方面开展深入的研究，为中成药质量提升提供可能；需要开展原料评价和均一化技术、过程控制技术等在中成药生产中的应用，为中成药质量提升提供手段；需要开展优质中成药评价技术，鼓励生产优质产品，为中成药质量提升提供激励。

（2）技术名称和释义

中成药质量提升，是指根据中成药生产过程，建立贯穿原料–中间体–产品的全面、科学的质量管理、检测和监控技术体系，促进中成药质量的全面提升。根据中成药产品生产过程，其质量提升技术分为原料选择和管理、生产过程控制和优化、检测体系建立和完善。

（3）发展现状分析

1）原料选择和管理："药材好，药才好"。原料是中成药产品的核心，其质量直接影响终端产品的质量、安全与疗效。中成药的质量优劣关键在于其原料的选择和管理。由于中药材本身的自然属性，其质量客观存在一定差异。因此，规范化的种植、采收、加工、炮制等环节能够从源头上控制相关因素产生的波动性。饮片的质量归根到底取决于药材的质量；但是通过对饮片的遴选，能够大幅降低药材质量波动带来的影响。中成药所选的饮片种类、产地、质量等，除了必须符合国家相关标准，还需要保障其质量的均一稳定。但目前中药市场上饮片质量差异大；如果不对其质量进行控制，必然导致中成药的不稳定性。特别是大量存在的所谓工业饮片，与传统的饮片在形态上有较大的差异，而且众所周知其质量较差，更主要是该类饮片并没有国家相关政策支持，却因为长期存在而被视为理所当然。这个问题严重影响了中成药产品质量。生产企业作为药品质量安全的责任主体，应该严把原料、辅料质量关，增强质量意识与责任意识，加强规范生产行为和过程质量控制，不得擅自改变工艺、偷工减料。因此，如何做好原料的检测和管理是中成药质量提升技术核心环节。

首先，中成药生产企业应该建立完善的原料供应体系，加强对原料的质量控制。

如建立溯源体系，通过对药材产地、种子种苗、栽培到采收加工的全过程控制，能够从根本上解决药材优选问题，达到提升中成药质量目的。其次，应该建立严格的内控检测标准及相关制度，确保投料原料的质量。结合中成药功效成分群，采用一测多评等定量检测方法和特征图谱，从定性和定量两个方面，建立全面的原料控制标准，重点关注对中成药质量具有较大影响的关键指标，避免劣质原料进入生产环节。最后，针对不同批次原料质量差异较大的问题，建立投料饮片均一化处理方案，以保障中成药质量的均一性。

另外，随着人们安全用药意识的不断提高，中药安全性问题越来越受关注。中药安全性问题主要来源为内源性毒性成分和外源性有害残留两方面因素。统计显示，中成药内源性毒性成分整体安全性风险较低，外源性有害残留以重金属及有害元素潜在安全性风险较高。随着安全性评价的进一步深入，与安全性相关的标准不断填补与完善，中成药标准中应及时增加安全性指标的控制。

2）生产过程控制和优化：中成药的生产过程对于产品的质量有很大的影响。优秀的产品要有科学的生产工艺作为保障；只有优化生产工艺，提高生产效率，才能保证中成药的均一性和稳定性。工艺优化的核心是科学的技术和严格的规范操作。因此，中成药生产要不断提升生产技术水平，提高产品质量水平。同时，在生产过程中，需要建立严格的质量控制制度，确保生产过程的稳定性。制定科学的生产工艺和工艺流程，避免产生有害物质，减少人工操作对产品的影响。对生产过程中的关键环节、关键产品进行监控和控制，确保产品的质量符合相关标准。

中成药生产过程中质量控制始终面临着控制哪些成分和如何控制的问题，尤其中成药经历提取、纯化、浓缩、干燥、制剂成型等多道复合工艺过程。从中成药产品质量出发，运用科学的方法解析其功效成分群，依据功效成分群制定质量控制指标，并建立生产全过程质量控制体系，保障中成药质量。在"药品质量是设计、生产出来的，不是检验出来的"这一理念下，对中成药产品整个生命周期内功效成分群传递过程进行质量管理和全产业链质量追溯体系研究，以期建立从饮片投料、提取到成品的中成药全过程质量控制体系。①饮片到中间体的质量控制技术：如建立饮片、中间体的多波长多维融合指纹图谱和多功效成分定量测定方法。确定不同生产工段的关键质量属性，如功效成分群含量或转移率、浸膏质量等，明确生产过程中工艺参数对质量属性的影响，为工段关键质量属性在线监控、预测性调控和质量持续改进提供支撑。②中间体到成品的质量控制技术，如建立离线的成品指纹图谱、药材－中间体－成品的全过程融合指纹图谱和多功效成分的定量测定方法，制定相应的质量标准。建立生产过程控制方法，采用近红外光谱等在线检测技术，实时检测功效成分群含量，监控生产过程操作参数的异常波动，制定工艺过程批放行定量和定性标准，实现过程操作参数的全程监控，观测过程中的质量变化，确保产品质量。

3）检测体系完善和提升：基于功效和成分研究结果，建立全面的中成药质量标准体系，确保关键质量属性均能够有所反映，争取全部药味至少关键药味能够有所体现，明晰质量标准和临床疗效的关系，切实有效的保障临床疗效。开发中成药质量一致性评价方法和控制方法，确保产品质量稳定、均一和一致。建立优质中成药评价标准，反映中成药生产过程薄弱环节，推动中成药优质优价的实施。

（4）制约因素与技术瓶颈

由于中药的复杂性，特别是中成药活性成分不明确，导致其质量标准非常不完善，因而其生产过程控制对象选择依据不足，监测的盲目性很大，是当前中成药质量难以有效提高的根本原因。我国中成药生产正处于从传统的经验控制到中药工业数字化、智能化建设的转型升级阶段。传统检测方法主要为烦琐的静态检测和人工检测，导致数据和结果滞后于生产过程，已不能满足制药工业快速、准确、大批量的生产需求。而且目前中成药生产过程的质量控制普遍存在检验滞后于生产、检验成本高、检测不全面、缺乏在线检测手段、检测标准不能体现产品优质性等问题，阻碍了中成药质量的提高。此外，优质中成药评价标准推行不力，优质优价实施不畅，影响了企业提高产品质量的积极性。

（5）发展与展望

1）重点发展方向：研究中成药物质基础，明确活性成分，建立与疗效相关的全面的质量标准，围绕与质量相关的关键指标，进行原料 – 中间体 – 成品全链条质量控制，从根本上解决中成药质量提升问题。建立优质中成药评价标准，实施优质优价，特别是在中成药集采中优先考虑质量因素，实行"保质低价"策略，激发企业提升产品质量的积极性。

2）具体发展任务：①开展中成药药效物质基础研究，明确影响疗效的关键成分指标，建立与疗效直接相关的质量标准。②建立优质中成药评价标准，开展优质中成药评价，反映当前中成药质量控制的薄弱环节，开展有针对性的质量提升。③加强原料控制，使用高等级的饮片，减少使用工业饮片等不规范的投料现象，特别是利用均一化技术进行原料前处理，保障中成药质量的一致性。④加强中成药智能制造的实施，研究中成药关键质量属性和关键生产参数，加大新工艺、新设备等在中成药生产过程的使用，实施基于功效成分的在线检测技术，实现实时、高速、准确生产参数测量和控制，提高中成药质量标准。⑤国家有关部门应继续强化风险管理，推动中药全链条监管、不良反应监测和上市后评价，并采取相应的风险控制措施，坚守安全底线，促进中成药高质量发展。

2. 临床定位

（1）技术重要性

临床定位是中成药大品种培育的首要任务，也是中成药临床价值评估的关键。临床定位有广义与狭义之分。狭义的药物临床定位仅与药物的基本治疗作用相关，广义的临床定位则与企业的整体战略、决策及营销密切相关。由于种种原因，早期已上市的部分中成药存在临床定位模糊的情形，或过于笼统或过于宽泛，制约品种做大，也影响了中成药品种的疗效及产业价值。

如何运用现代科技手段，开展中成药临床精准定位或临床重定位研究，进而形成符合中医药特点、凸显临床价值的中成药临床定位研究思路及方法，是当前行业关注的热点。随着技术的不断衍进，人工智能、蛋白质组学、网络药理学等新技术手段逐步应用于中药研究领域，为中成药品种临床定位提供了重要的研究思路与技术方法。此外，基于人用经验数据、真实世界研究、大数据挖掘等技术，亦为中药品种临床定位提供更多方向。

（2）技术名称和释义

临床定位：通过采用表型研究、多组学分析、临床大数据整合分析等技术方法或研究路径，明确已上市中成药或中药新药在拟定目标适应证中预期的治疗作用，该作用应具有公认的临床价值，可知临床定位是新药研发和上市后再评价中准确评价临床疗效的关键，也对临床合理用药具有重要作用。

（3）发展现状分析

对于已上市或在研中成药，其临床定位主要来自以下几方面，一是基于现代药理学研究的临床定位，即在中医药理论的指引下，采用现代药理学技术方法，通过疾病模型验证或对比，明确品种的优势作用环节，指导临床定位。二是基于数据驱动的临床定位，大数据应用已经成为医药行业不可或缺的一部分，得益于长期、持续的开展新药研发，我们已经积累的海量数据，通过深度学习、大模型分析等多种技术手段，可进行药物定位或重定位。相较于传统的研究方式，基于数据驱动的临床定位可大幅缩短研发周期，降低研发成本，提升临床定位效率。三是基于临床经验或临床数据的临床定位，"临床实践"是数千年来中医药经久不衰的根基，也是实现上市中药品种临床定位的重要来源。大量中药在临床用药过程中积累的对其适用人群、用药剂量、疗效特点和临床获益的认识和高度总结，形成医案与病例系列的疗效评价体系，用于临床定位。

1）基于现代实验科学的临床定位，其主要涉及基于药物表型组学、多组学分析的临床定位技术。

表型组最初被定义为某一生物体的全部性状特征，药物表型组学是通过分析药物的表型组特性，多维度评价药物干预疾病的表型变化，并在系统生物学水平上寻找相应的治疗靶标组，将其与代谢组学、蛋白质组学和药物基因组学结合起来，从表型－基因型到有系统的表型组－基因组，为药物的临床定位提供多维证据链。

多组学研究，包括基因组学、表观基因组学、转录组学、蛋白质组学、代谢组学、微生物组学等。采用多组学研究可以实现疾病－药物－蛋白/转录及代谢物的全谱分析，筛选出重要代谢通路或基因、蛋白、代谢物进行实验分析和研究，进而发现药物作用的优势环节，指导临床精准定位。

尽管表型组学技术、多组学研究等创新多维技术给品种临床定位提供了高效技术手段，但受制于设备、研发成本等诸多因素影响，一些传统的技术手段，例如：基于疾病模型的药效表征、活性成分体外评价等方法依然普遍应用于药物临床定位中。

2）基于数据驱动的临床定位，主要涉及人工智能辅助临床定位、基于药靶扰动网络稳健性的临床定位等关键技术。

人工智能在中药临床重定位中具有广泛的应用前景，其可通过学习大量的中药数据和中医理论知识，能够对中药的复杂成分和治疗效果进行综合分析和预测推断，如：通过学习中药与相似药物的关系，识别出新的治疗适应症；通过分析中药大数据，发现新的药物组合和配方，并验证其临床效果；通过模拟和预测中药的临床效果，预测中药在不同人群和疾病状态下的疗效，并指导临床试验的设计。

基于药靶扰动网络稳健性：在模型中，删除疾病网络中的药物靶点用于模拟疾病的药物治疗过程。删除药物靶点后疾病网络结构稳健性的变化是药物对抗疾病的定量指标，称为干扰率。药物的紊乱率可以显示疾病网络的攻击能力。较高的比率表明该药物对网络的稳健性更具破坏性，并且对疾病具有更好的潜在疗效。将药靶扰动算法和其他药物－生物网络相互作用指标相结合，可开发药物重新定位排名算法并评估针对某疾病的潜在治疗效果。

此外，还有大量基于数据驱动的相关技术，应用于临床定位，并取得一定成效。例如：程京院士团队建立了分子本草技术平台，构建大规模药用分子功效数据库，开展以逆转疾病通路为核心的定量分析，希望通过"以药试靶"将传统中医药理论转为数字化语言。"虚拟孪生"也应用于药物临床重定位，研发人员药物分子数据库以及对药性的要求，大数据能够帮助搭建出理想的分子架构，也帮助研究人员了解分子及其应对病毒时的稳定性。

3）基于临床经验或临床数据的临床定位：临床定位是药物基础研究与临床研究重要的纽带，依托大量的医史、临床经验可以挖掘出药物的优势治疗病症，所获优势治疗病症又需要在临床实践中得以验证，即"源于临床，用于临床"。基于临床经验或临床数据的临床定位主要涉及临床经验数据挖掘、真实世界研究设计与证据分级，临床研究方案设计等。

（4）制约因素及技术瓶颈

在基于传统药学研究的临床定位方面，随着对中药化学成分或有效部位研究的不断深入，新的活性物质已然越发困难。而在多组学研究也面临种种障碍，例如：蛋白质组学发现的潜在生物标志物已经超过1000种，但是通过最终验证、审批、并用于临床的屈指可数。除了蛋白质组本身的复杂性，还有一些重要原因，如疾病标志物验证周期过长、研究缺乏标准化流程等，就需要进一步开展研究。

在基于数据驱动的临床定位方面，数据不足是一个重要的限制因素。此外，数据来源也是一个关键因素，数据的质量和一致性会影响人工智能算法的准确性。这使得人工智能算法在临床定位中可能无法提供准确可靠的结果。再者，数据与数据间未能形成标准化，将使得数据分析结果的可靠性受到质疑。

在基于临床经验或临床数据的临床定位方面，一是"数据孤岛"制约，尽管国内大部分医疗机构着手开展医疗大数据的构建与分析，但机构与机构之间，部门与部门之间独立运行，缺乏统一数据链，将各数据孤岛链接起来，进而形成大数据网络，产生更多研究价值。二是数据标准化制约，各种临床数据在不同语义语境中的一致有效性存在问题。古代与现在对同一病症的描述不一，制约进一步发展。三是数据大模型问题，中医药临床经验或数据以文本内容为主题，对于大模型的匹配度要求较高。

此外，如何建立符合中医药特点的疗效评价体系等也是临床定位亟待解决重大难题。

（5）发展与展望

1）重点发展方向：构建基于中医理论、人用经验、药靶网络相结合的临床定位综合计算分析系统，是临床定位亟待解决的重点任务。大部分中成药已上市较长时间，品种的安全性已得到较为充分的体现，快速精准定位品种的优势特点是当前迫切需要解决的问题。随着对品种及品种相关药材研究的不断深入，临床及基础研究的数据不断累积，可采用大数据模型、深度等先进手段，构建可快速寻找该品种治疗优势病种的综合分析系统，为下一步临床验证提供线索。

2）具体发展任务：一是深化古籍文献评级与指标体系建设，进一步梳理古籍医案，构建古籍医案数据库；二是加强真实世界研究数据库设计，尤其是数据标准化、统一化，便于后期临床数据大对接；三是进一步完善和积累疾病相关靶点靶标；四是研发符合中医药特点的大数据模型。

3. 作用机制

（1）技术的重要性

中药大品种机制研究是发现其科学价值，促进其临床应用，是大品种培育的重要环节。随着系统生物学、大数据和人工智能算法快速发展，中药大品种作用机制研究开始从"还原论"走上"系统论"，并从"序列→结构→功能到相互作用→网络→功能"的思路理解中药大品种的整体生物学功能。中药大品种作用机制研究有利于辨识中药质量标志物，实现了基于活性成分的质量控制，有利于深入挖掘分子机制，实现临床适应症的优化，对大品种培育工作具有重要意义。

（2）技术名称和释义

中药大品种机制研究：立足于临床应用为导向，充分考虑中成药多成分、多环节作用特点，通过多学科知识的交叉融合，从整体性、动态性、关联性深入解析中药复杂物质实体与机体复杂生命活动之间交互作用及规律，包括中药物质基础移行规律、多靶点整合作用机制、多成分组合与药效活性的关联关系等内容。

（3）发展现状分析

20世纪20年代陈克恢等通过狗或毁脑脊髓猫证实中药麻黄中的麻黄碱具有拟交感神经作用，并用于哮喘的治疗，开创了中药药理研究之先导。自此以后，源于中药及天然产物的新药研发成为研究热点，源于青黛的靛玉红、源于北五味子中联苯双酯、源于黄花蒿的青蒿素等中药新药被研发上市。但是，这种研究模式剥离了成分与成分之间相互作用，发现中药整体有效，随着分离得到无效的现象，其药效物质和作用机理均不是清晰，难以有效解释中药"多成分、多靶点、多通路、多效应"整合调节作用。

自从系统生物学的概念提出以后，基因组学、转录组学、代谢组学等组学技术快速发展，由此产生海量数据，中药大品种机制研究模式从"还原论"走上"系统论"，从"单一成分、单一靶点"研究走上"多成分、多靶点、多效应"的整合调节研究，从整体性、动态性、关联性探讨中药复杂物质实体与机体复杂生命活性交互作用及规律，取得了巨大进步，具体如下。

1）中药大品种作用机制的研究思路日趋完善：中药复方分子机制研究是从"拿来主义"到"自主研发"过程，多个新思路和新概念相继被提出，其研究思路逐步日趋完善。刚开始，我国学者开始利用基因组学、转录组学、蛋白组学、代谢组学等多组学技术开展中药复方作用分子机制研究。早在1999年，我国学者从分子网络理解中医证候宏观与微观特征、方剂多靶点整合调节作用等科学假说。2005年"系统（药物系统）–系统（生物系统）"（S=S）研究模式被提出，即通过化学物质组学研究基本讲清楚输入的中药物质基础，通过系统生物学讲清楚输出的基本讲清中药的作用机理，把中药复杂物质实体与机体复杂生命活动之间交互作用及规律，当作为黑箱。如何揭开此黑箱？2007年网络药理学的概念被提出并应用到中药复方作用机制研究，多维关联网络成为解析中药复方复杂物质与机体生物网络交互作用及规律的主要研究手段，为打开黑箱提供了科学方法。但是，网络药理学没有关注中药复方的体内药代过程以及药代与药效之间关联，其研究结论往往受到质疑。由此，提出了"方药指纹—药代标示物—药效靶标"三维模式的研究设想，在此基础上，"中医方证代谢组学"整合了血清药物化学理论与代谢组学关联，以证候生物标记物发现为切入点，建立了集阐明效应、揭示效应机制及鉴定效应成分于一体的中药有效性研究。同时，"中药整合药理学"与"反向药代动力学"的概念，关注于中药复方药物代谢与药效之间关联性研究，即既关注于吸收进入体内中药成分（原型和代谢产物）进而直接发挥药效（直接作用）外，还关注于未被吸收成分或者未到达靶组织成分通过中间媒介物质而实现跨器官或组织之间远程调控的间接作用，以及通过调控药物代谢相关酶的改变活性成分药代动力学行为的辅助作用。由此可见，中药复方作用分子机制研究在研究思路上不断发展且日趋完善，符合中药复方研究特点。

2）中药大品种作用机制从分子调控现象深入到作用靶点本质：1905年，兰勒（J. N. Langley）证实了箭毒和尼古丁通过某个"靶点"影响骨骼肌舒缩，证实了受体的存在，但是中药作用靶点研究一直进展缓慢。近年来，中药活性成分的靶标发现成为中医药领域的研究热点,列入 2020 年中国工程院发布的"医药卫生领域 Top 10 工程"研究前沿和工程。在靶标预测和虚拟筛选方面,基于配体结构特征、受体结构特征、配体受体相互作用等预测方法用于中药活性化合物靶点预测及发现研究,由此建立了多个中药"成分 – 靶点"数据库,如 ETCM v2.0、HIT 2.0 等。但是,由于不同算法预测研究结果不一致,从而导致不同数据库中中药成分作用靶点不一样,也是导致现在网络药理学研究结果被诟病的原因之一。针对作用靶点明确的中药,可采用高通量药物筛选技术发现中药中的活性成分,例如,采用基于荧光共振能量转移蛋白酶测定方法等从化湿败毒方中发现了抗 SARS-CoV-2 Mpro 的 2 个抑制剂(刺甘草查尔酮和槲皮素)。针对药理作用明确的中药活性成分,中国学者提出了"中药化学生物学",即通过标记法和非标记法进行蛋白靶点鉴定研究,例如,通过活性成分探针鉴定到了其在疟原虫中的 124 多种蛋白质,并发现激活青蒿素的铁离子来源于血红素结合铁而非游离铁离子。由此可见,中药复方药理学研究从调控分子现象走入作用靶点本质研究,进入了"成分 – 靶点 – 机制"完整证据链研究时代。

3)中药大品种作用机制深入中医证候分子本质及作用原理研究:证候是中医药理论的核心,证候的生物学基础也是中药药理学研究的关键内容。1960 年邝安堃发现过量使用肾上腺皮质激素的小白鼠与中医临床阳虚证的临床特征基本相似,并发现助阳药物附子等能减轻或纠正这种状态。1964 年在研究气虚和阴虚家兔的舌象病理组织变化时,首次使用了中医证候模型名称。为了更好模拟临床,"拟临床"的研究思路被提出,即以临床趋势作为实验性研究的风向标,在动物身上将中医的"证"和西医的"病"结合,既能体现中医证候的表现,又能体现西医疾病的病理表现,复制中西医结合的病证(症)结合动物模型。目前为止,已经建立了"肾虚""血瘀""血虚""气虚""阴虚""阳虚"等符合中医证候动物模型,以及冠心病、脑梗死、血管性痴呆、阿尔茨海默病、糖尿病等"病证(症)"结合动物模型。同时在中医证候分子本质,2007 年,我国学者通过建立了一套计算与实验相结合的网络分析方法,构建出胃炎典型寒热证患者的生物分子网络,并将中医舌诊和高通量测序技术相结合开展舌苔微生物组研究,发现胃炎寒证、热证患者的舌苔菌群存在显著性差异。同时,在大数据和人工智能算法的驱动下,构建了中医症状分子映射数据库(Symmap)和中医证候分子本体及病证方关联定量计算平台(SoFDA)。

(4)制约因素与技术瓶颈

近年来,中药临床前药理学研究思路日趋完善,在技术方法和研究内容也取得了较大进展，但是药临床前药理学研究缺乏满足中医药特点的底盘技术，从而制约中药大品种培育机制研究的卡脖子问题，具体如下。

1）缺乏符合中医药特点的动物模型及药效指标评价体系：中医药动物模型大致可分为3类：疾病动物模型、证候动物模型、病证（症）结合动物模型。疾病动物模型易获得国际社会的广泛认可，但其发病机制与中医病因病机相差较大。证候动物模型和病证（症）结合动物模型与中医病因病机相一致，但是中医临床疗效评价体系难以在动物模型上观测或测量，药效评价指标体系缺乏内在关联和层次结构，无法完整表现出中医的证候特点，模型制备缺乏有效的验证手段等问题。

2）中药药代动力学面临巨大挑战，经典药代动力学难以解释中药有效性：中药化学成分往往存在口服生物利用度低、吸收差，却具有明确的药效活性的药动/药效矛盾。同时，对中药体内过程与病证效应之间关联研究不够，其"PK-PD"定量关联具有复杂性和非线性特点，难以通过经典的"PK-PD"关联模型解释。

3）缺乏中药"化学指纹－体内代谢指纹－网络靶标－病证效应"多维整合模式：在作用途径解析方面偏重于直接作用，对于间接作用关注较少；中医药大数据和人工智能存在数据质量差，结果的可信度低等问题；中药"多成分、多靶点、多通路、病证效应"整合存在跨尺度关联难以验证，与临床关联性差等问题。

（5）发展与展望

中药大品种培育机制研究既需要突破中药药理学的底盘技术，又要凝聚多学科权威专家智慧，形成中药大品种培育机制研究相关专家共识和技术指导原则。在中药药理学的底盘技术方面，重点任务包括建立符合中医药特点的动物模型及药效指标体系、以中药体内过程为桥梁的中药作用途径解析研究、以多组学技术和大数据融合的中药分子机制研究、中药"化学指纹－代谢指纹－网络靶标－病证效应"多维整合关联研究、中药多成分与整体生物学效应之间"药动－药效"定量关系研究等。同时，围绕影响中药大品种培育机制研究关键瓶颈问题，凝聚多学科交叉权威专家，通过深入研讨和反复论证，形成专家共识，例如中药临床前药理学技术指导通则、构建符合中医药特点的动物模型的指导原则、中药复杂体系作用机制研究技术指导原则等。

4. 药物警戒

（1）技术重要性（在整个中药材所处的阶段和重要性作简要介绍）

2019年，《中华人民共和国药品管理法》正式确立药物警戒制度，构建中药药物警戒体系是中医药与时俱进的发展需要。中药药物警戒是现代药物警戒理论与传统中药安全用药思想相结合的产物。开展中药药物警戒的意义在于发现中药风险信号、减少或避免中药不良反应/事件的发生，保护公众的健康安全。

中药药物警戒贯穿于中药全生命周期，从田间地头的品种培育、采收、炮制、贮藏，到研制、生产、流通，再到临床应用与不良反应监测等，各个环节都属于中药药物警戒工作范畴。相比化药而言，中药全生命周期产业链更长、质量控制更难、风险环节更多，中药药物警戒体系的建立更加复杂、特殊。通过建立健全的中药药物警戒体系，确保中药的质量安全，提高中药疗效的稳定性和可靠性，促进中医药事业健康蓬勃发展。

（2）技术名称和释义

1）中药药物警戒：与中药安全用药相关的一切科学与活动。其中"科学"主要包括中药临床安全用药理论、中药不良反应相关的理论和中药毒理学等学术内容；"活动"主要包括中药上市前与上市后的安全性检测与评价，中药安全性基础研究和中药临床安全问题发现、评估、认识与防范，实现合理用药指导及宣传等内容。

2）安全性信息监测：主动、全面、有效地收集药品使用过程中的疑似药品不良反应信息，包括来源于自发报告、上市后相关研究及其他有组织的数据收集项目、学术文献和相关网站等涉及的信息。

3）风险评估：对药品获益-风险开展评估，分析影响因素，描述风险特征，判定风险类型，评估是否需要采取风险控制措施等。

4）风险控制：根据药品风险特征、药品的可替代性、社会经济因素等，采取适宜的风险控制措施。如修订药品说明书、标签，改变药品包装规格，开展医务人员和患者的沟通和教育，限制药品使用环节的，暂停药品生产、销售及召回产品等措施。

5）风险沟通：向医务人员、患者、公众传递药品安全性信息，沟通药品风险。沟通方式包括发送致医务人员的函、患者安全用药提示以及发布公告、召开发布会等。

6）上市后安全性研究：药品上市后开展的以识别、定性或定量描述药品安全风险，研究药品安全性特征，以及评估风险控制措施实施效果为目的的研究。

（3）发展现状分析

2017年，国家药品监督管理局加入ICH，2019年，《中华人民共和国药品管理法》正式确立药物警戒制度，2020年，《药物警戒质量管理规范》颁布实施，都标志着中国药物警戒进入快速发展阶段。中药作为我国独特的卫生资源，临床诊疗体系中重要组成部分，也逐步实践传统安全用药思想与现代药物警戒理念的融合，体现传承守正、创新发展，展开了多角度、多维度研究。国内药物警戒不断与国际进行交流，已搭建起国际型研究人才队伍和研究项目合作平台，提升了我国药物警戒研究水平，逐步与国际药物警戒接轨。

1）中药药物警戒理论研究，引领传统药物警戒发展：有团队在分析国际植物药药物警戒体系基础上，剖析我国传统药物警戒特色，率先界定"中药药物警戒"的内涵与外延，搭建了以毒-效为核心的"识毒-用毒-防毒-解毒"实践框架，全面反映了中药安全用药的学术特征，创建四位一体的中药药物警戒研究平台，并出版了我国第一部《中药药物警戒》专著。

2）中药药物警戒方法研究，追踪国际药物警戒前沿：国际药物警戒发展较早，研究热度集中在多维度开展药品不良反应、信号检测、药品安全性及药物流行病学等。国内学者追踪国际药物警戒研究，拟合中药特色，以中药饮片、中成药、中药提取物为切入，探讨整体或靶器官毒性，从模拟毒性机制、实验室观察，到真实世界、大数据研究，剖析剂量、炮制、配伍、证候等对毒性的影响，为临床安全合理用药提供依据。如采用贝叶斯网络、神经网络、决策树、关联规则等方法系统挖掘，分析影响毒性发生的因素，形成风险警戒信号。又如基于真实世界报道，综合应用 Meta 分析、多准则决策模型、熵聚类等方法，定量地、客观地评价毒性中药临床应用的效益与风险，为临床决策提供依据。还有学者切入肝、肾毒性，从基因、分子层面阐释毒性中药、潜在毒性中药的安全问题；从中药产地、品种、配伍等不同维度探讨效-毒复杂网络关系；建立机器学习模型预测化合物毒性的机制、反应性代谢产物的形成和致毒的生物学靶标等。

3）中药药物警戒实践研究，凸显中药临床应用特色：中药药物警戒实践是防范临床安全问题的最重要手段，将理论研究、方法研究结果转化，反馈指导临床实践。如有学者明确"半蒌贝蔹及攻乌"反药组合在一定病证条件下可由"毒"转"效"，明确附子与半夏、瓜蒌、贝母配伍在慢阻肺阶段为反药组合的适应证，心衰阶段为反药组合的禁忌证等。又如有团队针对围孕期女性参考 FDA 妊娠用药分级警戒原则，合理划分了中药妊娠用药的安全等级，依据备孕、妊娠、临产、产时、产褥、哺乳等不同阶段，充分考虑生理及病理特点，分别形成辨证/症/病论"忌"、因人制"忌"、因时制"忌"、剂量与疗程控制、药食禁忌等警戒措施。临床中药师还通过开展处方点评、报告分析、回顾性分析、调查分析等，强化临床安全监测与警戒研究。

（4）制约因素与技术瓶颈

与国际药物警戒工作制度与成效相比，中药药物警戒体系不仅整体水平、完善程度相对薄弱；中药药物警戒研究技术与水平还有待提高；中药药物警戒人才数量与水平相对欠缺。客观来讲，中药药物警戒理论研究及本土化实践过程中，受到中药品种的多样化、临床应用的复杂性、传统理论现代化阐释困难等因素制约，中药特色效-毒评价与风险预警相关技术尚未与国际接轨，无法标准化评价技术并转化服务临床。

1）中药品种多样，具多成分、多靶点特点：有些药物效、毒成分、机制尚不明确，加之中药形式多样，既有中药饮片，包括传统饮片、新型配方颗粒、破壁饮片、粉末饮片，也有中成药，涉及单方、复方、提取物、含化药成分中成药、注射剂型、外用剂型等，用药风险与风险警戒也随之产生很大差异，增加了中药安全性研究的难度。

2）中药临床应用复杂，受多维因素影响：中药临床应用受辨证、剂量、疗程、炮制、配伍、联合用药等更加复杂用药环境影响，稍有不当就会诱发安全隐患。中药临床应用的复杂性是中医药治疗的特点、优势，同时也给风险防控带来点多面广的困难，这也是化药药物警戒开展过程中所没有的。综合考量、拟合中药临床应用的复杂影响因素是中药药物警戒研究中首先需要突破的技术难点。

3）传统中药安全用药思想的现代化阐释：中药传统理论蕴含着大量安全用药思想，是几千年临床实践经验的总结，指导提升治疗获益的同时保障用药安全。在中医药现代化过程中，如何用科学、客观、易懂的语言阐释中医药传统理论，促进传统理论与现代警戒思想的融合，也是亟待解决的瓶颈问题。

（5）发展与展望

1）重点发展方向：为保证中药药物警戒快速高质量发展，引领国际传统药物警戒趋势，构建"政-产-学-研-用"为主体的生态圈，汲取从药物研发、生产、经营、上市后再评价等全生命周期风险信息，协同开展中药药物警戒的监管策略、分析评估、数据管理、信息共享、预警决策研究等，促进中医药传承创新发展，对接国际药物安全前沿。

2）具体发展任务：遵循中医药发展规律，突破中药特色风险评价与管理瓶颈，开展中药特色效-毒评价的理论与方法研究。建立适宜中药的临床用药效-毒评价模式，创新阐释传统中药效-毒理论内涵。而且在大数据与人工智能背景下，融入数字技术，多手段开展真实世界中成药重点品种有效性、安全性观察与再评价，基于此开展上市药物风险预警，修订中成药说明书，加强临床药学服务，开展用药教育科普等，推动临床合理用药与健康中国战略实施。

（三）中药走向国际

1. 技术重要性

不同国家和地区的法规策略比对研究是中药走向国际的基础中药国际标准研究与制定将有助于提高中药标准的国际话语权和国际认可度，促进中药在国际市场上的竞争力国际多中心临床试验（MRCT）能够更好地评估中药的疗效和安全性，为中药国际注册提供更多的科学证据国际知识产权保护研究对中药的创新和发展至关重要，这有助于保护中药的独特性和创新性，同时也为中药的国际市场竞争提供支持。

2. 技术名称和释义

中药走向国际研究是一个技术集群，包括不同国家法规策略比对研究技术、中药国际标准研究技术、国际多中心临床试验（MRCT）研究技术、国际知识产权保护研究技术等。

法规策略比对研究技术：不同国家和区域对于中药的注册路径和市场监管有不同的要求，法规指南的要求与技术深度不同，法规策略比对研究需要熟悉不同国家法规路径与监管要求，结合产品特点与上市需求，从质量一致性、安全性、有效性系统梳理法规要求，制定研究策略。

中药国际标准研究技术：是指对传统中药材和中药制剂的质量、安全性、有效性等方面进行深入研究和探讨，以制定或调整与国际标准接轨的规范、测试方法、评估标准等，从而促进中药在国际范围内的认可和应用。

国际多中心临床（MRCT）试验研究技术：需要采用相同的临床方案、在不同国家或区域开展相应的临床研究，涉及不同药政法规、不同审批时限、不同用药习惯、不同既有治疗、不同语言文化、不同风险、不同策略等研究。

国际知识产权保护研究技术：不同国家涉及产品知识产权保护的法律法规不同，需要通过专利、商标或市场独占注册的法律法规研究，给中药在国际市场以最充分的保护。

3. 发展现状分析

中药结合市场需求，在不同国家和地区，分别以处方药、非处方药、功能食品、食品补充剂等多种方式获得上市许可。中药国际化的探索和成绩的取得，离不开法规策略研究、国际化标准研究、多中心临床试验（MRCT）研究及知识产权保护研究的中药国际化技术研究体系。

国际注册体系中通过不同国家法规比对研究技术能够保证中药以合适的身份和路径在不同国家顺利注册和上市。通过美国FDA关于药品注册法规和沟通流程的研究，熟悉FDA关于植物药安全性、有效性及质量一致性的要求，中药企业完成一系列植物药IND&NDA的研究与申报；通过欧盟传统药药政法规的研读，了解欧盟关于植物药分类及传统药关于传统应用证据的要求、适应症的选择、工艺质量的评价、GMP符合性的检查的要求，中药企业获得多个产品在欧盟的上市许可；通过一带一路不同国家和地区法规的研究与实践，中药企业完成不同产品、不同国家、不同申报路径的申报。企业在中药国际化实践中积累了丰富的经验，形成了针对不同产品、不同市场、不同法规、不同策略的技术体系，并在国内新药研发政策制定及指南起草中起到积极作用。

中药国际标准研究正迅速发展，成为国际关注的焦点。中国在中药国际标准的制定与认可方面取得了显著进展，积极与国际标准化组织ISO以及欧洲药典委员会等机构合作，不断推动中药标准国际化，提高了中药在全球范围内的认可度。尽管中药国际标准研究仍面临一些挑战，如产品质量的一致性和国际市场对中药多样性的需求，但积极的发展趋势表明，中药在国际医疗和健康领域的地位不断提升。这为中药的国际化进程带来更多机遇，以更好地为全球患者和保健市场提供服务。

参照ICH E17，将MRCT定义为根据单一方案在多个地区进行的临床试验，相同的临床方案在不同地区开展临床试验研究。天士力等企业在开展国际多中心临床（MRCT）研究中积累了丰富的经验，从医学、伦理、药政、试验执行、数据管理、统计分析、质量管理、行政管理等多模块开展全程全方位的复杂项目管理，建立监察机制、保证研究质量，形成一套适合于多中心临床研究（MRCT）技术体系。

国际化中药产品大多在国内有着多年的良好应用，很少具备产品专利并在保护期内；在国际市场中需要建立完善知识产权保护体系，如专利合作条约（PCT）专利申报、商标申请、药政法规的保护等。我国中药企业在国际化进程中首先结合药品市场独占法规申请保护，同时结合产品实际研究结果，探索其新颖性和创造性进行不同国家和区域的专利申报，建立不同国家和地区药政政策、专利申请、商标等知识产权保护技术体系，寻求产品的最大保护力度。

4. 制约因素及技术瓶颈

近20年来，我国中药企业不断研究探索药品海外注册，开展国际MRCT，拓展国际市场，但过程较为困难，其制约因素与技术瓶颈主要有以下几个方面：

1）不同国家法规和政策的多样性：不同国家和地区的中药法规和政策存在差异，这可能导致跨国中药企业在合规性方面面临复杂性和不确定性。制约因素包括法规比对的困难，需要跨足多个市场的不同法规和政策。

2）中药国际标准的制定和认可：制定和认可中药国际标准需要时间和资源。国际标准制定涉及多个利益相关者，不同国家和组织之间的标准差异可能导致制定国际标准的困难。同时，确保国际标准得到广泛认可也是一项挑战。

3）临床试验的复杂性：进行国际多中心临床试验需要跨足多个国家和地区，面临不同文化、法规和伦理标准的挑战。西方医学框架体系中缺乏传统中医药理论支持，复方中药成分复杂，缺乏明确的量效关系，这增加了试验的复杂性和成本，也需要更多的协调和合规性工作。

4）知识产权保护的复杂性：中药的知识产权保护存在复杂性，特别是涉及传统知识和资源的使用。在不同国家之间的知识产权法律差异可能导致知识产权保护的困难。此外，中药的创新和知识产权申请可能受到竞争和挑战。

5）文化和语言障碍：中药国际化需要跨足不同文化和语言，这可能导致沟通和理解的难题。确保中药的传统概念和用法在国际市场上得到正确解释和接受是一项挑战。

5. 发展与展望

中医药不仅蕴含着深厚的医学智慧，更在维护人类健康和处理慢性疾病方面具备显著优势。特别值得注意的是，新冠疫情暴发期间，中医药的应用备受全球关注与认可，这不仅强化了中医药在国内的地位，更使中医药国际化的意义更加显著。

面对国际局势的复杂性和全球健康挑战，习总书记提出的"推进人类健康共同体"战略构想，将中医药国际化置于国家重要战略地位。中医药不仅可以为人类健康提供独特的治疗方法，还有望推动全球医疗卫生领域的创新与合作。在这一战略背景下，全球法规策略研究、标准国际化、国际多中心临床试验以及国际知识产权保护的中药国际化技术研究体系成为迫切需求。如何完善建设中药走向国际相关技术，实现国家中医药"走出去"的战略需求，将在未来成为维护全球健康共同体的不可或缺的一环，有如下发展与展望。

1）中药走向国际是国家战略，建议从国家顶层设计，从国家与国家对话、政府与政府对话、药监与药监对话、加强中外药监部门国际交流等，推动中药走向国际的进程。

2）充分考虑复方中药应用的优势病种，筛选一批有效/活性/主要成分相对明确，作用机制相对清晰，量－时－效关系相对确定的优势复方中药品种，建议从国家相关部委集中优势力量集中攻关，完成具有区域影响力国家的注册申报，尤其是美国FDA复方中药作为创新中药的0-1的突破，提升复方中药国际影响力。

3）强化优势中药品种基础研究、顶层设计，鼓励问题为导向的集中攻关，进一步阐明药物作用机制，明晰现代科学内涵，规范研产体系，使复方中药更符合现代西药审评框架要求。

4）鼓励优势复方中药品种在欧美主流医药市场开展MRCT研究，展示复方中药有效性和安全性优势，扩大国际影响力，积累高质量循证医学证据，最终引导监管机构形成更适合复方中药的审评框架，完成壁垒突破。

四、中药关键技术装备产业技术路线图发展分析与目标

中药生产过程是将不同来源的药材通过一系列炮制加工、提取纯化、制剂成型等步骤，制造出品质精良、质量一致性高、可追溯性强的中药产品，其关键在于运用现代科技实现中药制药过程中复杂物料检测、过程状态监控、质量风险预测、制药过程调优控制、精益生产管理等步骤，建立符合中医药特点的中药生产制造系统。本部分所论述的中药关键技术主要指饮片、中成药、配方颗粒等中药产品在生产制造、质量控制、组方调剂、质量评价及全产业链追溯等过程中涉及的关键技术、发展现状、技术瓶颈、未来趋势等。

（一）中药生产装备研发

1. 技术释义

1）中药制药装备的集成化技术：是将中药制药过程的多个单元工序有效集成，以连续化生产设备和物料自动化管道化输送克服工序衔接带来的污染，减少人员繁杂操作的不便，也更符合新版GMP对制药过程的要求。

2）中药制药装备模块化技术：是指为了实现对系统的整体控制并让装备满足客户的某种特定功能，通过模块组合，将具有特定功能的管路、设备和传送等小型装置连接起来，通过计算机系统实现各模块运行状态的实时监控与可视化展示，通过人性化的人机界面以便操作和维护。

3）中药制药装备自动化及智能化技术：指在制造工业的各个环节，以一种高度柔性与高度集成的方式，通过计算机来模拟人类专家感知、推理、决策等智能活动，

将制造技术与数字技术、智能技术、网络技术集成应用于设计、生产、管理和服务的全生命周期,实现药品生产过程自动化与智能化。

2. 发展现状

(1) 中药制药行业规模大、管理相对粗放、技术水平有待提高

我国制药企业总数约5000家,其中中药相关制药企业约占制药企业总数的三分之一以上。中药生产装备企业全国约1000家,生产的设备有3000多个品种,包括粉碎、提取、浓缩、干燥、成型、灭菌及包装等各个方面。从规模上看,我国中药行业生产企业数、产品品种规格、生产装备产量均已位居世界前列,已成为名副其实的中药制药大国。但是基于传统社会经济发展壮大的中药制药行业,当前依然沿用着靠廉价劳动力和牺牲生产资源拼生产力的发展模式,传统的中药生产制造模式普遍存在"三低、三高、不适宜"的瓶颈问题,即工艺水平低、生产效率低、药材利用率低,制药过程能耗高、污染高、成本高,工艺与装备不适宜、中药产品科技含量不足,除少数龙头企业外,尚未完成从自动化向数字化、智能化转型。因此,总体上看中药制药行业高质量发展在两化融合、精益管理、低碳减排等方面尚需极大提升。

(2) 中药制药装备国产化程度高但存在能耗高、效率低等问题

由于中药产品的特殊性,中药制药装备大多由国内制药设备厂生产安装,仅在包装、检验等环节有较多进口制药装备。追求制药装备的高效、低耗能是制药装备企业的研发目标与使命,目前我国中药制药装备普遍存在效率低、能耗高的问题。生产效率不能满足市场需求,能源利用率较低。如中药材提取目前仍然大部分沿用传统工艺和设备,如传统提取方法时间长、效率低,多种热敏成分因高温和长时间加热而被破坏,且能耗高、环境污染严重。中药提取液的浓缩大多采用已有几十年历史的普通浓缩器,其特点是有较大的负载量,可浓缩大量药液,同时结构简单,便于拆卸维修和清洗。但是,该设备采用蒸气夹层加热的方式,存在加热时间长、温度高、均匀性差等缺点,对热敏性和易挥发性成分的稳定性相当不利。同时,该类设备能耗大、生产效率低、成本高也是药品生产企业实现可持续发展的重要瓶颈。对于固体物料的干燥,目前国内大规模使用的设备包括常压烘箱、减压干燥、流化干燥、气流干燥等,其中前两种干燥设备能耗大,热效率较低,而且干燥时间过长,后两种干燥设备的适用范围有限,在制药过程中的实际应用受到制约。

(3) 制药装备研究与药品实际生产工艺脱节

我国中药制药装备在研究过程中经常出现与药品实际生产工艺脱节的现象,药

机研究企业不能完全了解制药企业的切实需求和药品的生产工艺，只是按机械工程原理和设备要求设计和生产设备，最终导致制药装备的适应性、联机性和灵活性受到限制，影响装备的使用效率。如中成药生产过程中的提取工艺要考虑到所提取的药材是根茎类、叶类、花草类等，从而设计合理的提取装置，否则，如果只按传统的方式进行设计，势必会导致装备适宜性差的问题。如花类药材加水提取，药材会浮在水面上，不能充分浸润，也影响提取效率。

（4）中药制药装备智能化水平较低

中药制药过程中，由于工艺复杂，许多环节需要有经验的人类感官参与评价，导致中药制药装备智能化发展缓慢，建立中药生产过程中的信息采集和反馈机制难度增大。例如，中药提取过程中，由于中药物料的复杂性，难以实现中药众多成分的实时浓度监测，难以确定提取终点，通过延长提取时间，可能导致一定程度的能源浪费和产品质量不稳定。提高中药制药装备自动化程度，不仅能有效地控制药品质量，还能降低生产成本、提高生产效率。

3. 制约因素与技术瓶颈

（1）现代新技术应用于制药装备存在适宜性问题

近年来，新设备研究取得了可喜的进展，新的中药生产装备也相继出现，如超临界流体提取、超声提取、微波提取、超高压技术、冷冻浓缩、膜浓缩、吸附分离浓缩、红外干燥、冷冻干燥、辐射灭菌等现代先进技术和设备等。但这些技术和装备有的起点高、设备复杂、价格相对较高，有些在使用上有局限性。由于中药制药属于强监管行业，新型制药设备的使用不仅需要考虑规模化生产的适宜性，也需要考虑合规性和注册备案的周期与难度。中药现代化的生产还是以通用型设备为主，但是通过对设备完善与改造，配合一些先进的工艺、理念来推动中药制药技术与装备的转型升级。

（2）中药生产装备标准化程度低、技术力量薄弱

目前，中药生产工艺和工程化技术落后，生产效率和综合利用能力相对低下，缺乏标准化的专用中药生产工业装备。如中药炮制相关的机械工艺与实际炮制生产标准仍有一定的差距，不利于中药饮片生产过程的规范化和标准化，这也成为限制饮片工业发展的重要因素之一。炮制过程如水洗、浸润、切制、炒制、粉碎、干燥、水飞及制霜等，目前尚无统一的设备要求和技术规范。而中药炮制装备的标准化是饮片生产过程标准化的重要基础，也是饮片生产企业降低生产成本、保证产品质量的关键所在。

4. 发展与展望

（1）生产方式转向集约型

一个完整的中药生产装备由多个企业提供零部件进行组装和生产，每一家企业能够根据各自的技术优势集中资源生产一个零部件，保证了零部件的品质；不同的企业在同一条产业链上的不同环节各司其职，在产业集群效应的带动下，市场需求将持续扩大，运输成本大幅降低。

（2）始终致力于独立开发、自主创新建设

改革开放以来，中药生产装备行业积极响应"科技创新"的政策号召，在生产经营模式上不断进行反思和革新。"独立和创新"是中药制药装备行业在时代要求下的必由之路，也是积极响应政府经济发展策略的必然选择。现今国内的政治环境和经济、文化发展模式都在发生着翻天覆地的变化，要发展就必须抓住机遇，大胆革新，向国际市场迈进，积极参与国际竞争。

（3）转向绿色制造

绿色制造是指制造过程低碳、节能、高效、环境友好，生产过程产生的经济效益和社会生态价值和谐发展。绿色制造能确保有限的资源被充分利用，有利于构建资源节约型、环境友好型生产制造模式，这对于中药生产装备行业有着重要的借鉴意义。

（4）转向智能制造

智能制造能助推传统中药制造水平升级，未来的中药制造过程将实现智慧生产模式，集成信息化与智能化等关键技术和装备，结合先进的制造模式、制造系统和组织管理方式，促进未来制药过程的网络化、智能化、精密化、快速化和柔性化。

（二）质量在线检测

1. 技术释义

1）模拟视觉过程分析技术：包括高光谱成像、X射线、近红外光谱、紫外光谱、拉曼光谱等光谱技术及机器视觉技术等新兴技术获取检测数据，通过统计分析得到表征过程状态或药物属性的过程特征参数，同时结合数据驱动算法对关键成分指标进行定性、定量建模，以实现对过程质量变化的实时感知与监控。

2）模拟听觉过程分析技术：是一种动态的声波检测方法，通过检测工业过程中各种材料或构件以弹性波形式释放出的应变能来获取系统的运行情况，其中以声发射技术为代表。

3）模拟嗅觉和味觉过程分析技术：是新发展的仿生分析系统，可提供多种混合物或样本分类的快速检测,这些技术通常是列阵传感器结合模式识别系统来描述复杂样品,是人工再现嗅觉和味觉的分析手段,其中以电子鼻和电子舌技术为代表。

4)模拟触觉过程分析技术:指利用物理化学传感器将所需测量的指标信号转换为电学信号,对产品进行在线检测,广泛地应用在各种工业实践中,其中以热分析和压力传感技术为代表。

2. 发展现状

(1)在线检测技术及设备应用不成熟

中药生产的关键是如何将化学组成难以稳定均一的原料生成得到质量一致性高的中成药及配方颗粒产品,如果仅仅对原料和制剂进行质量分析,无法解决生产过程的质量波动难题。因此,中药质量在线检测技术对于保障,总体上看,在线检测技术在中药行业的应用较西方发达国家制药业存在一定差距,主要表现在在线检测的应用不成熟,应用领域小。现以近红外光谱检测技术为例。

近年来,近红外在线检测技术在中药领域的研究逐步得到关注,中国农业大学、浙江大学、第二军医大学和中国药科大学等单位从20世纪90年代以来相继开展了相关研究工作,但大都集中在中药材的鉴定、分类以及简单的固体制剂成分分析,采用的是漫反射或透射检测器,在线检测分析较少。值得注意的一个问题是,西方发达国家已有的近红外光谱分析技术虽然已经成熟,并已应用于化学药的生产过程,但实践证明由于中药生产过程的特殊性和复杂性,尚不能适合于中药复杂体系尤其是化学成分与近红外光谱的关联模型上,中药和化学药的在线检测模型存在较大差距。因此,需要针对中药复杂体系的提取分离过程和结合中药品种的特点,对多组份的光谱信息提取、近红外光谱与组份含量关联模型的建立、定性定量算法以及模型校验等方面加大力度进行研究和开发,以形成具有自主知识产权的在线技术及其装备。

(2)生产装备发展滞后

中成药制药设备缺少智能化设备且制药设备标准化程度低,已成为在线检测仪器安装的极大阻碍。由于中成药生产过程复杂,众多操作单元和制备环节需要专业人员评估,这是造成中药制药设备发展缓慢的原因之一,目前大量设备的信息收集和反馈机制也不完善。中成药制药设备标准化是确保药物质量的基础保障,也是加强中成药制药生产技术的重要环节。当前许多企业的中成药制药设备质量良莠不齐,存在很大的性能差异,如果控制不当,可能造成两批药品的质量差异。因此,提升现代制药企业药物制备质量,发展智能化中成药制药设备,是中医药走向国际的必由之路。

3. 制约因素与技术瓶颈

（1）数据建模

数据建模是中药在线检测技术的核心环节，根据所调样品的在线检测关键工艺参数和指标要求，建立相应的数据模型，可提供实时的生产质量数据。根据《中华人民共和国药典》收载的分析方法开展样品的离线分析，运用在线检测技术进行数据采集，依据标准分析数据及在线检调技术测得的数据进行优化、检验，进而建立模型。常用的前处理和建模方法有主成分分析、最小偏二乘法、移动何口标准差等，将建立的数据模型应用于生产可测定未知样品光谱，调用数据模型，结合相关数据，即可预测结果。由于中药成分复杂，因而数据建模成为在线检测技术投入使用前的关键一步，对应不同的中药品种建立不同的数据模型，成为在线检测技术应用的最大难点。

（2）中药质量控制

中药质量标志物具有可测性和稳定性的特征。因此，在线检测技术和质量控制应面向生产实际，基于化学物质基础有效性分析，结合过程分析技术，建立理化数据模型和质量评价指标，从而实现高效在线检测和质量量化。中药成分复杂，其质量控制需基于对多重药效的客观认识，才能建立多维、多元的质量控制体系，达到全面评价和中药整体质量控制的目的

4. 发展与展望

近年来，国家有关部门出台了一系列的政策，以鼓励和支持中药制药产业技术升级。2015年5月，国务院提出了全面推行绿色制造的战略任务，加大先进节能环保技术、工艺和装备的研发力度，加快制造业绿色改造升级。2016年2月，国务院印发了《中医药发展战略规划纲要（2016—2030年）》，明确指出要推进中药工业数字化、网络化、智能化建设，加强技术集成和工艺创新，提升中药装备制造水平。2019年10月，中共中央、国务院印发了《中共中央、国务院关于促进中医药传承创新发展的意见》，进一步提出大力推动中药质量提升和产业高质量发展，加强中成药质量控制，促进现代信息技术在中药生产中的应用，提高智能制造水平。为使在线检测技术更好应用于中药生产中，提出一些建议：①合理选取建模方法；②建立通用模型和新的模式识别方法；③建立中药在线检测数据库；④在线检测仪器及技术标准化。

（三）中药智能调剂

1. 技术释义

中药智能调剂技术是指利用智能硬件及机器视觉、自动化、人工智能等多种中药

饮片调剂技术代替传统的人工调剂，建立一条全自动的中药饮片调剂生产线，以实现中药饮片智能识别、自动称量、自动打包、智能复核等操作，提高效率，减少人工。针对散装饮片，可采用自动称量技术。对于小包装饮片，可采用自动抓取设备进行调剂。同时可以通过计算机进行复核，并将需要特殊煎煮的饮片单独处理。

2. 发展现状

从手抄处方到电子处方，从砂锅煎煮到煎药机煎药，从玻璃瓶灌装到印字卷包装，从人工抓药到智能调剂，中医药一步步从传统中走来，向现代化走去。而其中，智能调剂是近年来的变革风向标之一，也是中医药现代化转型中的"最后一公里"。

中药饮片种类近2000种，常用类也有500多种，调剂过程中，不仅要分清饮片种类，更要注意剂量和饮片的搭配。中药用法用量也是因病而异、因人而异、因时而异、因地而异，这就为从事中医药的人才设定了更高的专业门槛。同时，中药调剂工作重复性强，相对较为枯燥，且受人为因素影响较大，多抓、少抓、错抓现象难以避免，质量效率难以保障。调剂室内环境也不容乐观，各异的气味、飘散的细微粉尘都是亟待解决的问题，综上种种，多年来，中医药现代化的步伐难以跨越传统的人工调剂。

我国药房智能化设备最初以引进国外产品为主，设备供应商包括德国Rowa、德国Willach、荷兰Robopharma、美国DIH、瑞士SWISSLOG等，直到近十几年才涌现了一批拥有自动化药房解决方案的国内企业，主要有苏州艾隆、北京华康、苏州永生、北京三维、深圳瑞驰等，但自动化设备如整盒发药机、自动摆药机、特殊药品管理机、针剂自动摆药机等主要应用于西药。2008年，和利时公司（HollySys）针对散装中药配方颗粒研制出第一台中药配方颗粒调剂设备（MD6100），实现了机器称重、计量、分装，但是该设备结构设计每次只能对一个药瓶进行发药，当调配含多种药味的处方时，效率低下。早期研制的散装配方颗粒自动发药机需进行人工药袋承载盘套袋后放入调配机操作，调剂完成后需人工取出药袋承载盘、取下药袋、包装封口，每调剂一张处方后需清洗调剂转盘，用毛刷将调剂口处遗留的药粉清理干净，整个调剂过程耗时长。随着自动发药机的更新换代，上述弊端也在逐渐改善。从2008年第一台中药配方颗粒智能发药设备发展至今，现代散装配方颗粒发药机较早期设备在设计上设置了单个至多个下药装置，如和利时公司研制的MD6140A、MD6110、MD6120A、MD6120中药配方颗粒调剂设备分别具有单个、两个、四个、六个调剂部，可满足不同的调剂需求；在功能上实现了颗粒从称重、计量、分装、封装、喷码的全自动，且计量精度高，RFID射频识别技术使药品识别快速准确，如苏州信亨自动化科技有限公司研制的XHKLP-250、XHKLP-350、XHKLP-550瓶装配方颗粒调剂设备具有自动连续放入空盒或采用膜包装自动上膜的功能避免了人工挂袋、封装等操作。现代小袋装配方颗粒较早期设备能够按照包装个数最少的配药方案调剂，实现切割、包装、喷码的自动化，如苏州信亨的袋装配方颗粒全自动中药房。总之，配方颗粒自动发药机的研制使调剂过程智能化：调配前，能实时统计发药机中颗粒的库存量，对发药机中缺少的中药进行提示，指导药师上药，并在上药时，增加信息码扫描核对环节，较原先人工核对准确率高；调配时，自动发药机系统识别处方药味及数量，实现全自动调配或半自动调配，提高了调配速度与正确率；调配后，可进行药品用量查询，方便管理者根据用量进行库存调整。

3. 制约因素与技术瓶颈

中药饮片调剂是一个传统行业，有着深厚的内涵和底蕴，也是中药从业人员基本功之一，中药饮片自动化调剂的诞生，从一个侧面说明了中药房的劳动强度一直很大。自动化设备能够使调剂工作效率更高，同时也更加精准和可控。在日益加快的医院现代化建设过程中，医院药品流通和调剂也逐步走入信息化、精准化、智能化的发展道路，给医院的药事管理带来了巨大变化。推动药师服务转型，把药师从繁重的药品供应工作中解放出来，是医改的重要内容之一。建立高效的调剂模式，是中药饮片药房自动化的首要目标。目前在全国范围的中药饮片药房自动化模式中，无论是散抓饮片、小包装饮片还是配方颗粒，也包括饮片自动调剂与智能煎药相结合的模式在内，都尚无统一形式的设备、质量控制、标准操作流程和检测标准等，产业化升级既需要新的技术装备，也需要相关制度和标准的创新。

4. 发展与展望

未来或将建立可供业内统一执行的、体现新技术设备调剂要求和程序性操作的实施规范。近年来，相关学科对中药调剂和煎药自动化的研究越来越多，中药饮片调剂工作已经不仅仅局限于药学管理的范畴。相信未来不久，一定会出现更完善的中药饮片自动化调剂系统，使中药房的工作效率更上一个台阶，更好地满足患者的用药需求。

（四）中药质量数字化

1. 技术释义

质量数字化技术，是指在数字化设计基础上，将过程传感与检测、实时数据库、数据挖掘、数学建模等技术与药品制造相结合，对人、机、料、法、环各制造要素进行测量与表征，建立它们对质量影响的数学模型，解析并明确制造过程物质流、能源流、信息流的传递规律，从而能够将制造执行层、车间管理层、企业决策层之间实现基于模型的互联互通，通过模型的持续优化来实现控制、决策与优化的一体化。质量数字化蕴含数字化的设计、表征、控制和评价，主要包括工艺质量设计、制造过程控制、产品批次评价等三方面的数字化技术。

2. 发展现状

随着现代信息技术在中药行业领域中深入应用并不断发展壮大，信息化与制药业发展需求相结合已成为必然趋势。目前，我国中药制药行业经历了从机械化到自动化再到数字化，中药制药的技术和设备都得到了很大提升，但同时人们对中药产品需求和质量要求也越来越高，提高中药制剂产品质量依然是有待实现的一个重要发展目标。当前各种现代分析技术和数据集成技术为中药制剂的生产提供了便捷的手段，但中药制剂生产过程中产生和累积的大量过程数据大都分散于生产的各个环节，不能互相流通，数据利用度较低，形成了严重的"信息孤岛"现象，在一定程度上，限制了中药质量控制。因此，通过借助人工智能、网络技术、大数据等信息技术连接各环节，充分利用生产数据，是保证中药制剂的质量，提高用药安全性，推进中药工业迈向智能制造时代的关键。

（1）工艺质量设计数字化

"质量源于设计"（Quality by Design，QbD），实际上是指药品研发设计中对药品质量的设计赋予，其理念就是重视设计的科学性，发挥研究的主动性，研究建立全面、系统的质量研究与风险控制网络，使药品质量得到较好地控制，以实现预定的目标。随着QbD成为世界范围内药物开发与管控的主流思想，一套系统的研究方法逐渐应用于药物的工艺质量设计。我国制药行业的制剂研发生产制备理念也正在由"质量源于检测"向"质量源于设计"迈进。

（2）生产过程数字化

目前，我国中药制药技术和设备已经能实现自动化，但由于生产过程中产生并收集到的数据分散在各环节，信息交流不足，生产出来的中药制剂产品难以满足市场需求，所以探索这些数据所蕴含的信息以及促进这些数据和生产过程中的设备及技术的结合，是实现中药药剂数字化的必经之路。目前的迫切任务是提升中药制药设备的智能性，进一步提升制剂水平，保证中药产品的质量。对中药制药生产设备和技术进行改革，以数字信息互联网技术为纽带，借助人工智能、大数据等信息化手段连接整个生产过程,形成信息化、智能化的闭环生产链。

(3)质量控制与评价数字化

现代中药的质量评价方法主要是建立在中药质量标准的基础上,通过化学成分分析、指纹图谱分析、近红外在线分析等多种在线检测分析技术对中药的各项指标参数进行测定,包括工艺参数、状态参数、质控参数、物料属性参数及环境参数等不同类别参数,进一步对中药的品质进行评定,这对于提高中药产品质量来说具有十分重要的意义。但目前我国中药质量标准还存在一些不足:部分中药的质量标准有待更新;缺乏整体质量评价方法;质量标准分类多,同品种执行不同标准;各地方标准不统一等等。随着现代技术的发展,借助互联网信息技术对数据中的隐性知识进行分析,探索物质基础与质量之间的关系,掌握中药质量形成规律,保证中药产品质量的稳定、均一。

(4)应用环节的数字化

在中药制剂产品销售、服务应用环节提供相应的数据信息,与消费者建立信息互通链,阐明产品的高质量、临床价值与安全性。借助现代信息技术,基于物联网农业传感器,可全程监控并记录中药材生产过程,并对中药的品名信息、种植信息、检测信息、出入库信息和销售配送信息等进行编号,录入中草药产品质量追溯系统,实现中草药供应链流通追溯。为中药制剂产品领取它们自己的"身份证",使用者通过扫描产品包装上的"溯源码",即可知道该产品生产全过程数据、质量以及治疗特性等,使得中药制剂具有绝对唯一、不可篡改的特性,基于通过中药制剂"一物一码"技术手段,实现从药材从生产种植管理、采收、制剂、质量安全检测、装箱、销售到临床应用环节的全过程追溯,实现了从种植到销售的中草药的高监管模式,打通了中药材流通渠道,突破了信息流通壁垒,改善了流通效率,实现了中药制剂的"来源可知、过程可查、质量可保、责任可究"。

3.制约因素与技术瓶颈

(1)中药制剂设计理论研究薄弱

中医辨证施治用的是中药材内整体物质的作用,而不是某单个化学成分,所以要使制得的中药制剂充分保留并发挥原料的药效,需在宏观上整体把握中医药的理论,揭示病-证-方-效相互关系,才能真正意义上推进中药药剂学的研究。

(2)中药制剂新技术、设备需不断发展

技术是发展的不竭动力。中药成分复杂,性质不一,作用环节较多,需要根据中药本身的特性等选择最合理的制药技术,推动中药在临床治疗中的应用,中药制药设备是中医药产业发展的重要环节之一，影响着中药行业的发展，虽然现在我国中药制药装备产业相比于以前得到了较大提升，实现了较快的发展，但是仍然存在一些不足：制药效率低、成本高、智能化水平不高等，应继续加强现代中药制剂新工艺、新技术、设备的研究。

（3）中药质量检测评价标准体系不够完善

中药质量监控体系极其重要，未来要建立全过程质量信息溯源体系，实现全过程监控和管理，加强中药质量形成、质量传递、质量控制等技术研究。在中药材种植方面，结合多传感器，实现在线监测和控制药材的生长环境；在中药生产过程中，收集各个重点生产环节（包括提取、纯化、浓缩、成型等）的多位点数据，通过融合数据分析找到最佳工艺参数，精准控制生产过程；在中药制剂产品检测环节，结合数据融合对制剂进行化学指标定性定量检测和生物指标评价，为我国中药的标准化生产与管理提供依据，从而逐步提高中药质量一致性，确保疗效和安全性。

4.发展与展望

信息技术水平的不断提高与应用，促进了中医药制剂领域新技术和新方法的产生和应用，也为中药现代化研究提供了一种新的研究路径。推进实现中药质量数字化，第一，要加大原始创新力度，提高中成药生产工艺与设备的自主研究水平。第二，产业升级应结合自身实际生产情况、设备基础等方面因素，协调融合产业现状与信息技术，加快推进新工艺与新设备在中药生产企业中的应用，逐步推动中药制药迈向数字化，促进数字中药药剂学走向成熟，更好地服务人类健康事业。

（五）中药追溯体系

1.技术释义

中药质量追溯技术：应用物联网技术、条形码技术、同位素示踪技术、射频识别技术以及其他现代信息技术手段，根据可追溯模式的要求，收集和存储与中药材相关的种植、加工、销售等多个环节的信息，让消费者可以通过扫描产品二维码就能查询该产品种植、产地加工、储存、运输条件等信息，实现从下到上追踪源头、发现问题、控制问题，起到增加中药材产品信息的透明度和提高中药材市场监管力度的作用，进而保障中药材在流通生产各个环节来源可追、去向可查。

2.发展现状

（1）中药材追溯体系发展现状

中药材是中医药的源头，中药材的来源是否"道地"，直接关系到中药的品质，可以说没有中药材标准化，就没有中药饮片和中成药标准化。自1998年始，我国着手建立《中药材生产质量管理规范》（GAP），并于2002年正式开始实施，期间约有194个中药材种植基地获得GAP认证。然而，由于GAP认证过程中存在"重认证、轻监管"等诸多问题，2016年国家取消GAP认证。与此同时，中药材追溯体系建设也在逐步探索。2010年11月第三届中医药现代化国际科技大会上首次提出"中药材质量追溯体系"的概念，为中药材质量追溯技术运用于长期处于粗放式经营、与行业发展速度脱节的中药材产业链上奠定基础。2012年10月22日，国家多个部委联合发布了《关于开展中药材流通追溯体系建设试点的通知》，将中药材质量可追溯体系的建设提升到了国家战略高度，并推出了一系列建立体系的技术与管理指南，为形成中药材质量可追溯、倒逼企业注重质量控制提供制度保障。在此过程中，国家分三批以"先行试点后推广"的模式支持18个省、市建设中药材流通追溯体系，初步建成了以中央、地方追溯管理平台为核心，以中药材种植养殖、中药材经营、中药材专业市场、中药饮片生产、中药饮片经营和中药饮片使用六大环节追溯子系统为支撑的流通追溯体系。中药材质量追溯体系的建立，让"道地药材"和"好药材"一目了然，对树立企业品牌，推动企业发展具有重要意义；同时，中药材质量把控对下游中药饮片以及中成药企业的原材料选择具有指导意义，对中医药全行业高质量发展具有重要意义。

（2）中药饮片追溯体系发展现状

中药饮片是连接中药材与下游中药产业如中成药制造业、医院、药店甚至食品行业的桥梁，因此，完善中药饮片质量追溯体系至关重要。中药饮片质量追溯体系利用现代化信息技术，以风险管理为基础保障中药饮片用药安全，应用于中药饮片的生产使用等全链条环节。2018年6月国家药品监督管理局发布的《2017年度药品检查报告》显示，2017年在对中药饮片的飞行检查中发现，一些企业为应对监督检查存在编造批生产记录和批检验记录的行为。2019年修订后的《药品管理法》明确规定建立中药饮片质量追溯体系，对中药饮片生产、销售实行全过程管理，保证中药饮片安全、有效、可追溯。2020年8月中药饮片生产大省河北省率先探索将中药饮片纳入药品追溯体系，从147家中药饮片生产企业中选取20家中药饮片专营企业，确定了第一批中药饮片追溯品种和追溯数据标准。2020年9月国家医疗保障局发布《国家医疗保障局办公室关于印发医保药品中药饮片和医疗机构制剂统一编码规则和方法的通知》，加快推进中药饮片统一的医保信息业务编码标准，形成全国"通用语言"。2021年，云南省市场监督管理局、云南省药品监督管理局印发《云南省"十四五"药品安全规划》，提出促进以配方颗粒为代表的新型中药饮片高质量发展，加大对中药饮片的监督检查力度，建立完善中药饮片追溯体系。

3. 制约因素与技术瓶颈

在中药追溯体系建设取得进步发展的同时，也暴露出不少问题：①信息化追溯体系建设顶层设计和协同有序推进不足，系统建设分散，数据支撑能力不够。以甘肃定西为例，县级追溯管理人员严重不足，实际监管人员不足5人，无法满足追溯工作需要，并且乡级重视程度不足，部分地区未指定专职专干人员进行追溯。②实际应用中由于操作层面不完善，缺乏与传统手段对接，无法最大化地做到物尽其用。我国很大部分种植户都是散在的农户，中药材种植分散度高，对种植环境因素、田间管理等信息的采集和记录，相对不完善，人工信息采集追溯意识低，导致中药产品的源头信息不详，而追溯平台操作培训不足也阻碍了对农残、硫黄的监测数据上传分享。③注重业务流程电子化而轻数据分析利用，造成数据资源的浪费。④中药产业各环节监管部门多，追溯周期长，缺乏有效沟通协调机制，监管工作存在管理重叠和管理空白，中药追溯管理难。解决这些问题，是推动当前追溯体系建立的关键。

4. 发展与展望

中药追溯体系构建是一个极为复杂的过程，从技术层面主要包括中药材（基原、药材、饮片等）质量鉴定评价、中药材质量数字化、流通过程中质量数字化以及中药饮片全链条质量数字化后的信息化。全面建立中药质量追溯体系不是一朝一夕的事，必须统筹安排，先行试点，逐步推广。同时，要加强对中药质量追溯体系的研究，建立和完善追溯体系配套技术，并制定相应的法律法规及管理规范，逐步建立中药"从生产到消费"的质量可追溯体系。这个过程需要生产厂家、经营企业和政府部分的多方协作，才能使体系更符合中药特色。

具体包括以下方面：①完善中药标准体系，规范流通途径。②遵循中医药特色，借鉴成熟经验，健全追溯标准。③借助现代化技术，建立多元化共享追溯平台。④注重分类管理，加强政府质量监管。

参考文献

[1] 徐昭玺，冯秀娟，盛书杰，等. 边条人参新品种的系统选育[J]. 中国医学科学院学报，2001，23（6）：542-546.

[2] 魏建和，杨成民，隋春，等. 利用雄性不育系育成桔梗新品种'中梗1号''中梗2号'和'中梗3号'[J]. 园艺学报，2011, 38 (6): 1217-1218.

[3] 贾彩凤，李艾莲，兰金旭，等. 药用植物金荞麦60Co-γ辐射诱变的（-）-表儿茶素研究[J]. 中国医药导刊，2009, 11 (3): 452-454.

[4] 陈中坚，马小涵，董林林，等. 药用植物DNA标记辅助育种（三）三七新品种："苗乡抗七1号"的抗病性评价[J]. 中国中药杂志，2017, 42 (11): 2046-2051.

[5] 林敏. 农业生物育种技术的发展历程及产业化对策[J]. 生物技术进展，2021, 11 (4): 405-417.

[6] 王向峰，才卓. 中国种业科技创新的智能时代——"玉米育种4.0"[J]. 玉米科学，2019, 27 (1): 1-9.

[7] 张燕，梁宗锁，黄璐琦，等. 中药材GAP认证准备过程中生产质量管理体系的建设[J]. 中国实验方剂学杂志，2015, 21 (19): 185-188.

[8] 肖建才，闫滨滨，张燕，等. 有机肥对药用植物品质形成调控机制的研究进展[J/OL]. 中药材，2022 (6): 1522-1531.

[9] 康传志，吕朝耕，黄璐琦，等. 基于系统层次的常见中药材生态种植模式及其配套技术[J/OL]. 中国中药杂志，2020 (9) 45: 1975-1980.

[10] 赖锟阳，肖建才，闫滨滨，等. 基于中药材质量的影响因素对中药材追溯体系建设的思考[J]. 中国实验方剂学杂志，2023, 8 (15): 185-188.

[11] 魏建和，王文全，王秋玲，等.《中药材生产质量管理规范》修订背景及主要修订内容[J]. 中国现代中药，2022, 24 (05): 743-751.

[12] 及华，李雪艳. 中药材采收时期及采收原则[J]. 现代农村科技，2019 (03): 95-96.

[13] 李化，黄璐琦，杨滨. 论植物物候学指导中药材采收期的研究[J]. 中国药学杂志，2008, (19): 1441-1444.

[14] 高楚倩，李康，张琳玉，等. 基于一测多评法的茯苓皮药材质量控制研究[J/OL]. 中药材，2023 (09): 2240-2244.

[15] 洪智慧，杜伟锋，李小宁，等. 中药材产地趁鲜加工的可行性及相关建议[J]. 中华中医药杂志，2021, 36 (01): 80-85.

[16] 李宁宁，李丝雨，刘国秀，等. 基于道地属性的中药材产地初加工规范标准构建探讨[J]. 中国现代中药，2022, 24 (04): 559-563.

[17] 慕欣. 濒危药材替代品开发迎破局[N]. 医药经济报，2023-07-10 (001). DOI: 10.38275/n.cnki.nyyjj.2023.000589.

[18] 武文星，刘睿，郭盛，等. 珍稀动物性药材替代策略及其科技创新与产业化进展[J]. 南京中医药大学学报，2022, 38 (10): 847-856. DOI: 10.14148/j.issn.1672-0482.2022.0847.

[19] 李培，宋菊，关宏峰，等. 中药使用濒危野生动植物问题的分析与对策[J]. 食品与药品，2021, 23 (02): 168-172.

[20] 杨世海，李向高. 珍稀濒危药用动植物保护与中药资源的可持续利用[J]. 吉林农业大

学学报，2000，(S1)：129-131. DOI：10.13327/j.jjlau.2000.s1.032.

[21] 陈家春，刘合刚，詹亚华. 中国神农架珍稀濒危野生药用动植物资源种类及其保护研究[J]. 世界科学技术，2000，(05)：56-59+68.

[22] 马青山，张瑞涛，王长法，等. 驴辅助繁育技术研究进展[J]. 中国畜牧兽医，2021，48(04)：1302-1312. DOI：10.16431/j.cnki.1671-7236.2021.04.017.

[23] 王偲颖. 动物遗传育种与繁殖的创新发展[J]. 中南农业科技，2023，44(02)：86-88+101.

[24] 杨美娟，黄坤艳，王文房. 临沂市珍稀濒危植物及其保护建议[J]. 临沂大学学报，2019，41(06)：139-144. DOI：10.13950/j.cnki.jlu.2019.06.022.

[25] 何顺志. 贵州珍稀濒危药用动植物及其保护问题[J]. 中药材，1990，(02)：14-15. DOI：10.13863/j.issn1001-4454.1990.02.007.

[26] 曾凡华，易东阳，付绍智. 三峡库区珍稀濒危药用动植物资源保护探讨[J]. 实用中医药杂志，2005，(12)：768-769.

[27] 陈虞超，李晓琳，赵玉洋，等. 珍稀濒危药用植物资源离体保存研究进展[J]. 世界中医药，2021，16(07)：1018-1030.

[28] 杨世林，张昭，张本刚，等. 珍稀濒危药用植物的保护现状及保护对策[J]. 中草药，2000，1(6)：401-404.

[29] 中华人民共和国药典（2010年版，2015年版，2020年版）一部.

[30] 高英，吕振兰，李卫民，等. 穿山甲与猪蹄甲的成分研究[J]. 中药材，1989，12(2)：34-37.

[31] 徐必达，张华林. 羚羊角及其代用品的研究进展[J]. 中药材，2003，26(12)：910-914.

[32] 陈士林，郭宝林. 中药资源的可持续利用[J]. 世界科学技术-中医药现代化，2004，6(1)：1-8.

[33] 武雨含，李敏，刘豪，等. 中药药效物质辨析技术：现状与未来[J]. 中国科学：生命科学，2022，52(6)：943-956.

[34] 穆帝秀，王清蓉，孙莹，等. 中药资源与现代生物技术[J]. 中南药学，2017，15(5)：635-638.

[35] 李友宾，彭蕴茹，段金廒. 羚羊角的研究概况[J]. 江苏中医药，2007，39(12)：75-77.

[36] 于玉团，石峰，杭宝建，等. 基于蛋白质组学技术的羚羊角的研究与分析[J]. 中国现代中药，2019，21(8)：1045-1048.

[37] 王洁；戴住波. 中药活性成分异源仿生合成——中药资源保护与开发新模式[J]. 中国中药杂志，2023，48(9)：2284-2297.

[38] 李梢，张鹏，王鑫，等. 网络靶标理论、关键技术与中医药应用[J]. 世界科学技术：中医药现代化，2022，24(9)：3261-3269.

[39] 龙雨青，曾娟，王玲，等．CRISPR/Cas9基因组编辑技术在药用植物中的研究进展[J]．中草药．2023，54：2940-2952．

[40] 胡添源，高伟，黄璐琦．展望CRISPR/Cas9基因编辑技术在药用植物研究中的应用[J]．药学学报．2016，41：2953-2957．

[41] 詹志来，郭兰萍，金艳，等．中药材品质评价与规格等级的历史沿革[J]．中国现代中药，2017，19（06）：868-876．

[42] 詹志来，邓爱平，郭兰萍，等．中药材商品规格等级标准制（修）订的原则依据和方法[J]．中国现代中药，2019，21（06）：699-706．

[43] 邓爱平，张悦，郭兰萍，等．皮花叶茎及全草类药材商品规格等级标准——以牡丹皮杜仲金银花等7种药材为例[J]．中国现代中药，2019，21（06）：723-730．

[44] 张悦，邓爱平，郭兰萍，等．动物类矿物类菌类及其他类药材商品规格等级标准——以鹿茸水蛭灵芝等7种药材为例[J]．中国现代中药，2019，21（06）：731-738+752．

[45] 詹志来，邓爱平，谢冬梅，等．根及根茎类药材商品规格等级标准——以黄芪丹参等6种药材为例[J]．中国现代中药，2019，21（06）：707-716．

[46] 张铁军，白钢，刘昌孝．中药质量标志物的概念、核心理论与研究方法[J]．药学学报，2019，54（02）：187-196+186．

[47] 刘昌孝，陈士林，肖小河，等．中药质量标志物（Q-Marker）：中药产品质量控制的新概念[J]．中草药，2016，47（09）：1443-1457．

[48] 李梦，李静，张小波．高光谱成像技术的发展现状及其在中药领域中的应用前景[J]．西部中医药，2021，34（10）：149-153．

[49] 王川易，郭宝林，肖培根．中药分子鉴定方法评述[J]．中国中药杂志，2011，36（03）：237-242．

[50] 李慧，朱家谷，杨平，等．《中药生物效应检测研究技术指导原则（试行）》解读[J]．中国食品药品监管，2021（09）：88-93．

[51] 肖小河，王伽伯，鄢丹．生物评价在中药质量标准化中的研究与应用[J]．世界科学技术-中医药现代化，2014，16（03）：514-518．

[52] 张旭，任晓航，王慧，等．生物效应评价在中药质量控制研究中的应用进展[J]．中草药，2018，49（11）：2686-2691．

[53] 肖小河，王伽伯，牛明，等．中药品质评价方法指南[S]．中华中医药学会团体标准，T/CACM001-2017．

[54] 李寒冰，吴宿慧，牛明，等．中药品质生物评价的历史与发展[J]．中草药，2017，48（14）：2809-2816．

[55] 白钢，侯媛媛，丁国钰，等．基于中药质量标志物构建中药材品质的近红外智能评价体系[J]．药学学报，2019，54（2）：197-203．

[56] 李天娇，包永睿，王帅，等．中药质量控制与评价创新方法研究进展及应用[J]．中草药，2022，53（20）：6319-6327．

[57] 杨鸣华, 孔令义. 中药质量标准现代化与国际化的思考[J]. 世界科学技术—中医药现代化, 2017, 19（10）: 1619-1622.

[58] 马双成, 王莹, 魏锋. 我国中药质量控制模式十年来的实践与探索[J]. 中国药学杂志, 2023, 58（1）: 2-9.

[59] 屠鹏飞, 姜勇, 何轶, 等. 中药材和饮片质量控制与质量标准体系的构建[J]. 中国食品药品监管, 2022, 10: 34-45.

[60] 范晓燕. 从中药传承角度探讨中药饮片和中药配方颗粒的应用[J]. 中医药管理杂志, 2022, 30（19）: 131-133.

[61] 庄辉, 王德才, 梁海岩, 等. 中药配方颗粒监管存在的问题与对策[J]. 中国药事, 2023, 37（07）: 757-763.

[62] 绍成雷, 李振鹏, 路杰, 等. 中药配方颗粒研究现状及产业动态[J]. 药学研究, 2022, 41（11）: 760-766.

[63] 张定堃, 杨明, 韩雪, 等. 中药炮制工艺研究新策略: 个性化炮制与过程控制论[J]. 中国中药杂志, 2015, 40（16）: 3323-3326.

[64] 杨明, 钟凌云, 薛晓, 等. 中药传统炮制技术传承与创新[J]. 中国中药杂志, 2016, 41（03）: 357-361.

[65] 钟凌云, 龚千锋, 杨明, 等. 传统炮制技术流派特点及发展[J]. 中国中药杂志, 2013, 38（19）: 3405-3408.

[66] 朱颖, 宋佩林, 周海伦, 等. 从1.0到4.0的中药炮制技术发展现状评析及展望[J/OL]. 中国实验方剂学杂志, 2023, 1-11.

[67] 李远辉, 李慧婷, 李延年, 等. 高品质中药配方颗粒与关键制造要素[J]. 中草药, 2017, 48（16）: 3259-3266.

[68] 张伟, 孙叶芬, 金传山, 等. 中药配方颗粒研究现状与展望[J]. 中草药, 2022, 53（22）: 7221-7233.

[69] 王涛, 刘书琪, 黎耀宏, 等. 中药配方颗粒发展现状及企业生存策略探讨[J]. 中国实验方剂学杂志, 2023, 29（23）: 166-173.

[70] 杨瑾, 加茂智嗣, 能濑爱加. 汉方药在日本的发展现状[J]. 中草药, 2016, 47（15）: 2771-2774.

[71] 国家药品监督管理局. 关于发布《中药配方颗粒质量控制与标准制定技术要求》的通告[EB/OL]. [2021-01-26].

[72] 郝亚冬, 马堃, 温瑞卿, 等. 现行中药配方颗粒国家标准的探讨[J]. 中国实验方剂学杂志, 2023, 29（15）: 158-164.

[73] 王晨, 时政, 刘钱, 等. 不适宜制备中药配方颗粒的中药材品种探讨[J]. 中草药, 2021, 52（18）: 5775-5781.

[74] 张志轩, 崔树婷, 朱中博, 等. 中药有效部位提取技术与筛选方法应用研究进展[J]. 中国中医药信息杂志, 2021, 28（5）: 132-136.

[75] 沈平嬢, 刘志远, 王玲玲, 等. 高速逆流色谱（HSCCC）技术在中药分离分析中的应用研究[J]. 世界科学技术（中医药现代化）, 2011, 13（4）: 658–666.

[76] 翟容容, 高雯, 李梦宁, 等. 离子淌度质谱技术在中药化学成分分析中的研究进展[J]. 色谱, 2022, 40（9）: 782–787.

[77] 马聪玉, 生宁, 李元元, 等. 中药成分质谱分析新技术和新策略进展[J]. 质谱学报, 2021, 42（5）: 709–717.

[78] 陶益, 陈林, 江恩赐, 等. 人工智能和工业4.0视域下高光谱成像技术融合深度学习方法在中药领域中的应用与展望[J]. 中国中药杂志, 2020, 45（22）: 5438–5442.

[79] 苏泽琦, 丁霞. 类器官在中医药研究领域的应用与展望[J]. 中华中医药杂志, 2022, 37（2）: 586–589.

[80] 李文娟, 徐溢, 范琪, 等. 基于微流控芯片技术的天然产物活性成分筛选的研究[J]. 中国中药杂志, 2012, 37（16）: 2492–2497.

[81] 钱文秀, 阎星旭, 张文青, 等. 计算机虚拟筛选技术在中药毒性研究中的探索与思考[J]. 中草药, 2023, 54（12）: 4036–4043.

[82] 杨洪军, 赵亚丽, 刘艳骄, 等. "熵"在中医方证研究中的运用[J]. 中国中医基础医学杂志, 2004,（9）: 16–19.

[83] 杨洪军, 唐仕欢, 申丹. 源于中医传统知识与临床实践的中药新药发现研究策略[J]. 中国实验方剂学杂志, 2014, 20（14）: 1–4.

[84] 金亮, 赵娜, 王耀光. 基于复杂网络分析中医药治疗早期糖尿病肾病用药规律[J]. 吉林中医药, 2015, 35（11）: 1088–1091.

[85] 宋小莉, 牛欣, 司银楚. 基于BP神经网络的半夏、生姜、甘草三泻心汤配伍研究[J]. 中国临床药理学与治疗学, 2005,（5）: 527–531.

[86] 朱家谷. 浅议现代中药复方制剂[J]. 中国中药杂志, 2007（22）: 2449–2451.

[87] 冯怡, 张继全, 王优杰, 等. 关于中药复方新药工艺研究的思考[J]. 中国医药工业杂志, 2016, 47（09）: 1125–1129.

[88] 冯怡. 中药新药研发及评价关键技术——关于中药工艺研究[J]. 世界科学技术—中医药现代化, 2017, 19（06）: 906–913.

[89] 刘红宁, 王玉蓉, 陈丽华, 等. 中药药剂学研究进展与发展思路探讨[J]. 世界中医药, 2015, 10（03）: 305–309+314.

[90] 陈惠清. 中药剂型特点与疗效相关性探讨[J]. 中国中医药信息杂志, 2005（02）: 86–87.

[91] 刘卫东. 浅谈医院药物制剂研究与发展[J]. 齐鲁药事, 2005（02）: 97–98.

[92] 张赛群, 彭剑青. 药物剂型和药物传输系统的发展综述[J]. 药学研究, 2016, 35（12）: 721–724.

[93] 李金龙. 关于中药剂型现状与发展的研讨[J]. 吉林农业, 2011（04）: 327.

[94] 刘建勋, 李艳英, 付志明. 中药新药传承发展与创新之路[J]. 中国现代中药, 2021,

23（01）：1-4.

[95] 李天娇, 包永睿, 王帅, 等. 中药质量控制与评价创新方法研究进展及应用[J]. 中草药, 2022, 53（20）：6319-6327.

[96] 刘昌孝. 中药质量标志物（Q-Marker）研究发展的 5 年回顾[J]. 中草药, 2021, 52（09）：2511-2518.

[97] 陈丽华, 肖发林, 黄诗雨, 等. 中药质量评价研究思路及创新发展趋势[J]. 中草药, 2021, 52（09）：2541-2547.

[98] 李小锦, 黄莹莹, 杨珍, 等. 基于效应基准的中药质量生物标志物研究策略[J]. 药学学报, 2019, 54（02）：204-210.

[99] 李培, 马秀璟. 建立中药新药质量控制体系的实践与思考[J]. 中国食品药品监管, 2021,（09）：16-23.

[100] 董玲, 孙裕, 裴纹萱, 等. 基于全程质量控制理念的中药标准化体系研究思路探讨[J]. 中国中药杂志, 2017, 42（23）：4481-4487.

[101] 陈霞, 关宏峰, 赵巍, 等.《中药新药质量标准研究技术指导原则（试行）》解读[J]. 中国食品药品监管, 2021,（09）：70-77.

[102] 刘昌孝, 张铁军. 基于"物质-药代-功效"关联的中药创新研发思路[J]. 中草药, 2022, 53（01）：1-7.

[103] 张娜, 徐冰, 陈衍斌, 等. 中药质量源于设计方法和应用：全过程质量控制[J]. 世界中医药, 2018, 13（03）：556-560.

[104] 徐冰. 中药制剂生产过程全程优化方法学研究[D]. 北京：北京中医药大学, 2013.

[105] 李绍平, 赵静. 中药质量控制研究关键科学问题[J]. 药物分析杂志, 2023, 43（07）：1104-1109.

[106] 王智民. 中药药效物质基础的系统研究是中药现代化的关键. 中国中药杂志, 2003, 28（12），1111-1113.

[107] 黄臣虎, 陆茵, 高骁君, 等. 中药血清药理学研究进展[J]. 中国实验方剂学杂志, 2011, 17（10）：266-271.

[108] 张旻昱, 龚慕辛, 杨洪军. 含药肠吸收液：一种新的中药体外药理实验方法[J]. 中草药, 2018, 49（15）：6.

[109] 陈万平, 孙翔, 程鹏远. 体外药物肝代谢研究进展[J]. 第四军医大学学报, 2008, 29（009）：861-863.

[110] 雷婷, 余日跃, 李文宏. 中药休外药理学研究方法与改进[J]. 中国药学杂志, 2022（057-058）.

[111] 刘晓金, 陈华利, 高燕, 等. 斑马鱼模式研究现状及应用情况进展[J]. 辽宁中医药大学学报, 2016, 18（4）：3.

[112] 武雨含, 李敏, 刘豪, 等. 中药药效物质辨析技术：现状与未来[J]. 中国科学：生命科学, 2022, 52（6）：14.

[113] 李元元, 王彩虹, 生宁, 等. 中药多成分药代动力学分析技术研究进展［J］. 质谱学报, 2023, 44（01）：1-12.
[114] 柴士伟. 中药药代动力学参数拟合的研究进展［J］. 天津药学, 2018, 30（02）：61-65.
[115] 李睿, 曹唯仪, 唐旭东, 等. 中药新药早期临床安全性评价思路初探［J］. 中国新药杂志, 2016, 25（24）：2799-2803.
[116] 李川. 中药多成分药代动力学研究：思路与方法［J］. 中国中药杂志, 2017, 42（04）：607-617. DOI：10.19540/j.cnki.cjmm.2017.0016.
[117] 刘静, 朱炯, 王翀, 等. 2022年国家药品抽检中成药质量状况分析［J/OL］. 中国现代中药, 1-11［2023-12-11］.
[118] 朱嘉亮, 李文莉, 王翀, 等. 基于2021年国家药品抽检中成药质量状况分析的监管策略研究［J］. 中国现代应用药学, 2023, 40（18）：2584-2590.
[119] 聂黎行, 吴炎培, 刘静, 等. 中成药质量标准研究有关问题思考［J］. 药学学报, 2023, 58（08）：2260-2270.
[120] 刘艳, 郭丛, 章军, 等. 基于全流程控制的中成药优质评价标准改进研究［J］. 中国中药杂志, 2023, 48（06）：1700-1704.
[121] 李京生, 金世元. 严把原料关保证中成药的质量［C］// 中华中医药学会, 北京中医药学会. 全国中成药学术研讨会论文汇编. 北京卫生学校；1994：3.
[122] 张娜, 徐冰, 陈衍斌, 等. 中药质量源于设计方法和应用：全过程质量控制［J］. 世界中医药, 2018, 13（03）：556-560.
[123] 肖伟, 张新庄, 曹亮, 等. 基于功效成分群的中成药全过程质量控制体系探索［J］. 南京中医药大学学报, 2022, 38（09）：743-747.
[124] 陈珊. 近红外光谱在中成药生产过程中质量控制的应用研究［D］. 华南理工大学, 2022.
[125] 宋彩梅, 刘炳林, 薛委然, 等. 关于中药临床定位及疗效评价体系和标准的调研及思考［J］. 中国新药杂志, 2021, 30（10）：898-901.
[126] 魏盛, 孙鹏, 王杰琼, 等. 证候表型组学的理论问题与应用构想［J］. 中医杂志, 2017, 58（01）：6-10. DOI：10.13288/j.11-2166/r.2017.01.002.
[127] 余泽浩, 张雷明, 张梦娜, 等. 基于人工智能的药物研发：目前的进展和未来的挑战［J］. 中国药科大学学报, 2023, 54（03）：282-293.
[128] 唐仕欢, 常梦丽, 张晶晶, 等. 基于缺血性中风"体病同治"策略探讨杜蛭丸临床再定位［J］. 世界中医药, 2022, 17（07）：895-899.
[129] 唐仕欢, 杨洪军. 论中成药大品种与中医理论创新［J］. 中国实验方剂学杂志, 2020, 26（15）：195-199. DOI：10.13422/j.cnki.syfjx.20201539.
[130] 张伯礼. 系统生物学将推动中药复杂体系的深入研究［J］. 中国天然药物, 2009, 7（04）：241.
[131] 李梢. 中国证候与分子网络调节机制的可能关联［J］. 中国科协首届学术年会论文集, 1999：442.

[132] 罗国安, 谢媛媛, 梁琼麟, 等. 中医药整合医学—三论创建新医药学 [J]. 世界科学技术-中医药现代化, 2015, 17 (01): 7-15.

[133] 刘艾林, 杜冠华. 网络药理学: 药物发现的新思想 [J]. 药学学报, 2010, 45 (12): 1472-1477.

[134] 肖学凤, 刘昌孝. 基于代谢组学的降脂中药的作用物质基础及作用机制研究探索 [J]. 天津中医药大学学报, 2009, 28 (1): 54-56.

[135] 王伽伯, 肖小河. 中药的间接调控作用与间接作用型中药的创新发展 [J]. 中国中药杂志, 2021, 46 (21): 5443-5449.

[136] 许海玉, 杨洪军. 中药整合药理学 [M]. 北京: 科学出版社, 2020.

[137] 魏君楠, 戴建业. 中药活性成分直接作用靶点鉴定研究方法及应用 [J]. 中草药, 2021, 52 (17): 5378-5388.

[138] 上海第二医学院附属广慈医院舌象研究小组. 舌象之研究 (一) [J]. 上海中医药杂志, 1964, (05): 1-10+14.

[139] 苗明三, 马林纳, 彭孟凡, 等. 中医药动物模型研究现状 [J]. 中国比较医学杂志, 2022, 32 (01): 141-146.

[140] 刘建勋. 病证结合动物模型拟临床研究思路与方法 [M]. 北京: 人民卫生出版社, 2014.

[141] 韩宇, 张冰, 张晓朦, 等. 从"法—药—人"角度探讨经方药物警戒思想 [J]. 河北中医药学报, 2023, 38 (01): 44-47+52.

[142] 胡赛敏, 蔡熙, 李晔. 中药饮片不良反应原因分析与安全用药管理对策 [J]. 中医药管理杂志, 2022, 30 (14): 71-73.

[143] 段蓉, 李正翔. 国内外药物警戒研究现状与热点的文献计量学分析 [J]. 中国药房, 2022, 33 (01): 116-122.

[144] 吴昊, 张冰, 林志健, 等. 国际中药及天然药物的药物警戒对比与思考 [J]. 中国药物警戒, 2021, 18 (05): 406-410+421.

[145] 张冰, 吕锦涛, 张晓朦, 等. 基于"药性"的中药"毒-效"认知与药物警戒思考 [J]. 中国药物警戒, 2021, 18 (05): 411-415.

[146] 张丹, 吕锦涛, 张冰, 等. 中药药物警戒"四维联动"研究平台的构建与应用 [J]. 中国药物警戒, 2021, 18 (05): 416-421.

[147] 肖小河, 柏兆方, 王伽伯, 等. 中药安全性评价与药物警戒 [J]. 科学通报, 2021, 66 (Z1): 407-414.

[148] 吕天益, 匡丽, 陈明颖. 1073例热毒宁注射液临床用药帕累托图及鱼骨图分析 [J]. 中国药物警戒, 2020, 17 (10): 745-748.

[149] 祝晓雨, 张伟光, 孙树森, 等. 中国药物警戒的发展及文献计量分析 [J]. 医药导报, 2019, 38 (06): 820-825.

[150] 张冰, 林志健, 张晓朦. 基于"识毒-用毒-防毒-解毒"实践的中药药物警戒思想

[J]. 中国中药杂志, 2017, 42（10）: 2017-2020.

[151] 廖星, 谢雁鸣. 上市后中药临床安全性循证证据体评价研究[J]. 中国中西医结合杂志, 2017, 37（01）: 109-114.

[152] 张冰, 林志健, 张晓朦, 等. 中药药物警戒思想的挖掘与实践[J]. 药物流行病学杂志, 2016, 25（07）: 405-408.

[153] 张伯礼, 杨胜利, 果德安. 中药现代化与国际化探索[J]. Engineering, 2019, 5（01）: 1-2.

[154] 王梅, 孙朋悦, 梁文, 等. 复方中草药进入欧洲市场的关键成功因素[J]. 中国药理学与毒理学杂志, 2020, 34（2）: 81-94.

[155] 姚新生. 中药复方制剂的规范化及国际化的思考[J]. 中国科技产业, 2023（10）: 5-6.

[156] 秦昆明, 李伟东, 张金连, 等. 中药制药装备产业现状与发展战略研究[J]. 世界科学技术-中医药现代化, 2019, 21（12）: 2671-2677.

[157] 马欣荣, 王鏧璇, 赵万顺, 等. 数据驱动技术在中药提取智能制造中的应用进展[J]. 中国中药杂志, 2023, 48（21）: 5701-5706.

[158] 杨明, 伍振峰, 王芳, 等. 中药制药实现绿色、智能制造的策略与建议[J]. 中国医药工业杂志, 2016, 47（09）: 1205-1210.

[159] 时潇丽, 杨德超, 刘力. 中药配方颗粒调剂智能化发展概况及应用分析[J]. 中国药师, 2019, 22（02）: 322-324.

[160] 黄永亮, 吴萍, 杨婷, 等. 中药智慧药学服务的实践与技术分析[J/OL]. 医药导报, 1-12.

[161] 马双成, 王莹, 魏锋. 我国中药质量控制模式十年来的实践与探索[J]. 中国药学杂志, 2023, 58（01）: 2-9.

[162] 栾永福, 郭东晓, 汪冰, 等. 构建数字化导向的中药质量标准体系[J]. 药学研究, 2022, 41（08）: 516-520.

[163] 邵庆, 庄俊嵘, 王嵩, 等. 基于数字化溯源技术的中药饮片院内流通管理平台构建[J]. 中国药业, 2023, 32（12）: 9-13.

[164] 陈菊莲. 中药质量追溯体系现状分析与展望[J]. 中医药管理杂志, 2021, 29（24）: 297-298.

[165] Ma Y., Cui G., Chen T., et al. Expansion within the CYP71D subfamily drives the heterocyclization of tanshinones synthesis in Salvia miltiorrhiza [J]. Nat. Commun., 2021, 12: 685.

[166] Tu L. C., Su P., Zhang Z. R., et al. Genome of Tripterygium wilfordii and identification of cytochrome P450 involved in triptolide biosynthesis [J]. Nat. Commun. 2020, 11: 971.

[167] Rantanen J, Khinast J. The Future of Pharmaceutical Manufacturing Sciences [J]. J Pharm Sci. 2015; 104（11）: 3612-3638.

[168] Haleem RM, Salem MY, Fatahallah FA, Abdelfattah LE. Quality in the pharmaceutical industry-A literature review [J]. Saudi Pharm J. 2015; 23（5）: 463-469.

[169] Li J, Olaleye OE, Yu X, et al. High degree of pharmacokinetic compatibility exists between the five-herb medicine XueBiJing and antibiotics comedicated in sepsis care. Acta Pharm Sin B. 2019 Sep; 9 (5): 1035-1049. doi: 10.1016/j.apsb.2019.06.003. Epub 2019 Jun 19. PMID: 31649852; PMCID: PMC6804443.

[170] HOPKINS A L. Network pharmacology [J]. Nat Biotechnol, 2007, 25 (10): 1110-1111.

[171] LIU Y D, XU J, YU Z C, et al. Ontology characterization, enrichment analysis, and similarity calculation-based evaluation of disease-syndrome-formula associations by applying SoFDA [J]. iMeta: e80.

[172] WU Y, ZHANG F, YANG K, et al. SymMap: an integrative database of traditional Chinese medicine enhanced by symptom mapping [J]. Nucleic Acids Res, 2019, 47 (D1): D1110-D1117.

第四章

现代化中药产业技术路线图

本章节围绕现代化中药产业技术发展趋势，提出发展目标，规划中药材、中药饮片和配方颗粒、中成药及中药关键技术装备发展路线图。实现中药产业技术路线和规模化应用，将显著改善中药发展整体水平，提升中药材、中药饮片和配方颗粒、中成药整体质量，促进中药关键技术装备水平提升，有效推动我国中药产业转型升级，实现中药种植、生产、加工、制造等关键技术能力的融合提升，打造我国新时代中药产业高质量发展新名片。

第一节 中药材产业技术发展路线图

（一）大宗药材关键技术发展路线图

1. 品种选育技术发展路线

（1）发展目标

1）选择育种技术：到2025年，初步形成丹参、柴胡等多种大宗中药材种质和良种的品质、产量等关键性状评价体系，建设种质性状数据平台。

到2030年，多种大宗中药材种质和良种形成较为完善的综合评价体系，包括品质、产量、抗性、生长习性等，初步建成种质性状数据库平台。

2）诱变育种技术：到2025年，初步形成部分中药材诱变技术方法，包括化学诱变技术和辐射诱变技术等。

到2030年，建立多种大宗中药材诱变技术方法，完善诱变材料的筛选鉴定技术，成功筛选到一批优良中药材种质。

3）杂交育种技术：到2025年，初步完成部分大宗中药材开花习性等的调研，开展部分中药材的杂交技术研发工作和杂种后代的评价工作。

到 2030 年，完成多种大宗中药材开花习性等的调研，建立相应的授粉技术等相关技术体系，完成部分杂种后代的评价工作，并选取优良杂种开展纯化工作。

4）优势育种技术：到 2025 年，开展多种中药材种质纯化工作，培养自交系。

到 2030 年，实现部分大宗中药材种质纯化并结合杂交育种技术相关工作完成部分大宗中药材杂交技术研发，开展部分品种的优势育种工作，筛选 F1 代具有超亲优势的杂种，形成一批优势育种的种质组合，形成较完善的优势育种技术。

5）分子育种技术：到 2025 年，开展分子标记筛选、基因编辑的技术研发，实现部分优良性状如高含量、高产量的分子标记开发。

到 2030 年，完成部分大宗中药材关键优良性状的分子标记和基因编辑等技术的研发，实现部分优良性状的分子标记筛选，初步筛选出一批具有综合优良性状的种质，为一些中药材种质的杂交工作提供理论指导。初步培育出一些基因编辑优良种质。

（2）技术路线图（图 4-1）

品种选育关键技术	关键技术	2025年	2030年
	选择育种技术	初步形成多种大宗中药材种质和良种的品质、产量等性状评价体系，建设种质数据库	系统建立多种大宗中药材种质和良种的评价体系，建成种质数据库
	诱变育种技术	初步形成多种中药材诱变技术方法	系统建立多种大宗中药材诱变技术方法，建成突变体筛选技术
	杂交育种技术	初步完成多种中药材开花习性等的调研，开展杂交技术研发和杂种评价工作	系统建立多种大宗中药材开花习性等的调研和授粉技术等相关技术体系，完成部分杂种后代的评价筛选
	优势育种技术	开展中药材种质纯化工作	完成部分大宗中药材种质纯化与优势育种技术研发，筛选出一批具有杂种优势的种质组合
	分子育种技术	开展分子标记筛选、基因编辑的技术研发	完成部分大宗中药材部分性状的分子标记和基因编辑等技术的研发，实现部分优良性状种质的分子标记筛选，培育出一批基因编辑种质

图 4-1 品种选育关键技术发展路线图

2. 适宜性区划技术发展路线

（1）发展目标

1）本草文献中定性描述信息的数字化和矢量化：到 2025 年，基于图像识别和文字识别等技术，对 2~3 个本主流本草文献的产区信息进行数字化，基于古今地图进行地名、地域、产地的数字化和矢量化，形成不同时期本草中地名与地图的对应规范，建立道地药材产地数字化数据库和标准地图库。

到 2030 年，完成对主流本草文献产区的数字化，建立不同历史时期中药材产地的矢量数据库和标准地图库。

2）中药材种植基地矢量数据平台：到 2025 年，基于 100 种道地药材种植基地的统计调查和矢量化示范项目，建设道地药材种植基地的矢量数据库，构建具有空间信息的中药材种植基地矢量数据平台，形成多源数据采集、格网化融合、数据批量处理、自动化分区分类的中药区划技术体系。

到 2030 年，对中药区划技术体系进行推广应用，基于中药材种植基地矢量数据平台，针对其他中药材的特点和主产区进行区划研究，进一步完善技术体系。

3）中药材产区空间格局和时空变迁：到 2025 年，提供 3~5 种道地药材不同历史时期产地的矢量数据和标准地图，支撑以低空无人机和卫星遥感数据为主要的多源产地的中药材主产区地图数据更新模式。实现历史时期道地产区与现代主产区的时空变化对比的年度更新。

到 2030 年，依托中药材种植基地矢量数据平台，结合低空无人机、卫星遥感数据和地面传感设备等进行中药材产区更新。实现 100 种道地药材产区变迁的数据更新和年度发布，形成不同类型道地药材产区变迁地图绘制的标准规范。

（2）技术路线图（图 4-2）

	关键技术	2025年	2030年
中药区划技术	本草文献中定性描述信息的数字化和矢量化	形成不同时期本草中地名与地图的对应规范，建立道地药材产地数字化数据库和标准地图库	完成对主流本草文献产区的数字化，建立不同历史时期中药材产地的矢量数据库和标准地图库
	中药材种植基地矢量数据平台	形成多源数据采集、格网化融合、数据批量处理、自动化分区分类的中药区划技术体系	推广中药区划技术体系，针对其他中药材的特点和主产区进行区划研究，进一步完善技术体系
	中药材产区空间格局和时空变迁	实现3~5种药材历史时期道地产区与现代主产区的时空变化对比的年度更新	实现100种道地药材产区变迁的数据更新和年度发布，形成不同类型道地药材产区变迁地图绘制的标准规范

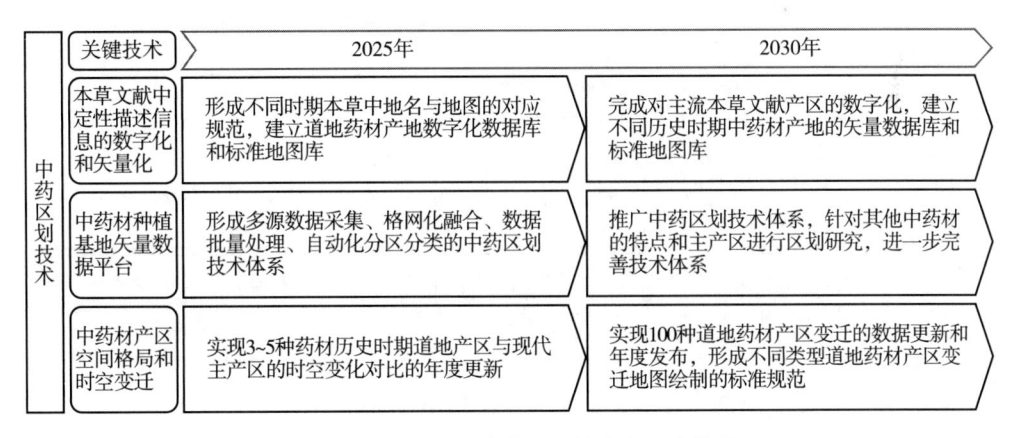

图 4-2　大宗药材中药区划技术发展路线图

3. 种植养殖技术发展路线

（1）发展目标

1）生态农业技术：到 2025 年，形成在野生环境中，除了播种，尽量减少人为干预，延长生长周期的仿野生栽培技术。开发增施有机肥、合理使用化肥、秸秆还田、补充微生物菌剂等的土壤改良技术。利用农业耕作技术、检验检疫、抗性品种选育、理化诱控、生物多样性相生相克原理的病虫草害绿色防控技术。

到 2030 年，进一步优化技术和政策环境，达到种群高质量更新。土壤改良技术集成，达到土壤耕作、恢复的良性循环。多技术应用结合生物多样性原理，达到病虫害草害生态防控。

2）智慧农业技术：到 2025 年，针对各个生产环节的小型机械化设备研发成功：如整地、种苗生产、田间管理、采收、初加工等农业机械设备。基于人工智能技术的无人机低空遥感、高光谱遥感影像处理等，在栽培中的土壤肥力反演和水肥决策、灾害预警、产量预测、品质预测等专家系统的开发应用。

到 2030 年，实现不同机械设备在各阶段应用，保证种植养殖产业的自动化生产。基于图像识别和机器学习的药用动植物表型系统构建、智能感知、无损检测、自动采收和初加工、仓储监测技术及装备的开发。

（2）技术路线图（图 4-3）

关键技术		2025年	2030年
大宗药材种植养殖关键技术	野生抚育技术	在野生环境中，除了播种，尽量减少人为干预，延长生长周期的仿野生栽培技术	进一步优化技术和政策环境，达到种群高质量更新
	生态农业土壤改良技术	增施有机肥、合理使用化肥、秸秆还田、补充微生物菌剂等的土壤改良技术	技术集成，达到土壤耕作、恢复的良性循环
	病虫草害绿色防控技术	利用农业耕作技术、检验检疫、抗性品种选育、理化诱控、生物多样性相生相克原理的病虫草害绿色防控技术	技术集成，多技术应用结合生物多样性原理，达到生态防控
	机械设备自动化生产	针对各个生产环节的小型机械化设备研发成功：如整地、种苗生产、田间管理、采收、初加工等农业机械设备	不同设备在各阶段应用，保证种植养殖产业的自动化生产
	智慧农业	基于人工智能技术的无人机低空遥感、高光谱遥感影像处理等，在栽培中的土壤肥力反演和水肥决策、灾害预警、产量预测、品质预测等专家系统的开发应用	基于图像识别和机器学习的药用动植物表型系统构建，智能感知、无损检测、自动采收和初加工、仓储监测技术及装备的开发

图 4-3 大宗药材种植养殖技术发展路线图

4. 采收加工技术发展路线

（1）发展目标

1）采收技术：到 2025 年，坚持质量优先兼顾产量原则，参照传统采收经验和现代研究，明确合适的采收年限，确定基于物候期的适宜采收时间，形成一批不同产区代表药材的采收期标准及机械化采收技术。

到 2030 年，融合机械化采收装备研发，形成较为完善、自动化程度较高的采收技术体系，形成统一的标准化的数据规范。

2）产地加工能力提升：到 2025 年，基于传统加工方法的现代化表证技术，结合现代加工设备，完成产地加工方法的优化，形成一批产地加工标准。

到 2030 年，构建传统产地加工、趁鲜切制加工、加工与炮制生产一体化等技术体系并完成技术论证，建立一批生产工艺清晰、参数明确、药材质量稳定可控的现代化加工体系。

（2）技术路线图（图 4-4）

采收加工关键技术	关键技术	2025年	2030年
	适宜采收期评价	确定基于物候期的适宜采收时间，形成一批不同产区代表药材的采收期标准及机械化采收技术	融合机械化采收装备研发，形成较为完善、自动化程度较高的采收技术体系，形成统一的标准化的数据规范
	产地加工能力提升	基于传统加工方法的现代化表证技术，结合现代加工设备，完成产地加工方法的优化，形成一批产地加工标准	构建加工与炮制生产一体化技术体系，建立一批生产工艺清晰、参数明确、药材质量稳定可控的现代化加工体系

图 4-4 采收加工关键技术发展路线图

（二）珍稀濒危药材产业技术路线图

1. 人工繁育技术路线

（1）发展目标

1）动物引种：到 2025 年，利用遥感、无人机调查、红外监测等手段进行重点品种习性调查，掌握重点品种习性，应用抗应激法降低大部分珍稀濒危药用动物的诱捕及引种运输损伤。

到 2030 年，摸清大部分珍稀濒危药用动物习性，实现大部分珍稀濒危药用动物的无损诱捕及引种运输。

2）动物驯化：到 2025 年，基于生物特性研究，实现重点品种的驯化。

到 2030 年，深入生物特性研究，实现大部分品种的传代、驯化。

3）动物饲养：到 2025 年，运用多组学技术，开发专用饲料，发展动物药材生产技术体系，建立重点品种生产养殖技术规范。

到 2030 年，开发各生长阶段专用饲料，完善动物药材生产技术体系，建立各品种生产养殖技术规范，努力实现标准化、集约化、规模化养殖。

4）动物繁殖：到 2025 年，开发可用于珍稀濒危药用动物的安全、微创、无损繁殖技术，提高重点品种繁殖力。

到 2030 年，推广可用于珍稀濒危药用动物的安全、微创、无损繁殖技术，提高繁殖力，扩大种群。

5）动物育种：到 2025 年，运用新一代基因测序技术，重视单分子技术在其中的应用和测序数据的分析解读，探索重点品种分子育种新方法，建立遗传资源数据库。

到 2030 年，运用新一代基因操作技术，实现重点品种分子育种。

6）植物原位保存：到 2025 年，监测珍稀濒危药用植物野外生长情况，加强自然保护区建设。

到 2030 年，建立珍稀濒危药用植物自然保护区，扩大保护范围。

7）植物离体保存：到 2025 年，优化离体保存技术手段、深化相关理论研究，建立重点品种资源保护体系。

到 2030 年，完善活体资源、基因资源保存体系，推广离体保存技术生产实践应用。

8）植物繁育：到 2025 年，应用新一代生物技术进行扩繁，建立重点品种药用植物园、繁育基地。

到 2030 年，增加药用植物园数量，扩大规模，通过繁育基地增加珍稀濒危药用植物繁殖材料，作为种质资源投入实际生产。

9）植物复育：到 2025 年，建设重点品种生态种植园，采用人工抚育、仿野生栽培等技术重建珍稀濒危药用植物群落。

到 2030 年，增建生态种植园，实现大部分品种人工抚育技术突破，重点品种野外复育成功。

10）植物选育：同大宗药材品种选育

（2）技术路线图（图 4-5）

珍稀濒危药材人工繁育关键技术	关键技术	2025年	2030年
	动物引种	掌握重点品种习性，降低大部分珍稀濒危药用动物的诱捕及引种运输损伤	摸清大部分珍稀濒危药用动物习性，实现大部分珍稀濒危药用动物的无损诱捕及引种运输
	动物驯化	实现重点品种驯化	实现大部分品种传代、驯化
	动物饲养	建立重点品种生产养殖技术规范	建立各品种生产养殖技术规范
	动物繁殖	提升重点品种繁殖力	推广可用于珍稀濒危药用动物的安全、微创、无损繁殖技术，提高繁殖力，扩大种群

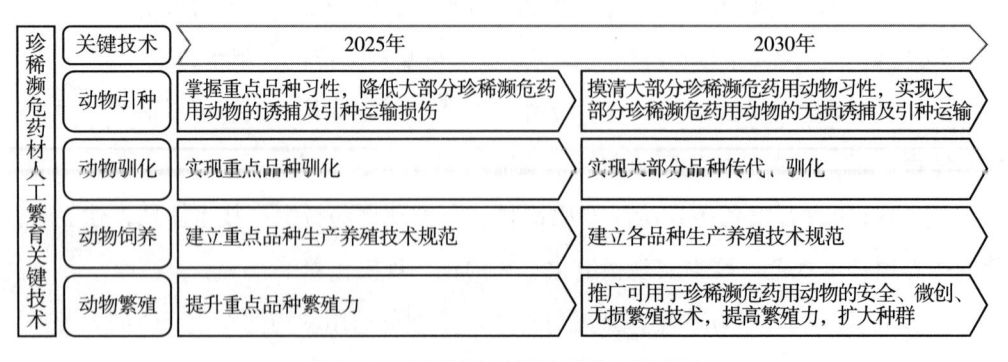

图 4-5　人工繁育关键技术发展路线图

关键技术		2025年	2030年
珍稀濒危药材人工繁育关键技术	动物育种	探索重点品种分子育种新方法，建立遗传资源数据库	实现重点品种分子育种
	植物原位保存	监测珍稀濒危药用植物野外生长情况	建立珍稀濒危药用植物自然保护区，扩大保护范围
	植物离体保存	建立重点品种资源保护体系	推广离体保存技术生产实践应用
	植物繁育	建立重点品种药用植物园、繁育基地	增加药用植物园数量，扩大规模，由繁育基地提供种质资源投入实际生产
	植物复育	建设重点品种生态种植园，采用人工抚育、仿野生栽培等技术重建珍稀濒危药用植物群落	实现大部分品种人工抚育技术突破，重点品种野外复育成功
	植物选育	初步形成多种大宗中药材种质良种的品质、产量等性状评价体系，建设种质数据库	系统建立多种大宗中药材种质和良种的评价体系，建成种质数据库

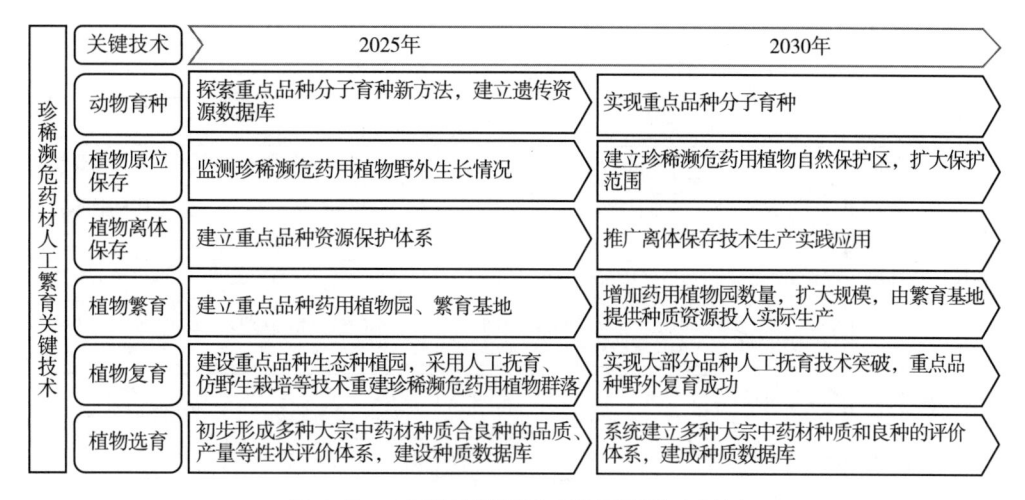

图 4-5 人工繁育关键技术发展路线图（续）

2. 人工替代技术路线图

（1）发展目标

1）濒危药材化学成分的分离与表征技术：到 2025 年，濒危药材化学成分的分析、分离、表征技术进一步发展，自动化、集成化、智能化程度提高，濒危药材化学成分研究的系统性和全面性得到进一步提升。蛋白、多肽、多糖等大分子类成分的研究技术水平显著提升。

到 2030 年，人工智能和大数据技术的深度融入有望极大推动包括小分子和大分子在内的全成分的分析、分离与结构确证，实现濒危药材全息精细化表征。

2）濒危药材活性筛选和药效评价技术：到 2025 年，探索构建适应中医药特色的原创性筛选评价方法和理论，通过大数据和人工智能等多学科技术的应用，进一步丰富濒危药材功效的科学内涵，初步搭建现代医学与传统功效之间的沟通桥梁。

到 2030 年，进一步深化多学科交叉融合，构建起完善的"濒危药材－化学组成－传统功效"研究链条，与中医药特色相适应的筛选和评价体系和理论框架更加完善。

3）濒危药材药效成分的获取和制造技术：到 2025 年，通过创新合成技术和生物催化工具，以及建立合成生物学和代谢工程基础平台，提升药效成分（包括小分子和大分子）的制造效率，降低能耗和排放。

到 2030 年，通过整合合成生物学、基因工程、代谢工程等技术改造和重塑微生物或植物细胞的代谢途径，实现过去难以量产的小分子和大分子类药效成分的规模化绿色制造。

（2）技术路线图（图4-6）

关键技术	2025年	2030年
人工替代技术	濒危药材化学成分的分离与表征技术	分析、分离、表征技术进一步发展，自动化、集成化、智能化程度提高，濒危药材化学成分研究的系统性和全面性提升，并推动大分子类成分的化学研究	人工智能和大数据技术的深度融入有望极大推动包括小分子和大分子在内的全成分的分析、分离与结构确证，实现濒危药材全息精细化表征
	濒危药材活性筛选和药效评价技术	探索构建适应中医药特色的筛选评价方法和理论，通过大数据和人工智能等学科技术的应用，进一步丰富濒危药材功效的科学内涵，初步搭建现代医学与传统功效之间的沟通桥梁	进一步深化多学科交叉融合，构建起完善的"濒危药材-化学组成-传统功效"研究链条，与中医药特色相适应的筛选和评价体系和理论框架更加完善
	濒危药材药效成分的获取和制造技术	通过创新合成技术和生物催化工具，以及建立合成生物学和代谢工程基础平台，提升药效成分（包括小分子和大分子）的制造效率，降低能耗和排放	通过整合合成生物学、基因工程、代谢工程等技术改造和重塑微生物或植物细胞的代谢途径，实现过去难以量产的小分子和大分子类药效成分的规模化绿色制造

图4-6 人工替代关键技术发展路线图

3. 生物技术产业技术路线图

（1）发展目标

1）药效活性成分合成及调控：到2025年，借助高通量以及自动化技术，基本构建药用活性成分合成及调控的底层网络，解析重要药用活性成分合成机制，解析药用活性成分积累调控机制。

到2030年，基于算法和数据，构建药用活性成分的合成及调控网络，为遗传改良和合成生物学生产提供靶点和元件。

2）药用植物高效遗传转化：到2025年，针对不同类型药用植物资源，建立广谱使用的药用植物遗传转化体系，开发高效遗传编辑工具。

到2030年，实现代表性药用植物的基因编辑改良，创建代谢工程改良新品系。

3）合成生物学替代生产：到2025年，基于高通量、自动化等技术，构建系列高效元件、适配底盘库，基于合成生物学、系统生物学建立开展细胞工厂创建以及使能技术开发。

到2030年，获得利用合成生物学生产的中药活性成分创新中药。

4）珍稀濒危遗传机制解析：到2025年，利用遗传学、分子生物学等技术，解析药用植物的珍稀濒危的遗传成因。

到2030年，基于珍稀濒危机制的了解以及遗传转化体系的构建，创建抗逆性提升的珍稀濒危药用植物新品种。

（2）技术路线图（图4-7）

生物技术	关键技术	2025年	2030年
	药效活性成分合成及调控	借助高通量以及自动化技术，构建药用活性成分合成及调控的底层网络	构建典型药用活性成分的合成代谢调控网络
	药用植物高效遗传转化	建立广泛适用的药用植物遗传转化体系	创建药用植物的代谢工程改良创新品种
	合成生物学替代生产	基于合成生物学、系统生物学建立系列高效元件、适配底盘库，开展细胞工厂创建使能技术开发	基于合成生物学的中药活性成分药物研发
	珍稀濒危遗传机制解析	从遗传成因方面解析珍稀濒危机制	利用遗传改良提升珍稀濒危药用植物的适应性

图4-7　人工替代关键技术发展路线图

（三）中药材质量控制产业技术路线图

1. 商品规格等级技术路线

（1）发展目标

到2025年，对历代本草、方书、医籍、方志等资料中所保存的历代医家关于药材品质优劣的相关记载进行系统梳理与研究，获取基于人用历史经验的药材品质论述，形成相应的数据库。

到2030年，采用人工智能、数字化成像、高光谱、液质联用等现代技术对符合传统品质性状特征的药材实物标本进行性状的现代化、规范化表征，以及内含特征性成分规律的分析与表征，构建基于人用历史经验的现代化科学划分等级技术方案。

（2）技术路线图（图4-8）

商品规格等级	关键技术	2025年	2030年
	基于性状的划分技术	对历代本草、方书、医籍、方志等资料中所保存的历代医家关于药材品质优劣的相关记载进行系统梳理与研究，获取基于人用历史经验的药材品质论述，形成相应的数据库	采用人工智能、数字化成像、高光谱、液质联用等现代技术对符合传统品质性状特征的药材实物标本进行性状的现代化、规范化表征，以及内含特征性成分规律的分析与表征，构建基于人用历史经验的现代化科学划分等级技术方案
	基于化学的划分技术		
	基于生物的划分技术		
	综合划分技术		

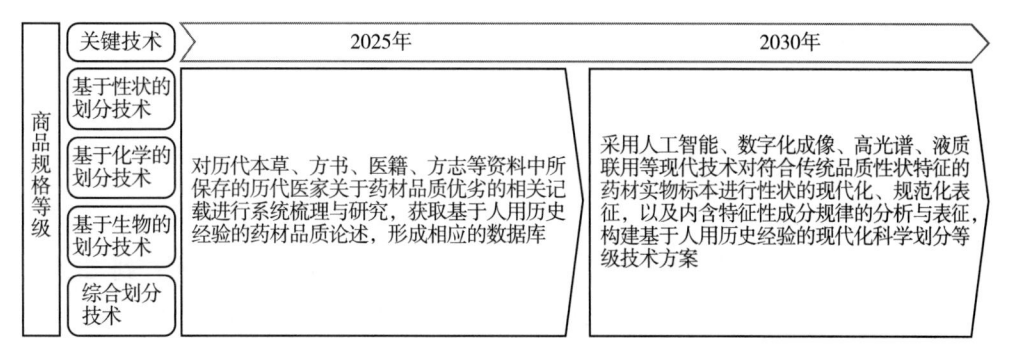

图4-8　商品规格等级划分技术发展路线图

2. 真伪鉴别技术产业技术路线

（1）发展目标

到 2050 年，收集高质量机器感官、图像识别大数据，建立适合中药鉴别的人工智能识别算法。发掘中药质量标志物，整合化学计量学、人工智能等方法自动化表征、识别及建立中药真伪鉴别标记和方法。

到 2030 年，建立适合中药临床功效评价的动物模型及多维的生物效应评价体系，建立统一、高质量、标准化的中药性状、显微、理化及核酸标记参考数据库，研制自动识别、比对和鉴定的一体化鉴定数据分析平台和智能鉴定设备，实现中药生产全链条真伪智能鉴别。

（2）技术路线图（图 4-9）

关键技术	2025年	2030年
真伪鉴别技术		
机器智能感官技术、图像智能识别技术	收集高质量机器感官、图像识别大数据，建立适合中药鉴别的人工智能识别算法。自动化表征、识别及建立中药真伪鉴别标记和方法	建立适合中药临床功效评价的动物模型及多维的生物效应评价体系，建立统一、高质量、标准化的中药性状、显微、理化及核酸标记参考数据库，研制自动识别、比对和鉴定的一体化鉴定数据分析平台和智能鉴定设备，实现中药生产全链条真伪智能鉴别
图像智能识别技术、微性状技术		
化学指标性成分识别技术		
真伪特征整体性辨识技术		
DNA分子鉴定技术		
生物效应评价技术		

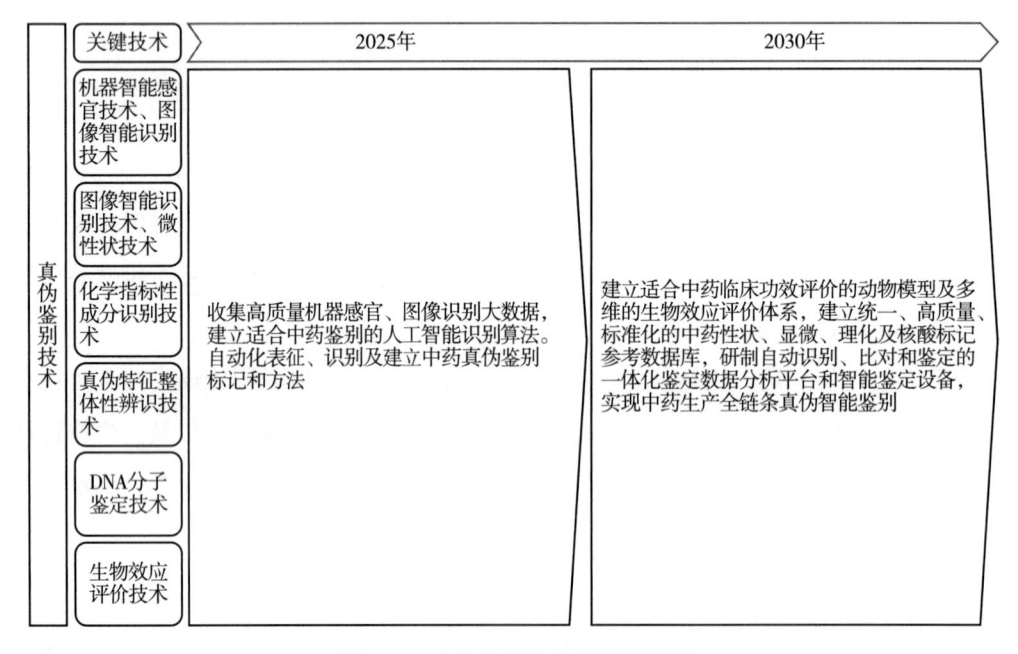

图 4-9　真伪鉴别技术发展路线图

3. 品质评价技术路线图

（1）发展目标

1）夯实品质评价的基础支撑——水溶性药效物质发现和制备技术：到 2025 年，依托 10~20 种典型中药的水溶性活性大分子的示范研究，初步构建大分子物质表征、规模化制备和检测技术体系；探索数字对照物质的研究与应用，为构建化学—生物评价融合的中药品质评价技术体系夯实基础支撑。

到 2030 年，进一步完善大分子物质表征、规模化制备和检测技术体系，推广应用于 20~30 种中药的研究。

2）化学-生物评价多维融合技术：到 2025 年，基于传统性状评价与生物和人工智能仿生等技术的结合，初步构建传统品质评价的客观化和数字化技术体系；构建临床价值导向的高效、稳健、可及的化学-生物评价多维融合技术体系。

到 2030 年，进一步完善传统品质评价的客观化和数字化技术以及临床价值导向的化学-生物评价多维融合技术体系。

3）中药材生产过程控制技术：到 2025 年，持续推进中药材规范化生产技术体系建设，构建从种质种苗、种植、采收、初加工、贮藏等生产全链条的过程控制技术和标准体系。

到 2030 年，进一步完善中药材生产过程控制技术和标准体系，推进中药科学监管向药材生产源头延伸。

4）中药质量真实世界数据平台：到 2025 年，建立多源异构数据的标准及统一的表达和呈现技术，初步构建数字化的中药质量真实世界数据平台，涵盖数据条数不少于 1000 条。

到 2030 年，进一步完善中药质量真实世界数据平台，涵盖数据条数不少于 5000 条。

（2）技术路线图（图 4-10）

	关键技术	2025年	2030年
中药材品质评价技术	水溶性药效物质发现及制备技术	初步构建大分子物质表征、规模化制备和检测技术体系，实现10~20种中药的水溶性药效物质清晰	进一步完善大分子物质表征、规模化制备和检测技术体系，实现20~30种中药的水溶性药效物质清晰
	化学-生物多维融合技术	初步构建传统品质评价的客观化和数字化技术体系，临床价值导向的化学-生物评价融合技术体系	进一步完善传统品质评价的客观化和数字化技术体系，临床价值导向的化学-生物评价融合技术体系
	中药材生产过程控制技术	相对完善的中药材生产过程控制技术和标准体系	进一步完善中药材生产过程控制技术和标准体系
	中药质量真实世界数据平台	初步构建中药质量真实世界数据平台，涵盖数据条数不少于1000条	进一步完善中药质量真实世界数据平台，涵盖数据条数不少于5000条

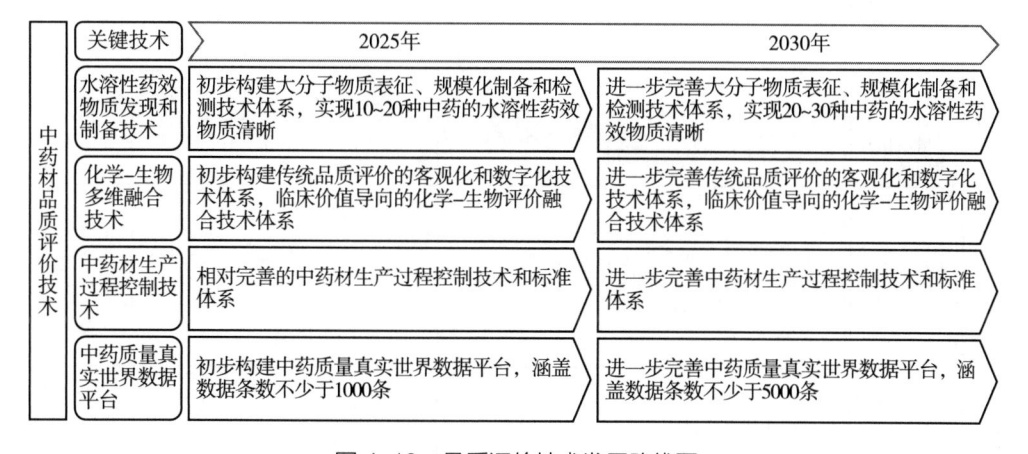

图 4-10 品质评价技术发展路线图

第二节 中药饮片和配方颗粒产业技术发展路线图

一、中药饮片关键技术发展路线图

（一）炮制工艺技术路线

1. 发展目标

到 2025 年，初步实现炮制过程形、色、气、味、质、水分等特征信息的采集、在线检测，多维构建性 – 色 – 质 – 效关联分析辨识炮制过程标识物，改造提升炮制专用设备性能，初步实现在线监控、部分智能化控制。

到 2030 年，借助人工智能（AI）技术实现不同传感器数据自动融合识别，形成较为完善的在线检测技术；集成炮制智能化装备、检测技术，利用虚拟仿真技术，对饮片的生产线优化，研发具有在线分析、智能控制集成功能的模拟老药工的机器人智能炮制生产线，为实现中药饮片的连续生产、提质增效。

2. 技术路线图（图 4-11）

关键技术	2025年	2030年
炮制加工过程的在线检测及识别技术	采用机器视觉、多光谱技术、电子感官仿生等技术，实现炮制加工过程的形、色、气、味、质、水分等特征信息的采集、在线检测，用于炮制程度的数字化判定	借助AI技术实现不同传感器数据自动融合识别，形成基于可视化传感器阵列系统的饮片炮制程度快速检测技术，初步达到模拟老药工的机器人智能炮制技术，无须人工参与，全流程基于视频识别技术，深度学习技术，协同机械臂模拟人工炮制中药饮片
炮制过程关键质量属性及量值传递辨识技术	多维构建性-色-质-效关联分析辨识炮制过程标识物，初步用于炮制过程监控及分析，建立关键工艺过程监控标准	研究融合光谱、成像等技术手段，采用可靠性算法实现质量的在线智能分析。形成炮制终点的综合判定标准，协同炮制设备控制系统，实现客观化判定
炮制关键装备及智能化生产线搭建关键技术	对炮制专用装备如炒药机在线检测硬件、软件搭建等提升监控及控制水平，初步实现在线监控、部分智能化控制	利用虚拟仿真技术，对饮片的生产线布局、设备配置、生产制造工艺路径等进行预规划，借助无线射频识别技术，制造执行系统能够对生产线上的饮片进行识别和路径规划，形成基于虚拟制造的数字化饮片生产技术。初步实现生产过程数字化、标准化，完成炮制技术数字化的转变
炮制用原料药材的质量控制技术及标准	形成GAP基地采收加工规范	提升并完善质-效关联的药材质量标准，用于控制原料药材质量

图 4-11 炮制工艺技术发展路线图

（二）中药饮片质量控制

1. 发展目标

到2025年，全面搭建中药饮片数字化表征体系，构建基于表里关联的饮片生产全过程质量控制技术体系，形成标准饮片制备技术规范，完善制订生熟异治饮片的专属性的质量标准。

到2030年，形成一套以"质量数字化"为核心技术特征的中药饮片质量控制方法，创建以临床疗效为导向的中药饮片品质综合量化评控体系。利用物联网技术、区块链及大数据技术，建立统一的中药饮片信息追溯平台，全面实现中药饮片从种植地环境、选种栽培、加工炮制、流通贮藏、市场销售全过程追踪和监管的溯源体系。

2. 技术路线图（图4-12）

	关键技术	2025年	2030年
中药饮片质量控制技术	炮制用原料药材的质量控制技术及标准	形成GAP基地采收加工规范	提升并完善质-效关联的药材质量标准，用于控制原料药材质量
	饮片生产过程质量控制技术及标准	感官性状的数字化表征，构建基于表里关联的关键工艺节点的辨识方法，形成过程控制技术标准	开展信息融合研究，推动技术集成，有效揭示中药饮片产品生产质量传递规律。中药饮片炮制技术与数字化技术相融合，形成一套以"质量数字化"为核心技术特征的中药饮片过程控制方法
	饮片产品质量控制技术及标准	初步形成标准饮片制备技术规范，完善生熟异治饮片的质量标准	形成体现饮片炮制特点的质量控制技术体系，使中药质量控制模式从单一成分指标评价向活性成分、多成分、生物测定及指纹或特征图谱的基于复杂体系的整体质量控制模式转变
	饮片生产全过程质量标准体系	并基于数据挖掘技术进一步整合中药饮片产业链中的信息，构建中药饮片质量监管系统	建立以"信息化、智能化"为主要特征的基于全过程控制的中药饮片产业链技术体系，中药饮片生产全过程质量溯源技术体系

图4-12 质量控制技术发展路线图

二、中药配方颗粒关键技术发展路线图

1. 发展目标

（1）中药材的原料

到2025年，初步完成对中药优质种质资源筛选，基本实现常用中药优质品种筛选，打造一批高标准的中药材规范化种植基地，加强中药材种植的过程管理，基本建

成中药配方颗粒产地提取基地,建立统一和规范的常用中药饮片炮制标准。

到2030年,进一步建成中药优质品种库,建成道地药材标准种子库和药材基因库,持续推进中药材生产质量管理规范(GAP)基地建设系统建设,从资源、种植、加工、生产等多方位、多环节的控制,基本实现源头上保证中药质量。

(2)生产标准与质量控制规范

到2025年,基本落实中药配方颗粒国家标准的生产质量管理规范,基本建成生产线的质量管理体系,形成标准与生产实际紧密结合的质量控制体系。

到2030年,进一步实现中药配方颗粒全产业链质量安全监管体系,实现建立中药材→中药饮片→中药配方颗粒全生命周期可溯源质量管理模式,以保障中药配方颗粒的质量。

(3)生产工艺的研究技术

到2025年,加强问题品种攻关研究,制定完善的工艺流程,采取合适的制剂工艺保障药材药性能够归一,基本解决突出的工艺问题。

到2030年,进一步解决常用中药品种的工艺问题,结合现代工艺技术和信息技术构建符合中药配方颗粒的技术工艺体系,进一步推进工艺升级改进。

(4)标准化与规范化

到2025年,积极有序推进国家标准研究与省级标准研究,保证临床配方常用品种完整。企业合理布局研究品种,避免重复研究引发的资源浪费;对存疑的省级质量标准进行深入研究,为国家质量标准的合理性提供支撑。

到2030年,常用中药配方品种全面实行国家标准,地方常用中药配方颗粒全面实行省级标准,推动省级标准升国家标准,持续开展标准研究,国家标准和省级标准进一步提升。

(5)安全性与药效评估

到2025年,形成中药配方颗粒临床疗效评价机制,构建针对中药配方颗粒的药品监管数据库。结合风险,采取重点品种主动收集、其余品种被动收集的方式,建立中药配方颗粒不良反应的常规监测及预警体系,基本实现数据共享,提高中药配方颗粒的认可度。

到2030年,中药配方颗粒生产企业进一步加强与医疗机构的合作,创新不良反应监测及评估方式,进一步完善上市后监管和信息反馈机制,基本实现应用大数据与人工智能及时反馈信息。

2. 技术路线图（图4-13）

关键技术	2025	2030
中药配方颗粒技术	中药材的原料	基本实现常用中药优质品种筛选，建立高标准的中药材规范化种植基地，强化对种植过程的监督和管理，建立统一和规范的常用中药饮片炮制标准	进一步扩大中药优质资源品种库，系统建成从资源、种植、加工、生产等多方位、多环节的控制，基本实现源头上保证中药质量
	生产标准与质量控制规范	基本实现常用中药优质品种筛选，建立高标准的中药材规范化种植基地，强化对种植过程的监督和管理，建立统一和规范的常用中药饮片炮制标准	进一步扩大中药优质资源品种库，系统建成从资源、种植、加工、生产等多方位、多环节的控制，基本实现源头上保证中药质量
	生产工艺的研究技术	加强问题品种攻关研究，制定完善的工艺流程	进一步解决常用中药品种的工艺问题
	标准化与规范化	积极有序推进国家标准研究与省级标准研究，保证临床配方常用品种完整	常用中药品种全面实行国家标准，地方常用中药全面实行省级标准
	安全性与药效评估	健全中药配方颗粒临床疗效评价机制，构建针对中药配方颗粒的药品监管数据库	进一步完善上市后监管和信息反馈机制，基本实现应用大数据与人工智能及时反馈信息

图4-13 中药配方颗粒相关技术发展路线图

第三节 中成药产业技术路线图

（一）中药新药研发技术路线图

1. 新药发现技术路线图

（1）发展目标

1）化学成分分离、制备技术：到2025年，针对中药常见微量成分、潜在高活性成分、大极性成分等（如：多糖、多肽），形成较为明确、高效的分离方案、新的高效色谱填料；

到2030年，进一步完善中药化学成分分离、制备的全自动化，用于活性成分的筛选，显著提高分离、制备的工作效率。

2）化学成分鉴定技术：到2025年，建立广泛认可的基于色谱、光谱（NMR、IR等）等多数据来源的中药化学成分鉴定计算机辅助系统；

到2030年，建立基于人工智能的中药化学成分鉴定的系统，初步解决同分异构体、全新骨架结构化合物、大分子化合物等鉴定难题，显著提高鉴定效率。

3）分离、制备、鉴定集成化技术：到2025年，完成可行的中药化学成分分离、制备、鉴定集成化技术方案；

到 2030 年，完成中药化学成分分离、制备、鉴定集成化设备的设计及初试。

4）活性成分或组分筛选技术：到 2025 年，基于现有生物技术方法，针对重大疾病完成，1~2 种疾病（如：心血管、代谢性疾病、免疫性疾病），建立适用于中药活性成分或组分筛选的高效活性评价方法及技术路线，建立适合中药临床作用特点的动物模型及多维药效评价体系；

到 2030 年，形成 2~3 种重大疾病相关的中药活性成分或组分筛选技术的标准化体系，并获得广泛认可；

5）中药新药处方挖掘、优化技术：到 2025 年，解决不同来源的中医药大数据"传统人用经验大数据、现代临床大数据、药理活性大数据、组学大数据、中药成分大数据、分子靶标大数据"的融合问题，形成数据库构建的有效方案；

到 2030 年，初步建立基于大数据的中药新药处方挖掘的数据平台，基于该平台形成完善的挖发掘方法、优化方法，并获得广泛认可。

（2）技术路线图（图 4-14）

关键技术	2025年	2030年
化学成分分离、制备技术	针对中药常见微量成分、潜在高活性成分、大极性成分成分等（如：多糖、多肽），形成较为明确、高效的分离方案、新的高效色谱填料	进一步完善中药化学成分分离、制备的全自动化，用于活性成分的筛选，显著提高分离、制备的工作效率
化学成分鉴定技术	建立广泛认可的基于色谱、光谱（NMR、IR等）等多数据来源的中药化学成分鉴定计算机辅助系统	建立基于人工智能的中药化学成分鉴定的系统，解决同分异构体、全新骨架新化合物、大分子化合物等鉴定难题，显著提高鉴定效率
分离、制备、鉴定集成化技术	形成可行的中药化学成分分离、制备、鉴定集成化技术方案	完成中药化学成分分离、制备、鉴定集成化设备的设计及试制
活性成分或组分筛选技术	基于现有生物技术方法，针对重大疾病完成，1~2 种疾病（如：心血管、代谢性疾病、免疫性疾病），建立适用于中药活性成分或组分筛选的高效活性评价方法及技术路线，建立适合中药临床作用特点的动物模型及多维药效评价体系	形成 2~3 种重大疾病相关的中药活性成分或组分筛选技术的标准化体系，并获得广泛认可
中药新药处方挖掘、优化技术	解决不同来源的中医药大数据"传统人用经验大数据、现代临床大数据、药理活性大数据、组学大数据、中药成分大数据、分子靶标大数据"的融合问题，形成数据库构建的有效方案	初步建立基于大数据的中药新药处方挖掘的数据平台，基于该平台形成完善的挖发掘方法、优化方法，并获得广泛认可

图 4-14 中药新药发现技术发展路线图

2. 制备工艺技术路线图

（1）发展目标

1）新型提取工艺：到2025年，形成较成熟的新型提取工艺，如超临界萃取法、半仿生提取法、酶提取法等，并具有工业转化的基础。

到2030年，对超临界萃取、半仿生提取等新型提取工艺实现产业化推广。

2）新型分离与纯化工艺：到2025年，掌握醇沉法、絮凝沉淀法、大孔吸附树脂法等技术的分离机理，探索膜分离法、超临界萃取法、超滤技术等新技术的产业化转移的瓶颈。

到2030年，突破新型分离与纯化工艺的产业化瓶颈，并实现产业化转移。

3）成型工艺关键技术：到2025年，建立中药制剂成型前物料的物性参数表征体系，建立成型前物料、辅料与中药制剂成型质量相关性模型。

到2030年，形成新型成型工艺关键技术体系，明确中药制剂成型机理，提升中药制剂成型质量。

（2）技术路线图（图4-15）

关键技术		2025年	2030年
新型制备工艺技术	新型提取工艺	形成较成熟的新型提取工艺，如超临界萃取法、半仿生提取法、酶提取法等，并具有工业转化的基础	对超临界萃取、半仿生提取等新型提取工艺实现产业化推广
	新型分离与纯化工艺	掌握醇沉法、絮凝沉淀法、大孔吸附树脂法等技术的分离机理，探索膜分离法、超临界萃取法、超滤技术等新技术的产业化转移的瓶颈	突破新型分离与纯化工艺的产业化瓶颈，并实现产业化转移
	成型工艺关键技术	建立中药制剂成型前物料的物性参数表征体系，建立成型前物料、辅料与中药制剂成型质量相关性模型	形成新型成型工艺关键技术体系，明确中药制剂成型机理，提升中药制剂成型质量

图4-15 新型制备工艺技术发展路线图

3. 中药剂型技术路线图

（1）发展目标

到2025年，形成中药制剂载药量提高技术、中药纯化精制技术、中药微粒给药系统制备技术、中药缓控释给药系统制备技术、中药植入型给药系统关键技术、中药靶向给药系统关键技术等多项关键技术。

到2030年，突破制约中药新剂型及新技术产业化的共性、关键问题，开发出一批中药缓控释制剂、靶向制剂等符合中药复方特点的高端制剂。

（2）技术路线图（图4-16）

中药剂型技术	关键技术	2025年	2030年
	中药制剂新剂型及新技术	形成中药制剂载药量提高技术、中药纯化精制技术、中药微粒给药系统制备技术、中药缓控释给药系统制备技术、中药植入型给药系统关键技术、中药靶向给药系统关键技术等多项关键技术	突破制约中药新剂型及新技术产业化的共性、关键问题，开发出一批中药缓控释制剂、靶向制剂等符合中药复方特点的高端制剂

图4-16 中药剂型技术发展路线图

4. 质量控制技术路线图

（1）发展目标

1）基于"化学基准"的中药质量控制技术：到2025年，能够结合多指标成分含量测定，解决单一化学成分不能反映整体的关键问题，形成系统控制其整体化学物质基础的技术手段。

到2030年，基于化学成分属性，多技术方法联合使用，多维度分析，整合"有机–无机""有效–无效"成分，实现化学成分多维全息整体表征。

2）基于"化学基准与药理效应基准"相结合的中药质量控制技术：到2025年，能够较大程度的确定与药效属性相关的质量标志物，建立反映整体药效的质量控制方法，进一步阐明发挥药效的化学物质组群。

到2030年，依据中药多重功效属性特点，针对特定药效，解析与特定药效密切相关的中药内在化学属性，从而实现中药质量有效性的精准控制。

3）基于"化学基准与生物效应基准"相结合的中药质量控制技术：到2025年，解决生物效应评价法操作烦琐、通用性较差、可及性差、普适性差、缺乏表征方法等问题，构建Q-Marker与Bio-Marker相关联，能够全面反映中药的整体活性和临床疗效的优势。

到2030年，构建"化学成分–生物效应–中医功效"多维关联，阐明功效–成分–品质关系，提炼质量标志物，建立多元化中药质量控制方法，实现质量关键因素的可视、可控、可溯源。

（2）技术路线图（图4-17）

关键技术	2025年	2030年
基于"化学基准"的中药质量控制技术	能够结合多指标成分含量测定，解决单一化学成分不能反映整体的关键问题，形成系统控制其整体化学物质基础的技术手段	基于化学成分属性，多技术方法联合使用，多维度分析，整合"有机-无机""有效-无效"成分，实现化学成分多维全息整体表征
基于"化学基准与药理效应基准"相结合的中药质量控制技术	能够较大程度的确定与药效属性相关的质量标志物，建立反映整体药效的质量控制方法，进一步阐明发挥药效的化学物质组群	依据中药多重功效属性特点，针对特定药效，解析与特定药效密切相关的中药内在化学属性，从而实现中药质量有效性的精准控制
基于"化学基准与生物效应基准"相结合的中药质量控制技术	解决生物效应评价法操作繁琐、通用性较差、可及性差、普适性差、缺乏表征方法等问题，构建Q-Marker与Bio-Marker相关联，能够全面反映中药的整体活性和临床疗效的优势	构建"化学成分-生物效应-中医功效"多维关联，阐明功效-成分-品质关系，提炼质量标志物，建立多元化中药质量控制方法，实现质量关键因素的可视、可控、可溯源

图4-17 中成药质量控制技术发展路线图

5.药效评价技术路线图

（1）发展目标

1）病证结合动物模型：到2025年，根据病证病机和临床诊断性指标的病理特点，逐步统一动物模型证候的评价标准，完善病证结合动物模型的评体系，缩小不同试验模型质量差距，推行代表性病证结合动物模型标准化工作。

到2030年，颁行系列常见病病证结合动物模型团体标准。

2）类器官-人类疾病的临床前模型：①类器官芯片：到2025年，随着微流体和细胞培养技术的进步，通过血管灌注连接多个器官模块构建"人体芯片"，评估不同疾病的病理生理学机制和潜在的生物化学途径。

到2030年，构建标准化，可重复性的类器官芯片，增加疾病微环境的影响，与纳米药物递送系统紧密连接，为精准化检测提供快速，可靠，可重复性的标准化方式。基于人类组织、特定疾病和多器官模型的体外复制品满足药物研发的迫切需求。

②类器官模型：到2025年，通过细胞共培养，实现多个类器官间的连接和通讯，模拟多器官共病的病理生理学过程。

到2030年，通过使用临床级别胶原培养或体内培养减少由于动物来源基质胶的成分变异性及潜在免疫反应而导致临床移植出现排斥现象。培育出具有血管化的类脑器官，构建相对准确，可复制的类器官模型，实现其向临床转化的可能性。

③类血管模型：到 2025 年，类器官中的三维血管结构可以在不使用基质和延长血管生长因子的情况下，通过利用细胞在正确组织环境中的内在能力实现。

到 2030 年，将血管类器官与其他类器官模型结合，建立更加真实的人体类器官系统模型，开发更加复杂的血管类器官模型，更好地模拟人体血管系统的复杂性。

3）微流控芯片：到 2025 年，将微阵列和微流体液滴发生器相结合形成"微滴库"，实现一次性同时检测多组学成分，提高检测效率，在药理学筛选，耐药性分析等方面展现巨大潜力。

到 2030 年，加速材料学的发展，同时结合纳米技术和核酸适体技术的发展，将微流控芯片应用于临床的相关生物靶标的筛选；同时结合类器官模型，构建疾病–微环境–高效筛选药物新临床前药效研究模式。

（2）技术路线图（图 4-18）

关键技术	2025年	2030年
病证结合动物模型	逐步统一动物模型证候的评价标准，缩小不同试验模型质量差异	颁行系列常见病病证结合动物模型团体标准
类器官芯片	构建更多人体器官和疾病的相关模型，优化微组织血管化和生物屏障的体外模型	构建标准化、可重复性的类器官芯片，增加疾病微环境的影响
类器官模型	通过细胞共培养，实现多个器官间的连接和通讯	培育出具有血管化的可扩展性类器官，实现其向临床转化的可能性
类血管模型	通过利用细胞在正确组织环境中的内在能力形成类器官中的三维血管结构	在类器官中构建功能性、可灌注的脉管系统
微流控芯片	"微滴库"，将微阵列和微粒相结合	加速材料学的发展，将微流控芯片应用于临床的相关生物靶标的筛选，构建疾病–微环境–高效筛选药物新临床前药效研究模式

（中成药药效评价技术）

图 4-18 中成药药效评价技术发展路线图

6. 临床前安全性评价技术路线图

（1）发展目标

1）基于真实世界数据的中药毒性数据分析技术：目前，基于真实世界的中药有效性数据及其分析技术已经形成一些技术规范乃至标准，但是对应的毒性数据和分析技术尚不成熟。

到 2025 年，形成基于真实世界中药毒性数据及其分析技术的初步规范。

到 2030 年，充分利用已形成的技术规范指导中药新药的临床前乃至临床毒性研究。

2）类器官芯片技术：目前，美国 FDA 已经审批通过仅靠类器官芯片数据的新药，国内在这方面还处于技术准备与积累阶段。

到 2025 年，构建比较成熟的肝、肾乃至联合器官芯片技术平台。

到 2030 年，利用比较成熟的器官芯片技术对中药新药进行临床前安全性评价。

3）基于申报资料的规范化毒性数据的自动分析技术：目前，中药毒性数据的非临床毒性通用数据标准尚未建立。

到 2025 年，构建中药非临床毒性通用数据标准规范，结合国内实际情况，用于中药新药的申报资料数据递交。

到 2030 年，形成基于中药新药非临床通用数据的自动化分析技术规范。

4）符合中药特色的供试品分析技术规范：目前，中药供试品分析基本上是借鉴化学药的分析技术，在实际工作中不符合中药特点。

到 2025 年，充分考虑中药特点，基本形成中药供试品剂量折算、配制、分析等技术规范。

到 2030 年，技术规范推广使用。

5）监管科学与技术：目前，药监部门在充分尊重中医药特点的基础上，已初步形成中药新药监管的指导文件。

到 2025 年，经过大量实践检验，形成比较成熟的中药新药审评技术规范和交流制度。

到 2030 年，形成的中药新药审评和监管技术规范和制度指导中药新药的研发。

（2）技术路线图（图 4-19）

关键技术		2025年	2030年
临床前安全性评价技术	基于真实世界数据的中药毒性数据分析技术	形成基于真实世界中药毒性数据及其分析技术的初步规范	充分利用已形成的技术规范指导中药新药的临床前乃至临床毒性研究
	类器官芯片技术	构建比较成熟的肝、肾乃至联合器官芯片技术平台	利用比较成熟的器官芯片技术对中药新药进行临床前安全性评价
	基于申报资料的规范化毒性数据的自动分析技术	构建中药非临床毒性通用数据标准规范，结合国内实际情况，用于中药新药的申报资料数据递交	形成基于中药新药非临床通用数据的自动化分析技术规范
	符合中药特色的供试品分析技术规范	充分考虑中药特点，基本形成中药供试品剂量折算、配制、分析等技术规范	技术规范推广使用
	监管科学与技术	经过大量实践检验，形成比较成熟的中药新药审评技术规范和交流制度	形成的中药新药审评和监管技术规范和制度指导中药新药的研发

图 4-19 临床前安全性评价技术发展路线图

7. 药代动力学技术路线图

（1）发展目标

1）中药多成分分析技术：到 2025 年，针对代表性的中药，采用水解、酶解、衍生化等方法进行样品处理方法，建立生物基质中多糖类成分的分析方法；建立标记化合物替代检测中药内源性成分的定量分分析方法。

到 2030 年，进一步完善生物基质中中药多糖类成分及动物药内源性成分的分析方法，提供针对不同类成分的样品前处理方法，优化的分析参数及针对不同内源性成分时辰节律实验信息。

2）中药药代动力学研究：到 2025 年，提出并建立代表性中药或中药某类成分的整合药动 – 整合药效模型研究的策略并将该策略应用于中药药动学、药效学或中药 – 药物相互作用研究中。

到 2030 年，初步建立通过肠道菌、肠 – 器官轴发挥直接或间接效用的代表性中药成分肠内浓度变化或药动学特征与药效学关系的模型；在化药多种药动学相关模型（如：PK-PD、PBPK、PPK、PPK-PD）的基础上，结合中药多成分、多效应的特点及中药临床药动学数据，建立中药特色的药动学相关模型并应用。

3）中药药物相互作用评价：到 2025 年，建立可靠的具有实践意义的中药 – 化药相互作用的动物、人体评价方法、模型及体系，制定相关中药新药药动学评价指南或指导原则。

到 2030 年，进一步发展、并建立化药 – 中药、中药 – 中药相互作用的动物、人体评价方法、模型及体系，丰富完善相关中药新药药动学评价指南或指导原则。

（2）技术路线图（图 4-20）

关键技术	2025年	2030年
中药多成分分析技术	建立生物基质中代表性中药多糖类成分及动物药内源性成分的分析方法	进一步完善生物基质中中药多糖类成分及动物药内源性成分的分析方法
中药药代动力学研究	建立代表性中药或中药某类成分的整合药动-整合药效模型研究的策略并应用	初步建立通过肠道菌、肠-器官轴发挥直接或间接效用的代表性中药成分肠内浓度变化或药动学特征与药效学关系的模型；在化药多种药动学相关模型（如：PK-PD、PBPK、PPK、PPK-PD）的基础上，结合中药多成分、多效应的特点及中药临床药动学数据，建立中药特色的相关模型
中药药物相互作用评价	建立中药-化药相互作用的动物、人体评价方法、模型及体系，制定相关指南或指导原则	发展、并建立化药-中药、中药-中药相互作用的动物、人体评价方法、模型及体系

图 4-20　新药药代动力学技术发展路线图

8.临床试验技术路线图

(1)发展目标

1)中医古籍信息化标准与技术规范:到2025年,完成中医理论古代文献检索的关键技术与证据评价要素。

到2030年,完成中医原创理论转化应用的中医古籍信息化标准与技术规范,促进中医理论的转化应用。

2)中医临床试验证候诊断:到2025年,提出中医药临床研究证候标准化诊断的研究模式。

到2023年,完成中医证候诊断标准研制指南,完善中医临床试验证候诊断标准,提高中药临床试验的科学性与规范性。

3)中医药临床疗效综合评价指标体系技术规范:到2025年,完成中医药疗效评价体系技术规范。

到2030年,建立符合中医药特点的疗效评价体系及标准。

4)中医证候疗效评价量表技术规范:到2025年,完成中医证候疗效评价量表技术规范。

到2030年,建立科学公认的证候疗效评价技术规范与标准。

5)中医临床试验数据与信息标准:到2025年,建立中医药临床研究信息数据元目录。

到2030年,建立符合国际规范的中医临床试验数据标准与信息标准,推动中药临床试验数据的国际共享。

6)人用经验转化应用技术表标准:到2025年,制定中药人用经验研究的质量要求、构建支撑人用经验转化应用的系列数据治理与分析技术标准。

到2023年,建立系列重大病种多中心数据共享平台提速人用经验的转化应用。

(2)技术路线图(图4-21)

中药新药临床试验技术	关键技术	2025年	2030年
	中医古籍信息化标准与技术规范	完成中医理论古代文献检索的关键技术与证据评价要素	完成中医理论转化应用标准与技术规范
	中医临床试验证候诊断	提出中医药临床研究证候标准化诊断的研究模式	完成中医证候诊断标准研制指南

图4-21 新药临床试验技术发展路线图

关键技术	2025	2030
中医药临床疗效综合评价指标体系技术规范	完成中医药疗效评价体系技术规范	建立符合中医药特点的疗效评价体系及标准
中医证候疗效评价量表技术规范	完成中医证候疗效评价量表技术规范	建立科学公认的证候疗效评价技术规范与标准
中医临床试验数据与信息标准	建立中医药临床研究信息数据元目录	建立符合国际规范的中医临床试验数据标准与信息标准
人用经验转化应用技术表标准	制定中药人用经验研究的质量要求、数据治理与分析技术标准	建立系列重大病种多中心数据共享平台

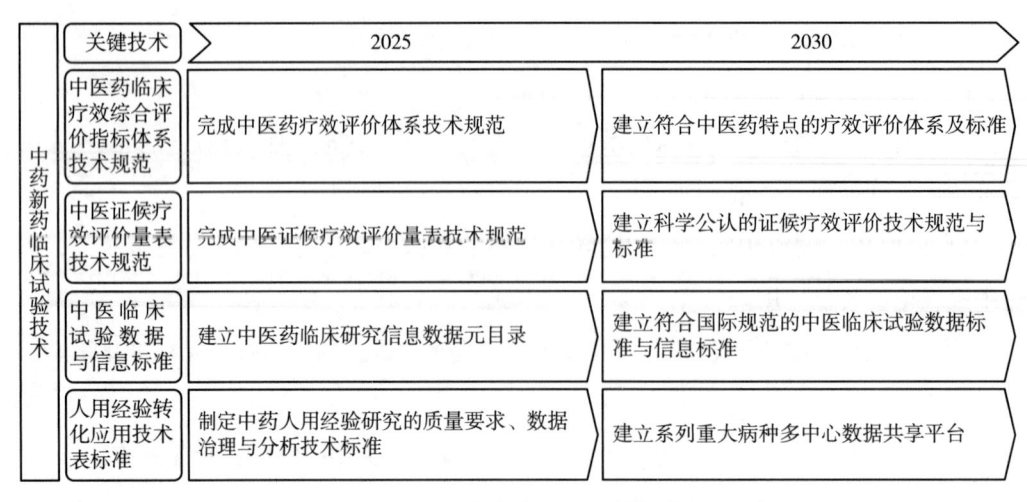

图 4-21 新药临床试验技术发展路线图（续）

（二）中药大品种培育

1. 质量提升技术路线图

（1）发展目标

1）中成药均一化控制技术：到 2025 年，建立以中药制剂关键质量属性相关的均一化指标，如有效成分、指标成分、大类成分的含量；浸出物量；指纹图谱；生物活性等，合理确定均一化要求，如均一化指标的限度范围或多个指标构成的设计空间等，实现 10% 中成药大品种均一性控制。

到 2030 年，进一步完善和应用前期建立的中成药均一化控制技术，争取 80% 以上中成药质量实现均一化。

2）中成药生产在线检测技术：到 2025 年，在制药生产线的模块化设计基础上，基于饮片－中间体－成品与功效相关联的 PAT 过程分析核心技术，10% 中成药品种生产实现随机控制和实时分析，到 2030 年，进一步完善生产动态数据汇聚、数据推送、检测监管、数据合规处理等技术体系，50% 的中成药生产线实现全面在线检测。

3）中成药优质评价技术：到 2025 年，基于中成药生产全周期即药材－饮片－中间体－产品－上市后研究，建立优质中成药评价标准和细则，并应用于 20~50 个大品种，形成数据收集、分析和反馈工作机制，量化各企业生产质量管理与先进水平的差距，研究各厂家中成药产品质量差距，剖析影响产品质量的关键因素。

到 2030 年，进一步完善中成药优质评价体系，推动实施中成药优质优价，为 50% 的中成药产品集采品种提供质量分级评价支撑，实现集采中成药"保质低价"。

4）安全风险控制技术：到2025年，基于中药全链条监管、不良反应监测和上市后评价三结合，建立中成药安全风险监控技术体系。

到2030年，建立全国一体的中成药安全风险技术体系，50%的中成药品种实现安全风险实时控制。

（2）技术路线图（图4-22）

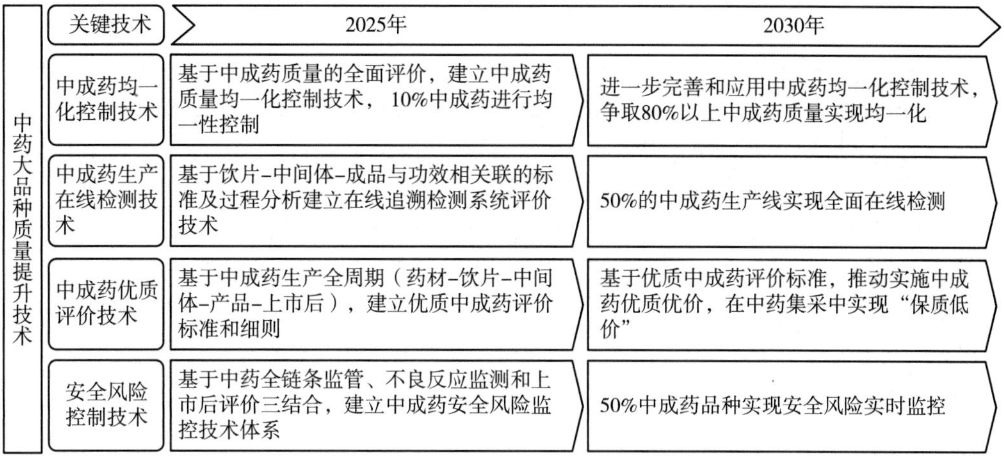

关键技术	2025年	2030年
中成药均一化控制技术	基于中成药质量的全面评价，建立中成药质量均一化控制技术，10%中成药进行均一性控制	进一步完善和应用中成药均一化控制技术，争取80%以上中成药质量实现均一化
中成药生产在线检测技术	基于饮片-中间体-成品与功效相关联的标准及过程分析建立在线追溯检测系统评价技术	50%的中成药生产线实现全面在线检测
中成药优质评价技术	基于中成药生产全周期（药材-饮片-中间体-产品-上市后），建立优质中成药评价标准和细则	基于优质中成药评价标准，推动实施中成药优质优价，在中药集采中实现"保质低价"
安全风险控制技术	基于中药全链条监管、不良反应监测和上市后评价三结合，建立中成药安全风险监控技术体系	50%中成药品种实现安全风险实时监控

（左侧纵向标题：中药大品种质量提升技术）

图4-22 质量提升技术发展路线图

2.临床定位技术路线图

（1）发展目标

一是深化古籍文献评级与指标体系建设，进一步梳理古籍医案，构建古籍医案数据库；二是加强真实世界研究数据库设计，尤其是数据标准化、统一化，便于后期临床数据大对接；三是进一步完善和积累疾病相关靶点靶标；四是研发符合中医药特点的大数据模型。

1）古籍医案数据服务平台：到2025年，形成基于古籍医案的医疗数据体系，重点覆盖经典名方、名医名方的数据服务平台，借助知识图谱等关键技术，揭示方剂间关系。

到2023年，形成较为完善、自动化程度较高的古代医案服务体系体系，形成统一的标准化规范，具备满足中药品种临床定位需求的服务。

2）实时动态中药分析平台：到2025年，形成覆盖主要中药材品种的化学成分库、主要病症相关的分子靶标库、主要疾病与证候关联的症状群库的综合性数字平台，完成技术论证。

到2023年，形成高度自动化程的综合性数字平台，满足中药品种适时分析，及时获取中药品种潜在活性成分、靶标靶点、改善核心症状群等特征。

3）基于临床数据驱动的品种定位服务能力：到2025年，建立现代中医临床医疗数据体系，统一数据标准与规范，形成实时、可追溯的中医医疗数据体系。

到2023年，借助生成式AI及大模型等人工智能技术手段，形成中药品种模拟临床定位技术模块化应用。

（2）技术路线图（图4-23）

关键技术		2025年	2030年
中药新药临床定位技术	基于临床经验或临床数据的临床定位	形成基于古籍医案的医疗数据体系，重点覆盖经典名方、名医名方的数据服务平台，借助知识图谱等关键技术，揭示方剂间关系	形成较为完善、自动化程度较高的古代医案服务体系体系，形成统一的标准化规范
	动态中药分析平台	形成覆盖主要中药材品种的化学成分库、主要病症相关的分子靶标库、主要疾病与证候关联的症状群库的综合性数字平台，完成技术论证	形成高度自动化程的综合性数字平台，满足中药品种适时分析，及时获取中药品种潜在活性成分、靶标靶点、改善核心症状群等特征
	基于数据驱动的临床定位	建立现代中医临床医疗数据体系，统一数据标准与规范，形成实时、可追溯的中医医疗数据体系	借助生成式AI及大模型等人工智能技术手段，形成中药品种模拟临床定位技术模块化应用

图4-23 临床定位技术发展路线图

3. 中药作用机制技术路线图

（1）发展目标

1）中药直接作用解析技术：到2025年，通过现代分析技术，系统辨识中药在体内的直接作用物质，同时基于人工智能（AI）算法等技术实现对体内的直接作用物质的靶点预测，为中药直接作用解析技术提供技术支撑。

到2030年，通过空间质谱成像等前沿技术，实现中药在体内的直接作用物质辨识以及在组织、细胞上的精准定量分析，并结合细胞亚显微结构上实现中药直接作用深入分析。

2）中药间接作用解析技术：到2025年，实现对跨器官或跨组织作用的中间媒介物的辨识，并揭示中间媒介物对机体的作用及机理。

到2030年，建立跨器官芯片模式，系统阐释中药复方间接作用的分子机制。

3）中药多成分与多效应之间"PK-PD"网络调控模式：到2025年，通过大数据、人工智能算法等，实现中药"化学指纹－代谢指纹－网络靶标－病证效应"多维关联网络定性关联。

到 2030 年，发展人工智能精确算法、体外药理学评价方法等，建立中药多成分与多效应之间"PK-PD"动态定量网络调控模式。

（2）技术路线图（图 4-24）

关键技术	2025年	2030年
中药作用机制技术 — 中药直接作用解析技术	通过现代分析技术，系统辨识中药在体内的直接作用物质，基于人工智能（AI）算法等技术实现对体内的直接作用物质的靶点预测	通过空间质谱成像等前沿技术，实现中药在体内的直接作用物质辨识以及在组织、细胞上的精准定量分析，并结合细胞亚显微结构上实现中药直接作用深入分析
中药间接作用解析技术	实现对跨器官或跨组织作用的中间媒介物的辨识，并揭示中间媒介物对机体的作用及机理	到2030年，建立跨器官芯片模式，系统阐释中药复方间接作用的分子机制
中药多成分与多效应之间"PK-PD"网络调控模式	通过大数据、人工智能算法等，实现中药"化学指纹-代谢指纹-网络靶标-病证效应"多维关联网络定性关联	发展人工智能精确算法、体外药理学评价方法等，建立中药多成分与多效应之间"PK-PD"动态定量网络调控模式

图 4-24　中药作用机制技术发展路线图

4. 药物警戒技术路线图

（1）发展目标

到 2025 年，遵循中医药发展规律，突破中药特色风险评价与管理瓶颈，开展中药特色效-毒评价的理论与方法研究。建立适宜中药的临床用药效-毒评价模式，创新阐释传统中药效-毒理论内涵。

到 2030 年，在大数据与人工智能背景下，融入数字技术，多手段开展真实世界中成药重点品种有效性、安全性观察与再评价，基于此开展上市药物风险预警，修订中成药说明书，加强临床药学服务，开展用药教育科普等，推动临床合理用药与健康中国战略实施。

（2）技术路线图（图 4-25）

关键技术	2025年	2030年
药物警戒技术产业 — 安全性信息监测 / 风险评估 / 风险控制 / 风险沟通 / 上市后安全性研究	遵循中医药发展规律，突破中药特色风险评价与管理瓶颈，开展中药特色效-毒评价的理论与方法研究。建立适宜中药的临床用药效-毒评价模式，创新阐释传统中药-效毒理论内涵	在大数据与人工智能背景下，融入数字技术，多手段开展真实世界中成药重点品种有效性、安全性观察与再评价，基于此开展上市药物风险预警，修订中成药说明书，加强临床药学服务，开展用药教育科普等，推动临床合理用药与健康中国战略实施

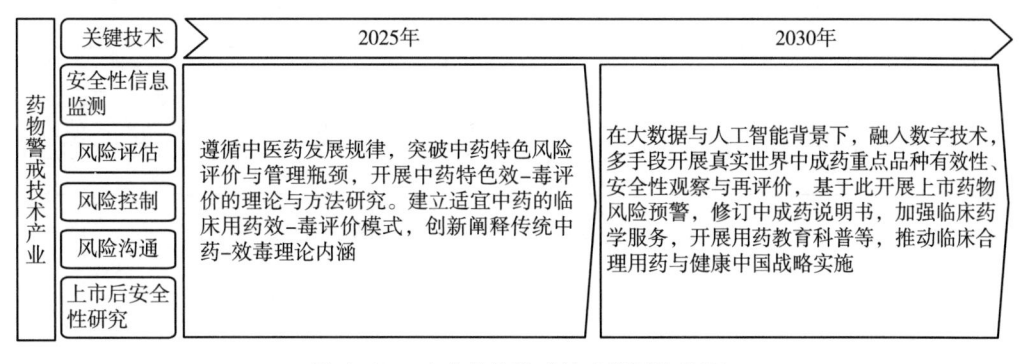

图 4-25　中药药物警戒技术发展路线图

（三）中药走向世界

（1）发展目标

1）国家层面顶层设计：到 2025 年，国家与国家对话、政府与政府对话、药监与药监对话、中外药监部门国际交流加强；到 2030 年，法规路径及技术指南更加趋同，达到互认。

2）品种选择：到 2025 年，国家相关部委集中优势力量集中攻关确定研发策略，完成具有区域影响力国家的注册申报；到 2030 年，美国 FDA 复方中药作为创新中药实现 0~1 的突破，提升复方中药国际影响力。

3）强化优势中药品种基础研究：到 2025 年，进一步阐明药物作用机制，明晰现代科学内涵；到 2030 年，规范研产体系，使复方中药更符合现代西药审评框架要求。

4）鼓励优势复方中药品种在欧美主流医药市场开展 MRCT 研究：到 2025 年，鼓励优势复方中药品种在欧美主流医药市场开展 MRCT 研究，展示复方中药有效性和安全性优势，扩大国际影响力，积累高质量循证医学证据；到 2030 年，引导监管机构形成更适合复方中药的审评框架，完成壁垒突破。

（2）技术路线图（图 4-26）

关键技术	2025年	2030年
法规策略比对研究技术	国家层面顶层设计：国家与国家对话、政府与政府对话、药监与药监对话、中外药监部门国际交流加强	国家层面顶层设计：法规路径及技术指南更加趋同，达到互认
中药国际标准研究技术	品种选择：国家相关部委集中优势力量集中攻关确定研发策略，完成具有区域影响力国家的注册申报	品种选择：美国FDA复方中药作为创新中药实现0-1的突破，提升复方中药国际影响力
国际多中心临床试验技术研究	强化优势中药品种基础研究：进一步阐明药物作用机制，明晰现代科学内涵	强化优势中药品种基础研究：规范研产体系，使复方中药更符合现代西药审评框架要求
国际知识产权保护研究技术	鼓励优势复方中药品种在欧美主流医药市场开展MRCT研究：鼓励优势复方中药品种在欧美主流医药市场开展MRCT研究，展示复方中药有效性和安全性优势，扩大国际影响力，积累高质量循证医学证据	鼓励优势复方中药品种在欧美主流医药市场开展MRCT研究：引导监管机构形成更适合复方中药的审评框架，完成壁垒突破

（中药走向国际技术）

图 4-26　中药走向国际技术发展路线图

第四节 中药关键技术装备产业技术路线图

一、发展目标

（一）中药生产装备研发

到 2025 年，通过引入人工智能、大数据等技术，实现中药生产装备的自动化、智能化控制和优化，提高生产效率和产品质量。中药制药装备智能化和标准化水平得到提高，技术力量增强。国内部分中药制药行业的生产方式已转向绿色、智能、集约型制造，中药制药装备的能耗高、效率低、精细化低等问题得到了改善。

到 2030 年，形成中药制造过程实现智慧生产模式，开发集成信息化与智能化的关键技术和装备，结合先进的制造模式、制造系统和组织管理方式，促进制药过程的网络化、智能化、精密化、快速化和柔性化。

（二）在线质量控制

到 2025 年，通过引入先进的传感器、分析仪器、人工智能等，实现对中药成分的高精度、高灵敏度的在线检测，提高检测结果的准确性和可靠性，实现中药质量在线检测数据建模方法的合理选取，形成通用模型和新的模式识别方法，完成对中药中多种成分、多个指标的同时检测，检测效率和全面性得到提高。

到 2030 年，通过研发低能耗、低污染的检测技术和设备，实现中药质量在线检测的绿色化和可持续发展，并建立中药质量信息平台，实现中药生产过程的可视化和远程监控，形成中药在线检测数据库，实现在线检测仪器及技术标准化，提高生产效率和管理水平。

（三）智能调剂

到 2025 年，借助先进的调剂系统，如中药饮片自动调剂系统，大幅度减少调剂时间，提升服务效率。利用新型传感器和分析仪器，实现对中药调剂过程中质量的高精度、高灵敏度的在线检测，确保药品质量和患者用药安全。建立可供业内统一执行的、体现新技术设备调剂要求和程序性操作的实施规范；建立高效的调剂模式，推动药师服务转型，把药师从繁重的药品供应工作中解放出来。

到 2030 年，通过数字化设计和制造技术，实现对患者的个性化用药指导和调剂服务。结合中医药发展规划中的"十四五"时期信息化建设，推动中医药行业的数字化发展，为中医药传承创新发展提供强力支撑。建立中药饮片自动化调剂系统，使中药房的工作效率更上一个台阶，更好地满足患者的用药需求。

（四）中药质量数字化

到 2025 年，通过引入人工智能、大数据等技术，实现中药生产过程的自动化和智能化控制，提高生产效率和产品质量。建立中药生产全过程的数字化管理系统，实现对中药材种植、采收、加工、储存等环节的全面监控和管理。形成信息化、智能化的闭环生产链，实现对检测数据中的隐性知识的分析，探索物质基础与质量之间的关系，掌握中药质量形成规律，保证中药产品质量的稳定、均一。

到 2030 年，利用先进的数据分析技术和算法，对中药生产过程中产生的大量数据进行分析和挖掘，发现潜在的问题和优化方案。建立中药质量信息平台，实现中药生产、流通和使用各环节的信息共享和协同，提高中药质量和安全性。结合中药实际生产情况、设备基础等因素，协调融合产业现状与信息技术，实现新工艺与新设备在中药生产企业中的应用，逐步推动中药制药迈向数字化。通过数字化技术的应用，实现中药生产的绿色化和可持续发展，降低能耗和环境污染。

（五）追溯体系

到 2025 年，建立中药生产全过程的数字化追溯体系，实现对中药材种植、采收、加工、储存、运输等环节的全程追溯。通过引入物联网、区块链等技术，实现对中药生产过程中多个维度的信息追溯，如环境因素、人员操作等。借助现代化技术，建立多元化共享追溯平台，注重中药分类管理。

到 2030 年，利用先进的数据分析技术和算法，对中药质量追溯过程中产生的大量数据进行分析和挖掘，发现潜在的问题和优化方案。建立中药质量信息平台，实现中药生产、流通和使用各环节的信息共享和协同，提高中药质量和安全性。制定中药质量追溯体系的标准化管理规范和技术要求，推动中药行业的规范化发展。

二、技术路线图

中药关键技术装备产业技术路线图见图 4-27。

中药关键技术装备	关键技术	2025年	2030年
	中药生产装备研发技术	通过引入人工智能、大数据等技术，实现中药生产装备的自动化、智能化控制和优化，提高生产效率和产品质量。中药制药装备智能化和标准化水平得到提高，技术力量增强	中药制药装备智能化和标准化水平显著提高，国内大部分中药制药行业的生产方式已转向绿色、智能、集约型制造，能耗高、效率低、精细化低等问题已基本解决

图 4-27　中药关键技术装备产业技术路线图

关键技术		2025年	2030年
中药关键技术装备	中药质量在线检测技术	通过引入先进的传感器、分析仪器、人人工智能等,实现对中药成分的高精度、高灵敏度的在线检测,提高检测结果的准确性和可靠性,完成对中药中多种成分、多个指标的同时检测,检测效率和全面性得到提高	通过研发低能耗、低污染的检测技术和设备,实现中药质量在线检测的绿色化和可持续发展,并建立中药质量信息平台,实现中药生产过程的可视化和远程监控,提高生产效率和管理水平
	智能调剂技术	借助先进的调剂系统,如中药饮片自动调剂系统,大幅度减少调剂时间,提升服务效率。利用新型传感器和分析仪器,实现对中药调剂过程中质的高精度、高灵敏度的在线检测,确保药品质量和患者用药安全	通过数字化设计和制造技术,实现对患者的个性化用药指导和调剂服务。结合中医药发展规划中的"十四五"时期信息化建设,推动中医药行业的数字化发展,为中医药传承创新发展提供强力支撑
	中药质量数字化技术	通过引入人工智能、大数据等技术,实现中药生产过程的自动化和智能化控制,提高生产效率和产品质量。建立中药安全全过程的数字化管理系统,实现对中药材种植、采收、加工、储存等环节的全面监控和管理	利用先进的数据分析技术和算法,对中药生产过程中产生的大量数据进行分析和挖掘,发现潜在的问题和优化方案。建立中药质量信息平台,实现中药生产、流通和使用各环节的信息共享和协同,提高中药质量和安全性。通过数字化技术的应用,实现中药生产的绿色化和可持续发展,降低能耗和环境污染
	中药质量追溯体系技术	建立中药生产全过程的数字化追溯体系,实现对中药材种植、采收、加工、储存、运输等环节的全程追溯。通过引入物联网、区块链等技术,实现对中药生产过程中多个维度的信息追溯,如环境因素、人员操作等	利用先进的数据分析技术和算法,对中药质量追溯过程中产生的大量数据进行分析和挖掘,发现潜在的问题和优化方案。建立中药质量信息平台,实现中药生产、流通和使用各环节的信息共享和协同,提高中药质量和安全性。制定中药质量追溯体系的标准化管理规范和技术要求,推动中药行业的规范化发展

图 4-27 中药关键技术装备产业技术路线图(续)

第五章

中药产业发展的对策与措施

一、中药产业发展面临机遇与挑战

（一）中药产业发展面临的机遇

1. 中医药政策环境优化，为中药产业发展提供了机遇

近年来，国家高度重视中医药行业的发展，《中医药发展战略规划纲要（2016—2030年）》《"健康中国2030"规划纲要》和《中华人民共和国中医药法》等一系列战略政策和法规的颁布为医药产业持续发展奠定良好的基础。此外，《关于促进中医药传承创新发展的意见》为中医药发展指明了方向。2022年3月3日，国务院办公厅发布《"十四五"中医药发展规划》，提出到2025年，中医药健康服务能力明显增强，中医药高质量发展政策和体系进一步完善，中医药振兴发展取得积极成效，在健康中国建设中的独特优势得到充分发挥。中医药产业和健康服务业高质量发展取得积极成效。中药材质量水平持续提升，供应保障能力逐步提高，中药注册管理不断优化，中药新药创制活力增强。中医药养生保健服务有序发展，中医药与相关业态持续融合发展。2023年2月国务院办公厅印发《中医药振兴发展重大工程实施方案》，围绕中药种植、生产、使用全过程，充分发挥科技支撑引领作用，加快促进中药材种业发展，大力推进中药材规范种植，提升中药饮片和中成药质量，推动中药产业高质量发展。

2. 国民生活水平的提升和健康需求的逐年增加，为中药优质供给提供了机遇

随着社会经济的发展，人们对健康的需求日益迫切。特别是疾病谱的改变、老龄化社会的到来、生活方式的转变和对健康的不断追求，给健康服务来了巨大的市场需求和发展机遇。随着居民富裕程度的提高，人均消费到达一定程度后，食品、衣着等必需品消费支出在日常总支出中占比就会下降，对健康及医疗需求将会逐步增加。越

来越多的人选择中医药作为养生保健、调理身体、预防疾病的手段之一，对中药的需求不断增加，为中药行业的发展带来了广阔的市场空间。

3. 推动高质量发展，实施扩大内需战略同深化供给侧结构性改革有机结合起来，为中药产业高质量发展提供了机遇

党的二十大报告指出，要坚持以推动高质量发展为主题，把实施扩大内需战略同深化供给侧结构性改革有机结合起来，增强国内大循环内生动力和可靠性，提升国际循环质量和水平，加快建设现代化经济体系，着力提高全要素生产率，着力提升产业链供应链韧性和安全水平，着力推进城乡融合和区域协调发展，推动经济实现质的有效提升和量的合理增长。中药行业受益于技术创新和产业融合的推动，随着现代科技的发展和应用，中药行业在中药材的种植、加工、流通、质量监管等环节实现了规范化、标准化、现代化，提升了中药材的质量和效益；同时，中药行业在中药新药的研发、创新、注册、上市等环节实现了优化、简化、激励，增强了中药新药的创制能力和市场竞争力；此外，中药行业与相关产业的融合发展，如与互联网、大数据、人工智能等产业结合，为中药行业的发展带来了新的动力和机遇。

（二）中药产业发展面临的挑战

1. 中药资源可持续、高品质、低成本稳定供给问题日益凸显

随着医药科技的发展和生活水平的提高，人民群众需要更高品质的中药产品，因此，也对中药质量控制水平提出了更高的要求。由于中药产业链条长，影响中药质量因素众多，产品质量问题难追溯，使得从业人员的质量意识薄弱和生产操作不规范，中药质量问题引起广泛关注。近年来，由于人工费用持续上涨，种植耕地受限等多种因素导致中药资源生产成本持续上涨，叠加大量游资炒作热点品种，价格涨幅较大，同时由于后端中成药等终端产品面临国家医保集中带量采购和国家药品谈判等控费措施，价格难以传导，中药材价格矛盾日益凸显。中药资源开发应用面临系列瓶颈的制约。过去几十年除供应了持续增长的中药应用外，在西药原料、保健食品、日化产品、工业原料、中兽药、饲料添加剂、生物农药以及国外膳食补充剂等领域的应用极大提升了对中药资源的需求，同时也大大推进了中药资源的生产。当前，资源高效综合利用的意识仍有待加强，中药资源综合开发投入的研究力量不足，开发利用水平较低。

2. 中药产品质量控制和评价体系尚需完善

虽然中药已有数千年的应用和丰富的临床经验，但目前我国中药产品技术评

价体系仍存在功效评价缺乏中医药自身特点、质量评价未与功效评价相结合、安全评价设计不合理等问题。国际上一些国家对中药的质量标准和监管有着严格要求，因此亟须改善中药产业中存在质量参差不齐的情况，加强标准化和质量控制体系建设。

3. 药品研发投入少，创新能力不足

从美国、欧洲一些著名制药企业的发展历史来看，其研发投入占当年销售收入的比重15%~20%，而我国中药制药企业的这一比例不足1%，中小型企业几乎为零。医药科技投入不足，缺少具有我国自主知识产权的新产品，产品更新慢、重复严重。另外，我国医药研发的主体仍是科研院所和高等院校，大部分企业无法成为医药研发的主体，产学研出现了严重割裂，制约了产业向高技术、高附加值的下游深加工产品领域延伸，产品更新换代缓慢，无法及时跟上和满足市场需求。

4. 中药智能制造产业需求强烈，但存在诸多制约因素亟待政策扶持

目前中药企业实施智能制造的需求强烈，但存在诸多制约因素，如产业扶持和鼓励政策不足、中药智能制造的产业链整体仍不成熟、实施中药智能制造在监管方面存在较大的不确定性、实施中药智能制造仍存在较多的技术瓶颈、实施中药智能制造相关的标准化工作不足、中药智能制造相关人才缺乏。国外在化学药和生物药智能制造方面已经取得了较大进展，一些大型跨国药企将人工智能技术应用于新药研发和药品制造，发挥了引领性作用。国内制药企业紧跟国际步伐，也在智能制造领域持续积累并在诸如中药制药数字化、中药制药过程质量控制等领域实现技术突破，但还远远不够。中药制药企业应更多地融入智能制造技术，着力解决药品质量一致性差、生产效率低、生产成本高等瓶颈问题。

5. 国际化发展短板明显

虽然在美国植物药国际化进程中，天士力复方丹参滴丸在美国FDA首次完成复方中药国际多中心临床三期临床试验；康缘药业的桂枝茯苓胶囊、烟台绿叶（北大维信）的血脂康、浙江康莱特的康莱特注射液等产品分别完成二期临床试验；也有一些中药提交并获得了临床试验IND许可。但需要清楚认识到，我国中药产品中只有极少数以药品的身份取得国际市场进入许可，获取国际市场尤其是规范市场准入的能力不足。中药制药企业普遍缺乏国际药品市场运作经验的专业人才，国际化营销能力薄弱，没有真正在国外打响自己的品牌。在中药产品的国际化发展过程中，中药产品知识产权保护一直是我国中药制药企业发展的薄弱环节。

二、现代化中药产业发展相关建议

1. 多方并举激发活力，促进中药资源综合开发与全面利用

修订《野生药材资源保护管理条例》，建立地方野生中药材保护机构，加强标准建设和科普教育。加强产业融合，加大中药资源开发与利用关键技术支持力度，促进中药农业规模化、规范化发展，促进中药资源进出口贸易平衡发展。降低政策障碍，有序扩大药材进口；制定国际化的中药材质量标准、种植规范等系列标准。开展"一带一路"国家天然药物资源调研，研究相关药材品种海外种植的适宜区划；优化外来药用植物资源应用的法规体系。建立"一带一路"沿线国家的传统草药品种生物学信息库、药效学信息平台，实现信息互通。由中国牵头建立世界传统药物联盟，实现政策互联。基于中国经验，加强传统医药现代化研究，阐释世界传统医药的科学内涵。

2. 完善中药规格等级标准体系，以优质标准凸显优质产品

发展中药产业要尊重市场规律。在市场经济环境下，一定要体现优质优价。在符合药典标准基础上，制定体现中药饮片和中成药的商品属性的标准。商品有规格等级要求，因此，也要建立中药饮片规格等级标准体系，塑造中药饮片品牌。强化市场化的非强制标准的作用，支持制订高于国家标准的团体标准，用"优质产品标准"促进推动行业竞争。作为非强制性标准的团体标准，就是以企业为主体制订的，也自然赋予了企业主动研究标准、提升自身技术水平的内生动力。深入了解产品特点、充分理解标准的依据、积极参与团体标准制订的企业，将获得充分的竞争优势。因此，团标的推进，可激发企业参与产品研究的热情，进而提高中药产品的技术水平。"市场主导、政府引导、创新驱动、协调推进"，四轮驱动下的中药团体标准，有助于形成药品质量水平与价格水平相协调的市场机制，唤起企业对产品的自发热情，释放其创造活力，提升中药产品的质量水平、技术水平，形成健康合理的市场环境，促进行业提质增效。

3. 统一中药饮片、配方颗粒的质量标准

由于部分中药饮片无统一的炮制标准，按照相关法规要求，企业执行地方中药饮片炮制规范生产的中药饮片，仅适用于在当地流通，难以在全国范围内流通。这些问题造成中药饮片的品牌塑造、龙头企业的培育，乃至高质量中药饮片的市场示范作用难以实现。尽快制定全国统一的新版《全国中药饮片炮制规范》，形成合规中药饮片全国流通的大市场，催生一批中药饮片的大品种、大品牌、大企业，真正做大做强中

药饮片产业。加强中药饮片包装、贮藏及运输的管理，建立可追溯的中药饮片现代物流体系，以保障中药饮片质量。配方颗粒市场一路快速增长，2018年预计市场销售超过200亿元。但截至目前，依然是没有任何强制性标准兜底的"试点产品"，同一配方颗粒各家产品差异明显。配方颗粒市场存在明显的行政垄断和市场失序，严重地透支了其发展空间。随着未来配方颗粒市场规模继续快速扩大，矛盾必将集中爆发，影响中医药产业的公众形象，甚至严重情况下会极大地影响产业前途命运。

4. 强化道地药材知识产权保护

道地药材是传统中药质量保障的关键核心，道地药材的保护与现代化跨越，对我国中药行业的现代化、国际化发展起着举足轻重的作用。以国家市场监管总局成立为契机，结合中药材溯源体系建设，协调现有道地药材地理标志认定与标准制订、监管工作，建立以地理标志、商标、优质产品标准、信誉评级相结合的道地药材保护机制，满足道地药材品质一致、疗效稳定、保障权益、持续发展等需求。把道地药材在资源上的潜在优势真正转变为市场上的现实竞争力。通过建立道地药材地理标志制度、标准体系，保障我国道地中药材的质量。并以此为突破口，全面提升中药质量，为中药国际贸易提供全方位保护。制定发布国家道地药材目录，颁布目录准入及淘汰规则。鼓励中药材企业开展道地药材商品规格等级、示范基地建设等标准规范的制定，提高道地药材生产、产业化水平。鼓励企业加强道地药材品牌建设，探索道地产区公用品牌机制，打造一批知名的道地药材地理标志、产品品牌、企业品牌、合作社品牌等。

5. 聚焦具体问题，凝聚最大共识，落实经典名方制剂简化注册

基于经典名方的高品质中药制剂研发，是新时期中药产业高质量发展的重要举措。因此，经典名方研发要从中医事业与中药产业发展全局的高度进行审视。服务人民群众健康需求是发展中医药事业的根本遵循，为了充分发挥中医药的优势，必须探索构建符合中医药特点的注册管理制度，经典名方中药复方制剂的简化注册应作为切入点。建议就经典名方制剂的市场定位、监管策略理念、注册要求等问题，以及处方组方剂量、药材变迁源流、方义演化等共性技术要点，由国家中医药主管部门和国家药品监管部门共同设立平台机制，聚焦具体问题及环节，组织业内研讨，深入辨析要义，以实事求是的原则，弥合分歧，凝聚共识，推动经典名方制剂有关工作不断前进。

6. 变革中药新药审评理念、政策，开中药创新之源

中药新药鲜有精品，中药新药审批困难，中药新药开发举步维艰，中药科技创新难有出口，是当前中药产业发展的关键制约因素。虽然目前市场上的中药产品已经

非常多，并不缺中药产品，甚至存在大量的临床价值低下的中成药；但针对特定的疾病，尤其是现代医学临床不断产生新需求的中成药新产品，依然是中药产业创新发展的核心关键——"源头活水"。如果说过去两年的现代医药系列鼓励创新政策突破终于取得关键进展，核心理念是"与国际接轨"，学习国际先进的管理规则，而在中药领域，类似这样的突破很难看到。中药是具有原创优势的医药科技资源，其他如FDA和欧盟虽然也出台了类似于中药的植物药管理注册办法，但其内核、实质理念与中药相距甚远，仅能提供借鉴参考，难以提供有效支持。解决中药新药注册问题，在保持中医药特色、彰显疗效优势与满足现代药品审评要求之间找到平衡，出台系列政策，只能靠自己。2017年6月，中国正式加入国际人用药品注册技术协调会（ICH），意味着中国在药品研发和注册国际化道路上迈出了历史性一步，中国药监部门药品监管水平和能力获得了国际认可。中国制药行业和研发机构将逐步转化和实施国际技术标准和指南，并将积极参与规则制定，推动国际创新药品早日进入中国市场，满足临床用药需求。这也督促中国制药产业提升创新能力和国际竞争力，让更多的医药产品走向世界。中药新药创制理念要解放思想，要弘扬中医的优势，更多的还是要中医临床出发，牢固树立以"临床价值"为中心理念，让中药新药研发和审评回归临床价值本源，既重视中药新药研发中医学科学证据支持，挖掘内在的、合理的思维方法和科学内涵，更要充分全面考量其临床价值，从单一关注疾病疗效指标参数回归到全面评价病人获益。特别要强调的是基于中药新药特点，改善症状、改善机能和提高生活质量是其主要特色，充分体现了药品"减轻痛苦"和"提高生活质量"之临床价值。同时基于历史、文化和心理等因素，许多病人十分愿意选择中药，对中药顺应性好，病人的选择权同样属于临床价值，是中药新药研发和审评的重要考量。让应用中医药思维结合现代科学技术方法，更好地解决或部分的满足临床现实需求的中药新药脱颖而出。坚持中医药自身特点，结合现代药品研发、评价标准，总结中药新药审评的经验，积极探索建立并完善符合中药特点的审评注册技术体系，对提升中医药临床服务水准和激发中药产业创新发展动力都具有重要意义。

7. 合理制定中药生产工艺变更政策，激活中药渐进式创新之路

在生产的过程中发现问题，不断改新改良的生产过程、优化流程的渐进式改革是催生产品质量从量变到质变的关键。对于中药行业来说，生产工艺是中药企业创新的主要环节，更是激发中药企业创新热情，参与技术进步的关键。目前对中药制剂生产工艺变更的监管方式难以适应中药制剂生产水平的发展和工艺变更的需求，一是技术

要求缺乏灵活性，难以适应中药制剂生产工艺变更复杂多样的特点，可能给新技术如连续化生产、质量源于设计、在线检测技术、过程分析技术等应用带来阻碍；二是事先审批制难以适应申请人快速获批的预期，操作上缺乏灵活性。迫切需要从生产实际出发，制订符合中药特点、科学合理的生产工艺变更技术要求，严格区分为偷工减料和提升品质的两类变更，激活中药企业渐进式创新之路。参考国际上 ICH 提出的变更管理方式，以风险为依据管理已批药品生成产工艺变更，采用默认变更申请，动态评估变更风险级别，以及采用上市后变更管理方案降低变更事项级别，给予生产企业额外的灵活性。尤其是中药成分复杂、工艺相对模糊的特点，建议基于科学和风险控制原则，采用更加灵活的生产工艺变更监管方式，适应中药制剂生产工艺变更特点。

8. 制订长期化、周期化的中药再评价规则，坚决淘汰落后产品

不少中药是在 2007 年《药品注册管理办法》颁布之前上市的，缺乏规范化的 Ⅰ~Ⅲ 期临床试验研究，可信度较低，难以支撑临床用药的需求。安全性方面，中成药的说明书对适应症模糊不清的描述和对不良反应"尚不明确"的漠视，更是不利于中医药长期发展。推动中成药再评价的目的和化药仿制药一致性评价一样，让中成药的临床价值被现代医学所追求的评价指标认可，从而能在国际上得以推广，跟着"一带一路"倡议将中医药文化往世界传播。开展注射剂再评价和地标升国标药品再评价工作，下决心淘汰一批疗效不明显、不良反应不明、质量标准低劣的产品。中药再评价工作更应长期化、周期化、规则化，强化中药产品研究工作的预期，以淘汰压力为进步动力，推动企业不断提升中药产品质量、疗效、安全性，打造适应时代发展的高品质中成药。

9. 强化规则，营造"优胜劣汰"的产业环境

2018 年 12 月 22 日，国家卫健委发布了《关于做好辅助用药临床应用管理有关工作的通知》，提出加强辅助用药遴选、采购、处方、调剂、临床应用、监测、评价等各环节的全程管理。要警惕辅助用药遴选过程中，对中成药进行过度的限制或停用现象。有些医院提交的辅助用药名单，不评价药品实际临床价值，几乎是什么药卖的好限什么，这种限制优势产品市场的行为，无形中助力了那些竞争劣势的产品，扰乱了市场秩序，破坏的竞争格局。国家相关主管部门应在尽快建立和完善医保控费和临床合理用药的政策监管体系，强化中药评估、评价的作用与定位，包括临床路径、药物经济学评价、循证医学研究、重点药品监控、用药目录管理等。强化规则意识，严格规范市场各方行为，营造"优胜劣汰"的产业环境，引导企业良性竞争。

10. 药品招采中实现"优质优先"

制订相关政策，在各地药品集中招标采购中，进一步强化技术、质量指标的重要性。鼓励采用优质标准的中药产品；变中药产品的竞争从单纯的价格竞争为标准、技术的竞争。在招标工作中，如果不设置技术标、质量标，则容易陷入唯低价论，导致"合格无忧，品质堪忧"的劣币驱逐"品质中药"的良币。而仅靠生产企业的规模、生产技术条件、内控标准等评价判断药品优质与否，则有促进垄断，抑制市场竞争之嫌，难以广泛推行。目前，随着仿制药质量与疗效一致性评价工作的顺利开展，能够保证市场上仿制药与原研药疗效一致，未来化学药质量分层将必然趋于淡化。然而，与此同时，我国中药品种数量众多、同一药品普遍有多家企业生产的现状仍长期存在，能够适用于不区分质量分层采购模式的药品数量有限。必须采用"质量分层"，确保医疗机构使用药品的"优质优价"。WHO、世界银行等国际组织在采购药品前期阶段，要对药品质量进行评估和确认，主要采用采购机构质量保证模式（MQAs）评估。当前我国各地药品集中招标采购中的技术标或质量标，存在重企业、轻产品的倾向，地方保护指标过多（企业注册地、获得本省荣誉等）、企业规模指标权重过大，销售金额、行业排名等是反映企业收益的指标，与药品质量相关性弱，应减少此类指标的赋值。建议国家建立一个统一规范药品质量评价标准，提高各省份指标的规范性和一致性，合理公平地反映药品质量和技术水平，促进整个行业的持续健康发展。重点增加质量管理系统、人员管理和实验室控制等企业内部质量控制标准及是否符合优质产品标准等指标。鼓励采用优质标准的中药产品；变中药产品的竞争从单纯的价格竞争为标准、技术的竞争。招标中优先纳入标识符合"优质标准"的中药产品；如果因此产生争议，可以由相关企业送检，第三方检验机构出具报告认定产品是否符合"优质标准"。鼓励"优质标准"间的竞争，两个产品各自有不同的"优质标准"，则比较二者的标准优劣。变产品的竞争，为标准的竞争。标准的竞争，背后需要一系列的深入研究来支持，如此则激活相关的技术研究。使得企业主动研究相关生产工艺、质量传递过程，提升原料质量等，而且还要平衡标准的可行性、可及性及对产品质量的要求。

11. 重视中药智能制造的发展，从理论研究、技术体系、人才培养等多层面协同创新发展

重视中药智能制造的发展，加速中药智能制造发展需要工程理论、系统设计方法学、相关软硬件技术和人才等多个层面协同。具体应明确：①加强中药智能制造相关理论研究，明晰中药智能制造的目标、实施路径及所需技术体系；②加强中药智能制

造关键核心技术的研发支持力度，有组织地实施"政产学研用金"融合科研攻关，攻克关键科技难题；③采用创新方式培养多学科交叉的中药智能制造人才。在政府投入层面，强化中药智能制造产业扶持政策的实施，以政府主导方式推进中药智能制造标准体系建设，尽快制定智慧制药系统设计规范、工艺设备标准与工业软件标准等，牵引中药产业数智化转型升级。增加政府引导资金投入，激发中药企业技术升级改造的积极性，推动中药智能制造高质量发展。

12. 提升企业在中药标准工作中的参与度

作为强制性标准的国家标准，由主管部门负责制订，企业往往只是被动执行，较少关注标准的制订过程与技术目标。对于独家产品来说，本身没有提升标准的需求；而对于多家产品，通过标准升级提升产品的整体质量水平，优质企业可以限制竞争对手，有提升产品质量标准的动力，却很难有提升标准的机会。在强制性国家标准制订过程中，提倡开门办标准，广泛听取各方意见，提高标准制定工作的公开性和透明度，保证标准技术指标的科学性和公正性。优化标准审批流程，落实标准复审要求，缩短标准制定周期，加快标准更新速度。质量研究可以改善产品质量控制水平，提升产品质量标准，进而提升产品质量稳定性。通过提升在强制性中药标准制订工作中企业和社会力量的参与度，激发企业研究中药质量、提升产品质量标准、进一步提升产品质量的动力。

13. 建设国家级中医药科技创新平台，提高产品技术创新力

科技创新力作为市场竞争力的核心，无疑是决定中药产业现代化战略成败的关键性因素。必须加大科技投入和政策扶持力度，全面整合中药科技研发要素，建立以高起点、新技术为特征的现代中药产品研发技术平台。尤其是当前中医药科技创新还面临许多困难和问题，科研基地与科技基础条件保障综合实力建设相对薄弱，缺乏顶层设计和统筹，为科研创新提供支撑的能力不足是较为凸显的问题之一。中医药行业急需面向国家战略需求、国际科技前沿与中医药重大科学问题，在全国范围内科学设计与合理布局，凝练发展目标和研究方向，汇聚国内外高水平、多学科科技资源与力量，建设包括全国重点实验室在内的重大科技平台，形成中医药自主创新与多学科、多部门协同创新的国际一流创新研究平台。通过推进中医药科技创新，建立更加协同、高效、开放的中医药科技创新体系，改革中医药科技创新评价机制，培育国家实验室、全国重点实验室，推进国家中医临床医学研究中心、国家中医临床研究基地、重点研究室等平台建设，推动各类创新要素聚焦中医药防治疾病水平的提高、布局和优化。

附录

中药产业关键技术典型案例

中药产业关键技术案例之一

——中药质量标志物（Q-Marker）关键技术及其应用

一、案例背景需求分析

中药质量是中药临床疗效的保障，是中药产业发展的生命线，是中药现代化和国际化的焦点问题。长期以来，由于缺少理论创新和系统的思路统领，中药质量研究不能满足中药复杂体系的多元生物效应表达、整体质量标准和全程质量控制体系的要求，已成为制约中药产业高质量发展的瓶颈问题，迫切需要从理论创新、技术创新和产业应用方面进行实质性突破，推动中药现代化、国际化和中药产业的高质量发展。

（1）缺少对中药有效性完整表达的技术方法

中药物质基础复杂、多重功效及不同处方的配伍运用，决定了其质量多元性的特点。长期以来，中药质量控制缺少对有效性的完整认识，多建立基于"成分-药效"二元论的有效性关联的质量评价体系，但在中药理论中，"药性"和"药效"均是中药的表达方式，而"一物多性""一物多效"又是中药的普遍现象。单一或少数指标的质量控制模式，难以反映中药质量的完整性。因此，必须建立基于"性-效-物"三元论的中药质量属性完整表达的质量研究模式和质量控制体系。

（2）缺少整体质量控制的质量标准

复方中药是中医理论的载体，是临床治疗疾病的主要应用形式，复杂的药效物质基础及其多元、多重功效是中药临床功效表达的特点，必然也是中药质量评价与质量控制的重要依据。长期以来，单一或少数指标的质量评价和质量控制仍然是中药质量标准和质量评价的主流形式，显然该形式难以满足中药复杂体系质量评价的要求，迫切需要建立基于"方-证对应""病-症结合"以及有效性"完整表达"和"针对表达"的整体质量标准和质量评价体系。

（3）缺乏针对中药产业特点和全生命周期认识，未能建立全程质量控制体系

"从田间到病床"是中药的形成过程和全产业链特点，其各个环节均影响中药的质量。因此，中药的质量控制应针对中药的全产业链和全生命周期建立质量控制体系。近年来，国家大力推进中药标准化建设和全程中药质量溯源体系的建设，质量标志物研究在提升中药质量研究水平的同时，将中药质量标志物作为质量评价和质量控制的"尺子"，应用于中药生产全过程的质量控制，对于建立基于中药全生命周期的质量控制体系，提高我国中药质量控制水平具有非常重要意义。

本项目针对制约中药质量发展的理论、模式和共性关键技术问题，在多项科技项目支持下，开展中药质量研究，首先提出和建立了中药质量标志物（Q-Marker）新概念和创新理论；建立中药质量研究系列共性关键技术；应用中药质量标志物的理论与技术方法开展代表性中药材（饮片）和中药大品种质量标准的提升研究，建立基于Q-Marker的中药质量研究新模式；最后，以质量标志物为统领，以代表性的中药大品种为示范，建立中药全生命周期的质量控制体系，将中药质量标志物创新理论和技术方法向产业化应用转化。

二、案例实施情况

（1）创新理论及关键技术内容

1）中药质量标志物创新理论：中药质量标志物创新理论体系包括中药质量标志物（Q-Marker）新概念、中药质量标志物科学内涵"五要素"的核心理论、中药质量标志物确定的"五原则"和研究发现的"三维路径"、中药质量标志物发现的技术方法及基于中药质量标志物的全程质量控制体系（图1）。

2）中药质量标志物研究关键技术：①基于"性-效-物"三元论的中药质量标志物有效性表征技术：基于对中药性效关联规律的认识，在国家自然科学基金重点项目的支持下，应用仿生技术、计算机模拟技术、化学生物学及多组学技术方法，对中药性/效物质基础进行"性味拆分-表征-辨识-界定"，建立了基于"性-效-物"三元论的中药有效性完整表达的质量标志物确定创新技术方法。

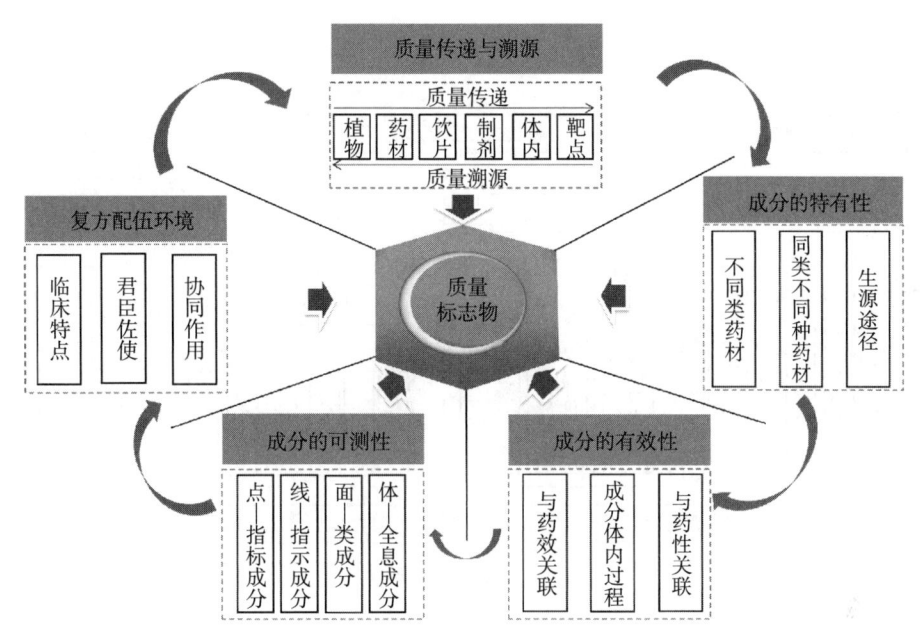

图1 中药质量标志物的"五要素"和确定"五原则"

②基于"点-线-面-体"结合生物效价评价的多维、多元质量控制方法：按照中药成分及其有效性表达特点和整体质量控制要求，建立基于"点-线-面-体"结合生物效价评价的多维、多元质量评价方法。

③基于"化学物质基础-有效性-近红外转换-PAT"的逐级关联和转换的质量控制技术：中药成分复杂，现有的质量控制方法与有效性关联不强，并且复杂的分析检验方法给生产实际带来诸多的工作量，难以实现有效、快速、在线的目的。基于有效性控制的需要，并面向生产实际，通过质量标志物为统领，建立了基于"化学物质基础-有效性-近红外转换-PAT"的逐级关联和转换的质量控制技术，实现质量评价的高效、在线和量化。

（2）项目技术路线

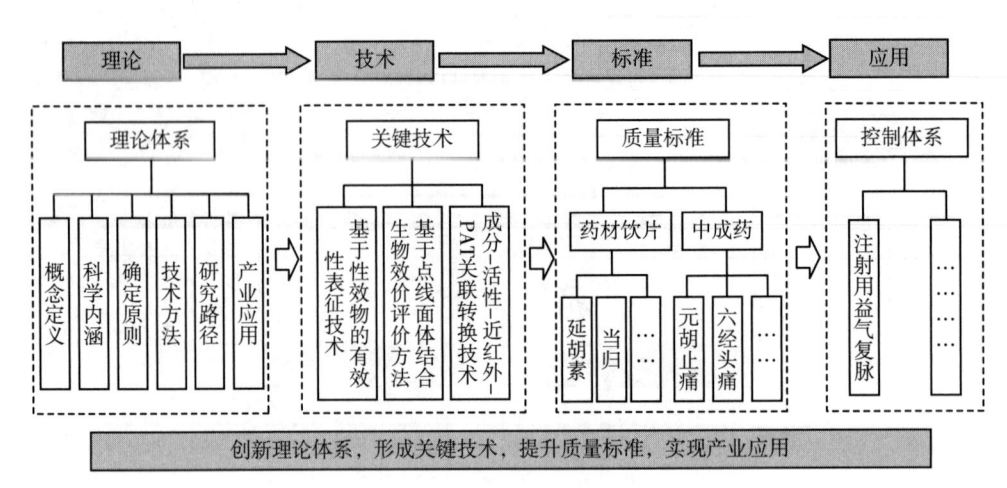

图 2 项目技术路线

（3）关键技术应用情况

1）基于中药质量标志物的质量标准提升研究。基于中药质量标志物核心理论及确定原则，完成了延胡索、当归、夏天无、白芷、陈皮、枳实、枳壳、吴茱萸、金银花、草珊瑚、栀子、泽泻、香薷、三七等14个中药材（饮片）和疏风解毒胶囊、注射用益气复脉（冻干）、痹祺胶囊、元胡止痛滴丸、六经头痛片5个中药大品种的质量标志物发现和质量标准提升研究。

2）基于中药质量标志物的中药质量溯源体系建设。建立了基于质量标志物的中药大品种"疏风解毒胶囊"和"注射用益气复脉（冻干）"的全过程质量控制体系，形成从药材－生产制造－仓储运输－药物警戒全生命周期的管理体系，为优质产品的生产和科学监管奠定了基础。项目获得2017年安徽省科技进步一等奖和2021年天津市科技进步一等奖，出版《疏风解毒胶囊二次开发研究》和《注射用益气复脉（冻干）质量标志物研究》专著。

3）基于中药质量标志物的行业监管。推动中药质量标志物向中药科学监管应用。"基于中药质量标志物的质量标准提升与质量控制体系研究"列入国家药监局监管科学专项行动计划第二批课题。中药质量标志物已作为重要的科学监管依据和抓手，为行业监管提供了重要的手段和工具。

4）基于中药质量标志物的中药国际化。中药质量标志物为引领，承担建设"中国－东盟特色中药创新研发国际合作基地"和"中－德中药与植物药创新研发国际合作基地"的建设，助推"疏风解毒胶囊"先后通过快速通道顺利获得了香港和澳门的药品注册批件以及国家药监局"治疗新冠感染"新适应证的临床许可，目前该品种在欧盟的注册申报正在积极推进中。

三、案例创新点

1）提出并建立了中药质量标志物创新理论。建立了中药质量标志物创新理论体系，包括中药质量标志物（Q-Marker）新概念、中药质量标志物科学内涵的"五要素"、中药质量标志物确定的"五原则"和研究的"三维路径"、发现的"技术方法"及基于中药质量标志物的全程质量控制体系。

2）建立了中药质量标志物研究关键技术。主要包括：①建立基于"性–效–物"三元论的中药质量标志物发现和确定技术；②建立基于中药质量标志物的"点–线–面–体"结合生物效价评价的多维、多元质量控制方法；③建立基于全生命周期的"物质基础–有效性–近红外过程控制"的逐级关联和转换的质量控制技术。

3）建立了全程质量控制体系。基于中药质量标志物研究，建立注射用益气复脉（冻干）的全程质量控制体系。以中药质量标志物为抓手，建立从原料药材–制造过程–仓储运输–药物警戒的全生命周期的质量控制体系。

本项目建立的中药质量标志物理论体系及系列关键技术在我国中药质量研究领域居于领先水平，研究成果具有很好的开创价值，对促进中药产业高质量发展具有重要的示范和引领作用。

中药产业关键技术案例之二
——青黛自动水飞关键技术及炮制生产线

一、案例背景需求分析

（1）行业痛点及关键问题

青黛传统水飞炮制过程工艺复杂，各环节的科学原理不明，过程质量控制缺失、装备自动化程度低、收率低、质量参差不齐等难题，已成为水飞炮制技术及其特色品种青黛传承发展的关键问题。

（2）必要性

青黛传统水飞工艺完全依赖手工操作（入石灰搅至千下），生产效率低下，优质青黛收率仅0.1%。目前大部分饮片企业放弃水飞精制，导致青黛饮片含量降低、灰分高达近90%，临床疗效降低，皮肤、黏膜刺激性增强，严重影响临床用药。因此，有必要研发青黛现代水飞生产工艺，实现水飞青黛收率、质量与生产效率的同步提高。

（3）实施目标

围绕传统水飞炮制方法机理不清、炮制工艺方法落后、装备自动化程度低等问题，本案例选择特色代表品种青黛，在传承古法技艺精髓，明确炮制过程中物质转化传递规律及炮制前后核心功效质量标示物的基础上，优化炮制工艺，构建量化质量标准体系并采用旋流、泡沫等分离技术，创新水飞传统炮制技术与装备，开发符合GMP要求的自动化的现代水飞炮制生产设备，实现传统工艺的现代表达与工业转化，形成了水飞炮制技术的传承、创新与转化示范性研究。

二、案例实施情况

（1）核心技术开发情况

1）系统阐明了青黛传统水飞的科学性，首创基于旋流与泡沫分离的现代水飞技术，有效解决了靛花收率低与效率低问题，实现优质青黛快速富集与现代化生产化，成为现代水飞技术的典范。

系统对比靛花（传统优质青黛）与粗靛（现行主流青黛）的化学成分与药理活性差异，发现传统靛花靛蓝、靛玉红含量约为粗靛的3倍以上，解热与抗结肠炎活性显著优于粗靛，证实了水飞工艺的必要性。但是靛花收率极低，仅有0.1%，受人力和时间成本限制，难以大规模生产传统"上品"青黛——靛花。为此，本案例受青黛传统产地加工过程中产品通过泡沫带出现象的启发，借助粗靛浆液具有良好的起泡性以及靛蓝、靛玉红等成分不溶于水的性质，在青黛精制环节引入泡沫分离技术，成功复原传统水飞。该技术主要利用发泡器鼓入压缩空气产生连续且均匀分布的气泡，并与粗靛浆中的蛋白质、肽类等天然表面活性剂相互作用，形成气-液界面，青黛不溶性颗粒表面张力降低聚集气-液界面，并随气泡上浮至水面，从而实现优质青黛的分离（图1）。基于该原理，开发了具有自主知识产权的适用于水飞青黛的泡沫分离装备，实现泡沫分离自动化、体系张力恒定化、捕获高度可调化、分离过程可视化。水飞青黛收率从传统工艺的0.1%提高至4%，时间从2小时缩短至10分钟，解决了传统水飞工艺收率低、效率低的难题，实现传统青黛生产向工厂机械化大生产的转型，推动青黛炮制工艺规范与创新。

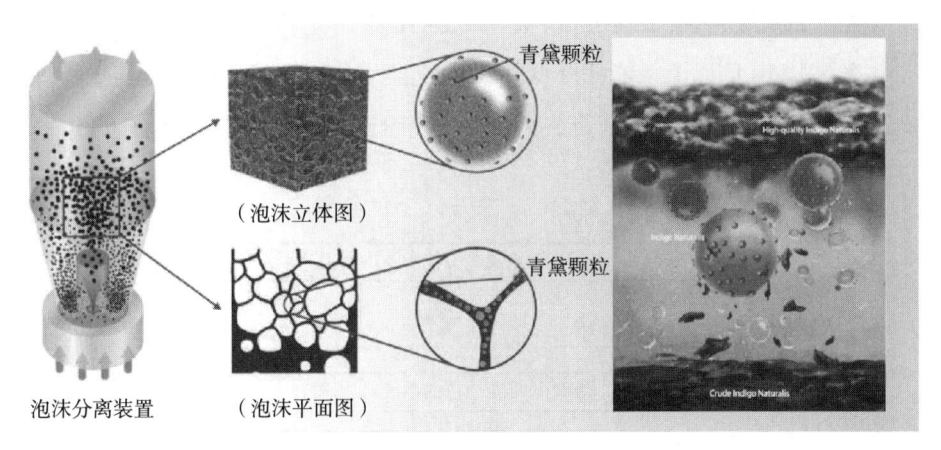

图1 青黛泡沫分离原理图

2）首创高品质青黛工业化生产关键技术体系，建成国内唯一融温控浸泡－打靛－泡沫分离于一体的青黛自动化生产线。

阐明了青黛炮制全过程关键工艺要素，建立了旋流分离工艺参数－粒径－品质的相关性，探明泡沫分离工艺粗靛含量与粒径、体系表面张力与连续起泡能力的控制要点，创立了适宜于青黛水飞精制的泡沫分离技术。整合恒温浸泡发酵、机械打靛、流化床干燥、三维混合等设备，建立全国唯一的青黛工业化炮制生产线（图2），靛蓝、

图2 温控浸泡－打靛－泡沫分离一体化青黛自动化生产线

靛玉红含量从 2.5% 提升至 5.0% 以上，总灰分从 88% 降低至 80% 以下，水飞青黛的解热、抗结肠炎活性显著强于现有青黛，水浸出物 pH 与皮肤刺激性明显降低。技术成果发表研究论文 17 篇（其中 SCI 论文 6 篇），申请专利 8 项（授权 5 项，转让 2 项）；生产效率提升 10 倍以上，能耗降低 70%；建立了企业标准 3 项，标准操作规程 4 项，牵头制定《中华人民共和国药典》青黛标准与全国中药炮制规范青黛标准。

（2）技术路线

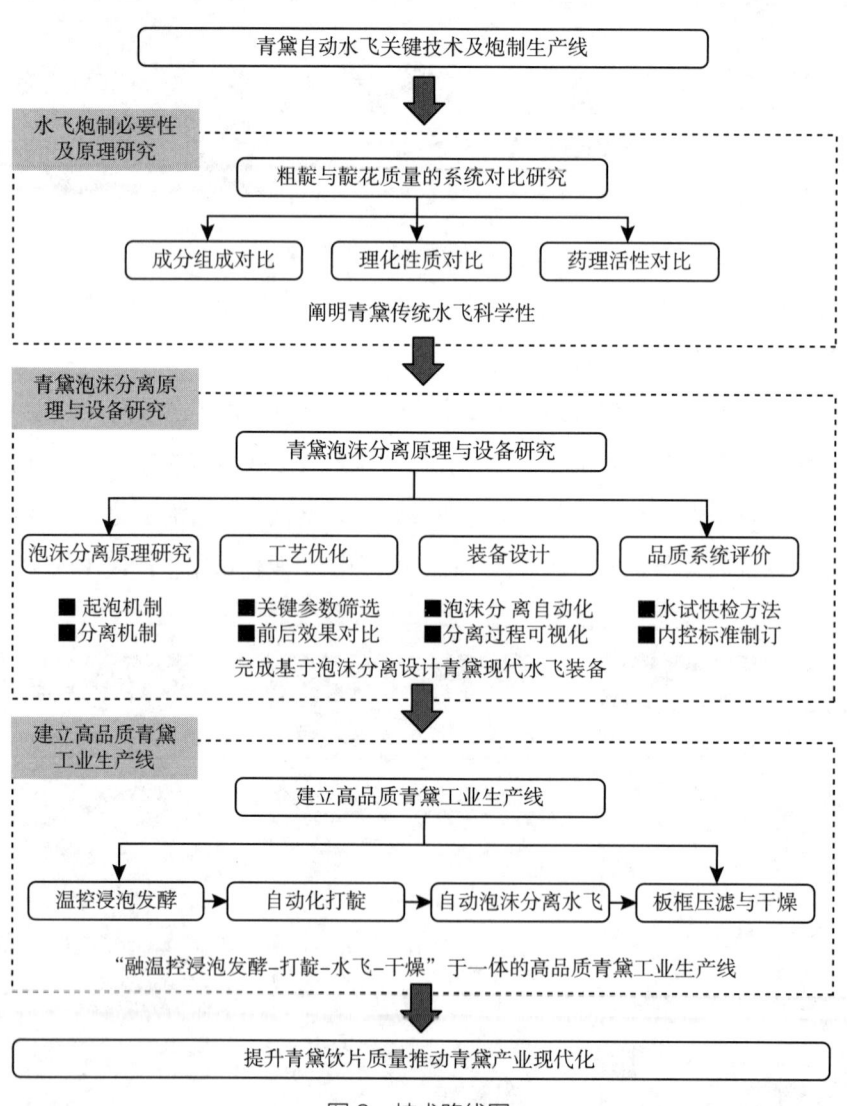

图 3　技术路线图

三、案例创新点

目前在中药炮制领域，国内外尚无本案例的同类技术。同时，本案例创立的"温控浸泡－打靛－泡沫分离－干燥"于一体的青黛自动化生产线，已建成并投入使用，占地 600 平方米，年产量 400 吨，青黛饮片市场份额全国第一，近 3 年累计实现直接经济效益超 1.2 亿元，成为现代水飞炮制技术的典范。

中药产业关键技术案例之三
——中药配方颗粒质量控制技术

一、案例背景需求

中医药是我国几千年历史文化、科学和智慧的结晶，在人类疾病防治中发挥了重大贡献。随着社会经济发展和全球人口老龄化以及人类疾病谱的改变，世界各国人民对中医药服务需求日益增长，推动了中医药在全球范围内的应用和传播。然而，由于中药成分多样、作用机制复杂，缺乏有效的质量控制手段，中药的质量和安全性常常受到质疑，严重阻碍了中医药现代化和国际化发展。

中药配方颗粒是基于中药现代化与国际化发展形势下对传统中药饮片的有效补充，又称为新型中药颗粒饮片，主要是依托现代、先进制药科技，将单味中药饮片经水提、分离、浓缩、干燥、制粒而成的颗粒，在中医药理论指导下，按照中医临床处方调配后，供患者冲服使用，具有使用方便、便于调剂、质量可控、卫生安全、易于保存等优点。

本项目针对中药配方颗粒目前各生产企业药材来源不统一、工艺设备及技术水平参差不齐、缺少整体质量控制方法等系列技术瓶颈问题，在前期研究工作基础上，严格按照国家药典委员会颁布的《中药配方颗粒质量控制与标准研究技术要求》有关规定，全面开展中药配方颗粒国家标准研究与制定工作，通过采用现代色谱、质谱、光谱等检测分析技术与方法，系统开展了中药材资源、道地产区、中药饮片、标准汤剂、中药配方颗粒中间体及成品质量评价研究；以出膏率、指纹图谱或特征图谱、主要成分含量的一致性为考察指标，对原料、中间体及成品制备过程中量值传递和物料平衡，进行了系统研究；建立了能反映中药配方颗粒整体特征的质量标准，实现了全过程质量控制；在保证中药配方颗粒安全有效和质量可控的同时，也为中药配方颗粒的质量控制、质量复核、质量监管提供了科学依据。各项研究均取得了突破性研究进展，为国家有关部门制定中药配方颗粒统一的制备工艺和质量标准提供了科学依据和可参照的范例，为中药配方颗粒的产业化、标准化和规范化奠定了坚实的技术基础，并对加速中药现代化和国际化进程，具有十分重要的现实意义。

二、案例实施情况

（1）建立中药配方颗粒的全过程质量标准体系

采用质谱法、光谱法、色谱法以及分子生物技术等先进的分析手段，系统开展中药配方颗粒的质量标准研究，从药材资源评估、饮片炮制研究、标准汤剂研究、工艺研究、质量标准研究、稳定性研究及药包材研究、标准复核研究等环节质量控制关键技术的研究及过程风险控制，规范生产过程关键工艺参数，建立客观、科学、合理的过程控制体系，建立"中药材－中药饮片－标准汤剂－半成品－成品"全过程质量标准体系，为解决中药配方颗粒不具备中药饮片外形后其品种的真伪鉴别和质量的优劣分析评价等重大技术问题提供有限方案。

（2）中药材种植基地与溯源系统建设

本项目引进成熟的种植管理规范，制定中药材道地产区、主产区种植区域规划，推动道地药材良种繁育基地和规范化种植基地建设。针对药用植物的特点，对种植、采收、初加工、包装、运输、设备以及人员等制定了标准化规范，指导种植者、收集者和加工者规范操作，并建立了中药材原产地标记监测制度。依托企业现代化、智能化仪器设备硬件及标准化、规范化的基地种植管理模式，与农户、合作社开展中药材

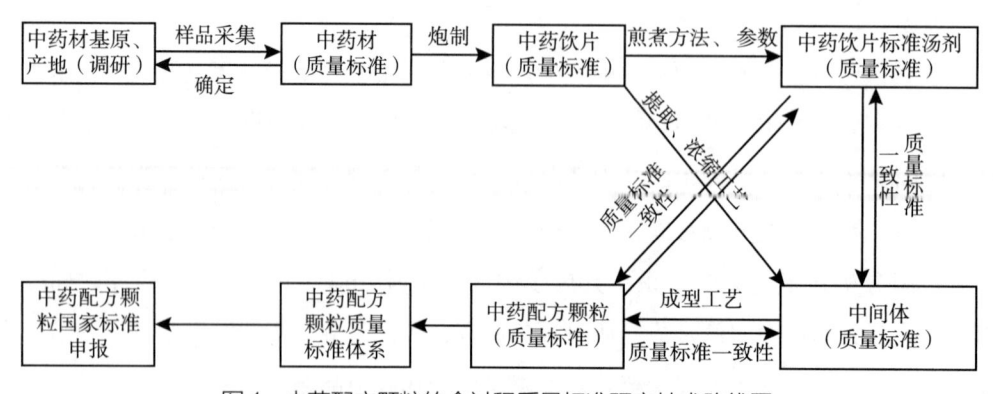

图 1 中药配方颗粒的全过程质量标准研究技术路线图

合作种植基地建设，目前已建成芡实、吴茱萸、枳壳、枳实、黄精、栀子、石菖蒲、防己、金樱子、浙贝母、麦冬、丝瓜络、白术、覆盆子、金银花、丹参、菊花等品种规范化、规模化、产业化的种植基地，为促农就业增收、可持续精准扶贫、助力乡村振兴作出积极贡献。

waters 高效液相色谱仪 　　　　　　　　waters 超高效液相色谱仪

安捷伦高效液相色谱仪 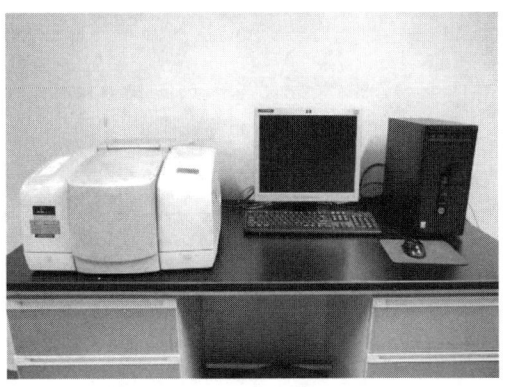　　　　　　　　红外分光光度仪

近红外分光光度仪 　　　　　　　　waters 超高效液相质谱联用仪

图 2　中药配方颗粒的全过程质量标准研究分析手段

本项目还建立了规范化可追溯的道地药材种植基地网络，基于区块链、VR、AI、深度学习算法、大数据等信息技术应用，不断从产地、基源等方面提升道地药材品质，形成了从种子、种苗、种植基地、采收、初加工、现代化的中药材仓储、物流中心等中药产业链前端的管理体系；从源头加强中药材、中药饮片质量控制，利用GIS

安捷伦气相色谱仪　　　　　　　　　　　电感耦合等离子体质谱仪

电感耦合等离子体发射光谱仪　　　　　　薄层色谱点样仪

连续逆流中试生产线　　　　　　　　　　中试提取浓缩机组

图3　中药配方颗粒的全过程质量标准体系

遥感技术精确划定中药材种植地块、分析中药材种植投产比、分析种植适宜性，开展病害评优和品质预测，建立中药材追溯信息采集传输、追溯码标识等管理规范，实现

干法制粒机（中试）  喷雾干燥机（中试）

干压机（中试） 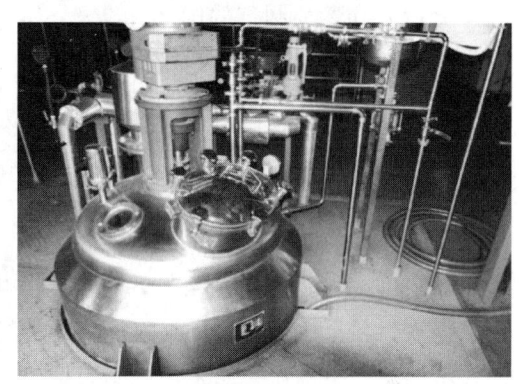 提取罐（中试）

图4　中药配方颗粒的全过程质量标准体系

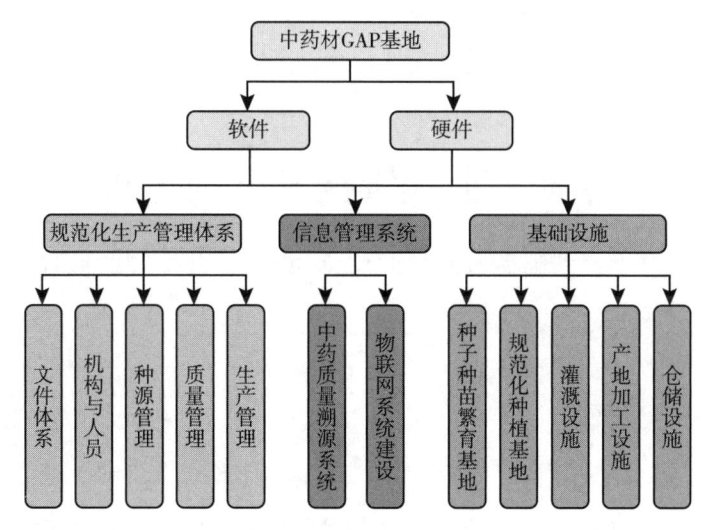

图5　中药材基地建设技术路线

数据互通共享，形成以数据和模型为支撑，一图掌握全局，一屏指挥决策，一体协同联动的中药材"超级大脑"，满足了道地产区种植标准化、品质检测溯源化、防伪溯源链条化、企业管理一体化的需求，实现了中药材产业的数字化转型升级和科学监管，为保障中药配方颗粒所用原料药材的高质量提供了有力的技术支持。

三、案例创新点

（1）发挥标准的技术支撑和引领作用

通过本项目的实施，已完成200多个中药配方颗粒国家标准研究，在已颁布、公示的309个中药配方颗粒国家标准中，85个为我司完成，184个标准获得省级标准公布，获批数量居所有研发申报单位之首；主导制定的国际标准《ISO 5228：2023 中医药－大黄》和参与制定的国际标准《ISO 7177：2023 中医药－黄连》先后正式发布，为未来多基原中药国际标准的制定提供了示范；参与制定的人参配方颗粒德国药法典标准、黄芩配方颗粒和陈皮配方颗粒美国草药典标准，均取得阶段性进展。

（2）传承精华守正创新，保护中医药知识产权

在项目全过程知识产权管理，将知识产权检索、分析、评审、申请、维护与科研项目分析论证、立项、实施、验收、后评价等紧密衔接在一起，由知识产权专员负责项目立项、项目执行、项目验收整个过程的专利策划布局、关键技术专利分析和知识产权管理等相关工作。在本项目的实施中，申请中药配方颗粒质量控制研究相关专利265件（含PCT专利6件），其中授权发明专利88件，先后年被评为"国家知识产权优势企业"与"国家知识产权示范企业"。通过将中医药质量控制方法与现代知识产权制度有效衔接，进一步完善中医药知识产权综合保护体系，促进中医药传承创新发展。

中药产业关键技术案例之四

——金银花全产业链关键技术研发与产业化

一、案例背景需求

金银花以花蕾入药性甘寒气芳香，甘寒清热而不伤胃，可解血毒，自古被誉为清热解毒的良药。在抗击SARS、"新冠疫情"等重大疫情中，以金银花为首的中药材发

挥了重要作用,且金银花在医药、食品、保健品及日用化工等产业具有广泛用途。

我国金银花主要分布于河南密县与封丘、山东平邑和河北巨鹿四个产区。河南金银花种植历史悠久,质量最优,随着市场对金银花需求量日益上涨,如何将金银花良种科学、规范、高产的进行繁育推广变成了难题。

目前,金银花产业普遍存在长期无性繁殖、引种混乱、分散经营、病虫害严重,重金属和农药残留严重等问题,造成金银花产量和质量下降;加上种植技术落后,管理不规范等问题,造成金银花效益不高;金银花受市场价格波动影响较大,人工采摘成本高,深加工环节薄弱,导致种植规模不稳定、产业链不健全等,这些问题阻碍了金银花产业的可持续稳定健康发展,迫切需要选育优质高产、抗病性强和便于机械化采收的金银花新品种及配套优化集成技术来解决一系列问题,推动金银花产业健康发展。

二、案例实施情况

本案例采用经省级鉴定的"豫金1号""豫金2号""豫金3号"和"特蕾1号"优良金银花新品种结合配套优化集成技术包括水肥一体化、无人机喷药、生态布防草等技术,与相关企业合作研发生产金银花茶、饮片、牙膏、泡腾片、饲料添加剂等深加工产品,推广示范应用,延长金银花产业链,创新发展绿色循环优质高效特色农业,促进金银花特色产业高质量发展。

2021年"金银花新品种配套优化集成技术应用与产业化"获河南省科技厅科学技术成果证书;2023年4月完成新乡市重大专项:金银花全产业链关键技术研发与应用,研发形成可转化的技术体系(图1)。

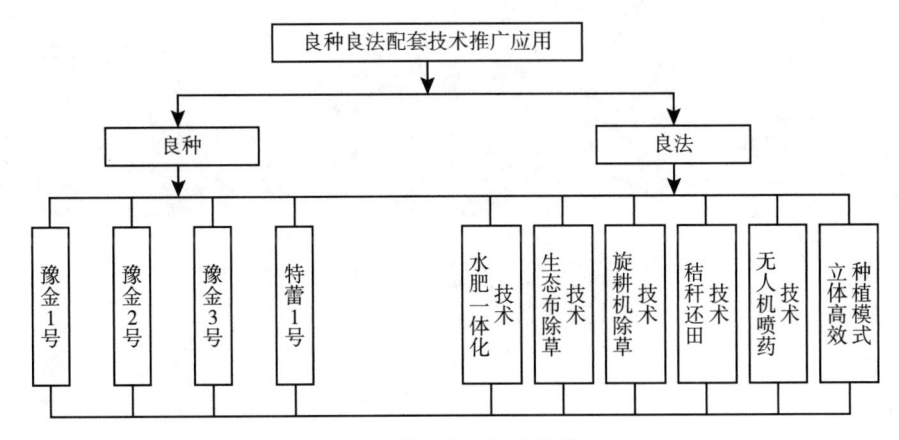

图1 推广应用技术路线

（1）建立了国内金银花种质资源最全的资源圃。

在河南省封丘县文岩村建立金银花种植资源圃50亩（图2），收集全国忍冬国家新品种权品种、国审良种、省审良种、待审良种、主栽品种、野生品种64份10502株，2022年通过省林业局组织的专家验收升级为省级金银花资源库；首次筛选15个高质量SNP位点，构建DNA指纹图谱；为新品种鉴定、培育及分子辅助育种提供科学依据。

图2　金银花种质资源圃

（2）首次培育出四个多用途的金银花新品种。

开展以高产、优质、高抗为目标的良种选育研究，培育出金银花新品种"豫金1号"（高产优质）、"特蕾1号"（延迟开花）和"豫金3号"（花蕾大、抗病）及适合茶用、观赏的红色金银花新品种"豫金2号"，解决了金银花产业发展的良种化的问题。（图3）

图3　金银花新品种证书

（3）集成创新良种良法配套技术体系。集成创新金银花扦插快繁、密植搭架、高效生态栽培、水肥一体化、生态布防草、整形修剪等技术体系（图4）；采用低温阶梯静止烘干工艺研发、生产、销售烘干机，解决烘干技术难题（图5）；研制金银花种植操作规程，推进标准化生产；为金银花产业从传统农业向现代农业转移转化提供了技术支撑。

专用有机肥　　水肥一体化　　生态布防草

皂荚+金银花+花生/地黄套种模式　　无人机喷药机技术　　金银花秸秆还田技术

图4　金银花新品种良种良法配套技术的建立

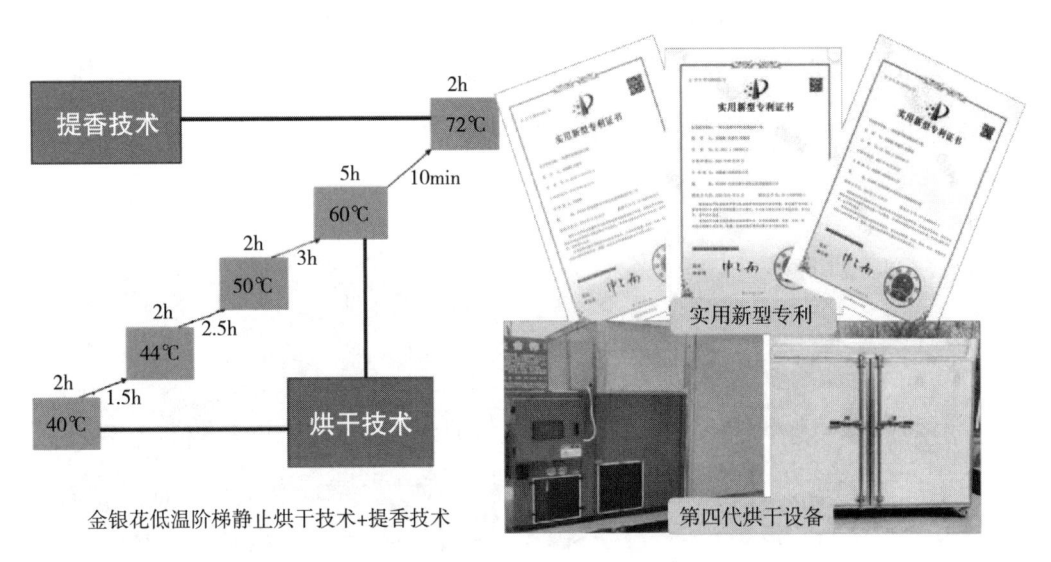

金银花低温阶梯静止烘干技术+提香技术　　实用新型专利　　第四代烘干设备

图5　金银花烘干工艺、烘干设备及发明专利

（4）开展了产学研用协同创新，实现了金银花全产业链的提质增效。与豫金中药材、博凯生物、佐今明制药公司开展合作，近三年繁育良种种苗980余万株，示范

推广面积 2.83 余万亩，年产值 5.66 亿元；烘干设备、金银花代料茶、牙膏、泡腾片、饲料添加剂（图 6）等年产值 2.7477 亿元。三年新增产值 4.7020 亿元，新增利税（纯收入）2.0464 亿元，带动就业人数 33.96 万人。

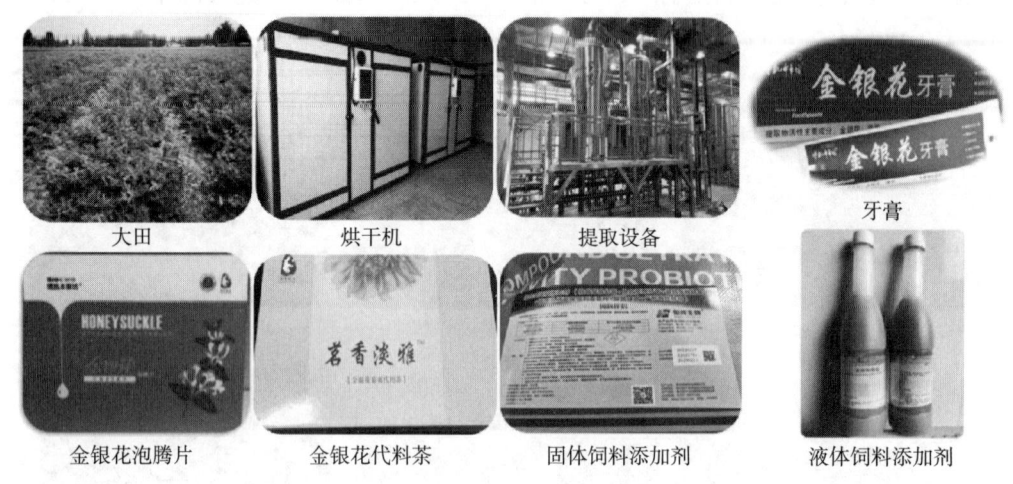

大田	烘干机	提取设备	牙膏
金银花泡腾片	金银花代料茶	固体饲料添加剂	液体饲料添加剂

图 6 金银花种苗、烘干机、提取设备及相关产品

（5）采用"特蕾 1 号"等密植搭架高效栽培模式，配套水肥一体化技术、生态布防草技术、无人机喷药技术等已建设完成金银花智慧农业示范基地 200 亩（图 7），计划 2023 年底再建 600 亩高产示范田，推广带动 5000 亩金银花种植产业发展，大力推进传统农业向现代智慧农业转变，打造集"机械化、数字化、智能化"为一体的智慧农业，推进金银花产业向"规模化、标准化、智能化、市场化、效益化、品牌化"方向发展。

图 7 金银花密植搭架高效示范栽培模式

三、案例创新点

（1）建立金银花种质资源圃，构建金银花DNA指纹图谱

建立国内金银花种质资源最全的资源圃，面积50亩，收集金银花种质资源61份、10502株，构建了以千蕾重、化学指纹图谱等为指标的质量评价体系，利用高通量测序技术筛选出15个高质量SNP位点，构建了金银花DNA指纹图谱，为金银花品种鉴定及遗传育种提供技术支撑，同时计划建立金银花表型信息库、DNA指纹图谱库、DUS数据库，为后续构建智能育种平台奠定基础。

（2）创制新种质，选育新品种

选育出四个金银花新品种包括豫金1号（获得省级农作物鉴定证书、国家植物新品种权证书和国审良种证书）、豫金2号（获得省级农作物鉴定证书）、豫金3号（获得省级农作物鉴定证书和国家植物新品种权证书）、特蕾1号（获得省级农作物鉴定证书），通过杂交育种首次选育得到三个杂交新品系豫金4号（已通过国家植物新品种权专家实评）、豫金5号、豫金6号（已申请国家植物新品种权）。

（3）开展培训指导活动，结合示范实践，切实为群众解决难题

培训创新采用线上、线下相结合的形式，并结合示范实践，以"新GAP背景下金银花新品种配套优化集成技术应用与产业化"为主题，围绕金银花新种质创制、新品种选育、良种繁育、生态种植技术（立体高效种植、套种等模式）、良种良法配套集成技术（水肥一体化、生态布防草、旋耕机除草等技术）采收方法、深加工技术设备开展培训活动；另外，提供指导咨询，切实为群众解决生产种植技术难题。

（4）采用政产学研用金模式，"政府+高校+公司+基地+农户"协同合作，助力乡村振兴。

通过"政府+高校+公司+基地+农户"协作模式，与多家企业合作进行协同创新，走出了一条政、产、学、研、用、金相结合的发展道路，研究成果服务于道地药材产区，产生了良好的经济、社会及环境效益。

中药产业关键技术案例之五
——现代中药智能制造创新应用示范

一、案例背景需求

在众多行业中，中药工业是我国创新驱动发展战略中最具有原始创新优势与潜力的核心产业之一，但同时也面临着诸多制约中药产业发展的重大科学问题。中药是复杂的物质组成体系，质量控制需要考虑多个成分的种类、含量及比例关系；中药制造受物料、工艺、装备等要素的交互影响，工艺方法需适用于药材质量天然变异以及过程物料质量波动，装备研制与产线升级需符合物料质量属性与工艺控制要求；中药制造过程是多输入、多输出、多目标协同控制的复杂工业过程，需以多目标多尺度的控制需求为目标进行全过程质量控制技术开发。

生产制造过程中的 ERP、MES、WMS、DCS、SCADA 等信息系统，异构系统之间无法互联互通互认，未实现高效运行。本项目基于中药材种植、太极医药研究院、现代中药智能制造中心、产品流通等，依托 AI、IOT、5G、数字孪生等新一代信息技术，通过主数据、工业互联网标识解析二级节点、业财一体化 BIP、数据中台等建设，完善内部管理数字化平台系统和业务系统功能，构建"太极云"数字化业务基础。

二、案例实施情况

包括但不限于关键核心技术开发情况、详细技术路线、涉及的设备规模。说明关键核心技术（可包括设备国产化情况）对中药产业链上下游的带动等。

（1）工业互联网标识解析二级节点建设

2022 年实施全要素标准体系建设，并通过数据中台及智能软件，实现各业务版块二十余个异构系统互联互通互认，消除信息孤岛。构建完整产业链、生态圈、全生命周期的数据集成，多视角地进行统计分析，让企业决策变得更高效、更智慧。主要应用 ERP、MES、DCS、SCADA、WMS、LIMS、EAM-设备、QMS、AGV、RGV、工业机器人、智能芯片、安全行为 AI 识别系统、药品监管码追溯系统、5G+ 中药材标准化种植追溯平台、数字孪生等。目前已经完成工业互联网标识解析二级节点建设，

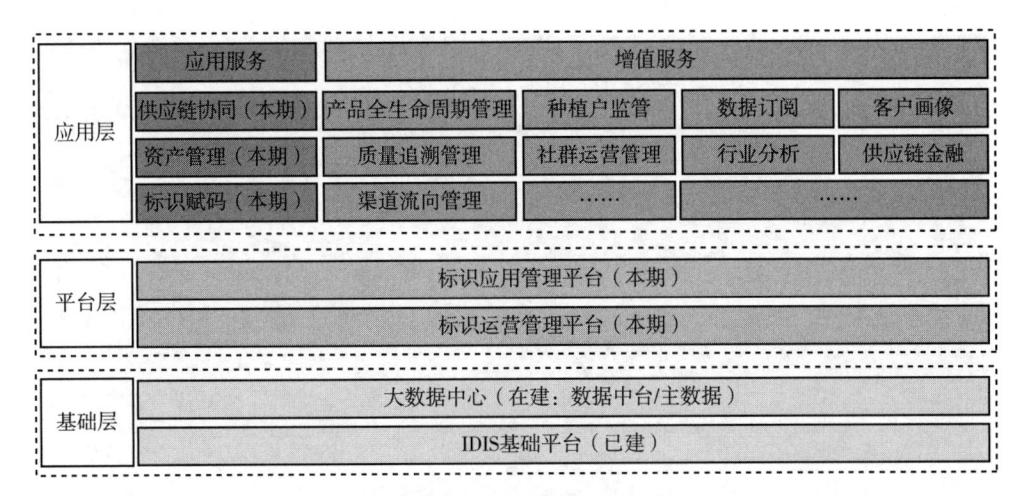

应用层	应用服务	增值服务				
	供应链协同（本期）	产品全生命周期管理	种植户监管	数据订阅	客户画像
	资产管理（本期）	质量追溯管理	社群运营管理	行业分析	供应链金融
	标识赋码（本期）	渠道流向管理	……	……	

平台层	标识应用管理平台（本期）
	标识运营管理平台（本期）

基础层	大数据中心（在建：数据中台/主数据）
	IDIS基础平台（已建）

图1　工业互联网结构

正在联通上下游数据，即将与国家顶级节点对接。

（2）中药材种植板块数字化

坚持"中药材种植基地是第一车间"，强化中药材道地性和基原鉴别，从源头抓好药品质量。开发应用药材种植"三无一全"质量追溯系统，应用感应探头在线测量土壤水分、温湿度，远程感知气象数据，高清视觉摄像头拍摄植物照片后，通过图像分析病害、虫害等，实时监测环境数据和中药材生长情况，数字化可视系统成为远程气象站和管理员，对于规范化栽培及预判最佳采收期等具有开拓性研究价值。目前，已建立半夏等优势品种10万亩中药材种植基地，从源头形成优化育苗、选种、等级管理全产业链的数字化质量追溯体系。

（3）生产板块数字化

以"互联让创新更开放，融合让产业更智慧"为中心，充分发挥下属核心企业5个数字化车间、3个智能工厂加工制造作用，通过实施跟踪销售变化、库存周转、设备利用等一系列指标，构建数据驱动的产能规划体系，敏捷反应、柔性调节，做到"一张表、一把尺、一个目标"。在工厂数字化转型过程中，创新开发了十余项具有自主知识产权的中药生产关键技术。

1）集成MES、SCADA、DCS系统，采集和分析PLC、RGV、AGV、工业机器人、智能芯片及5万余个传感器的数据，实现了资源调度、远程控制生产线。可自动监测压力、在线清洁、自动调节温度、pH值、相对密度和自动配液等。同时，应用三维仿真设计，优化设备布局和管线分布，以及应用工业互联网技术，实现在产药品信息追溯，并大量应用称重模块、视觉检测、机器人技术，将最小销售单位产品全检质量

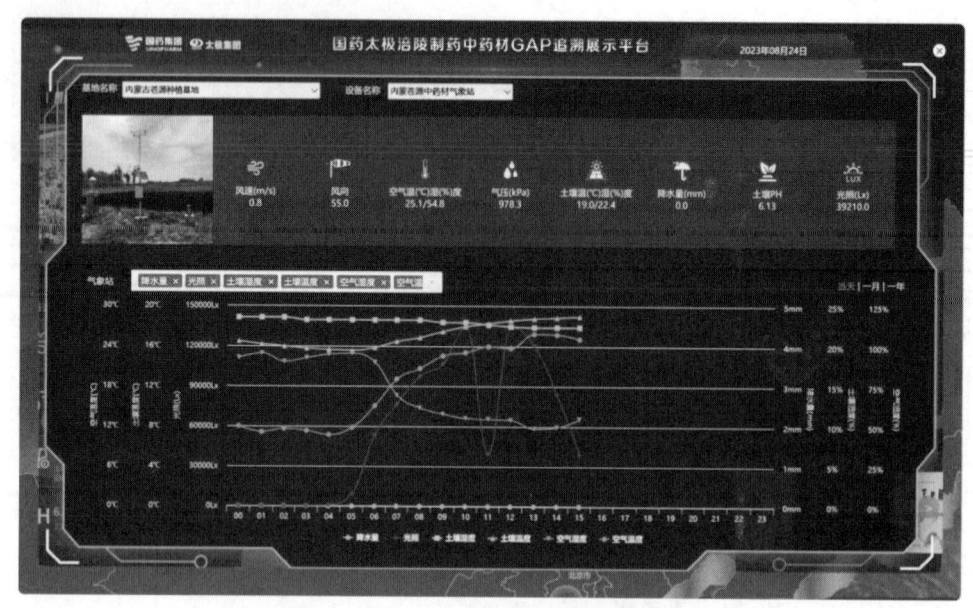

图2 5G+中药材标准化种植追溯平台

图3 太极医药城B区中央控制中心

指标。

2）大数据及数字孪生技术协同生产管控。将SCADA、DCS、视频监控等业务系统数据互联互通，中药口服液生产线利用三维建模技术完整呈现设备外观和工艺环节，应用视点动画方式直观展示设备运行和物料输送状态。通过采集设备运行参数、报警信息、维修工单等基础数据，自学习预判故障发生时间点，提前告警和提示预防性维修，防止设备发生故障性停机，优化过程质量监管，减少设备偏差，提高产品质量。

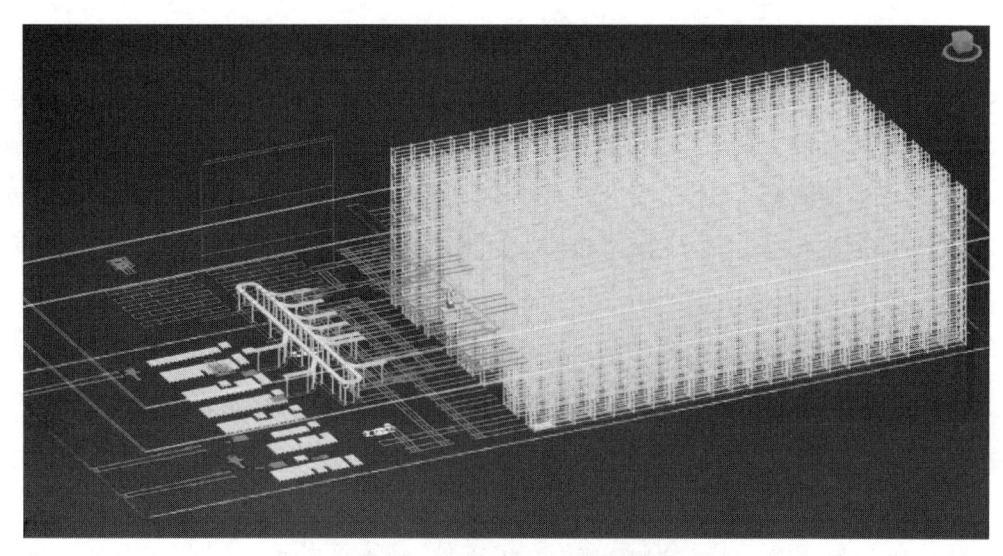

图4 智能立体仓库三维建模

3）应用设备管理系统（EAM）构建设备运行管理体系，涵盖台账管理、故障管理、维修管理、预防性管理、备件管理、专项管理，应用信息化手段不断提升设备工作效率，确保设备系统稳定可靠。同时，建立 IOT 资产管理体系，利用 RFID 技术采集设备信息，减少设备故障停机时间，提高设备利用率。

4）实验室信息管理系统（LIMS）和质量管理系统（QMS）以质量控制和质量保证为核心，广泛运用工业互联网、电子批记录、物联网等技术，从原材料采购、仓储检验、库存管理、生产计划、投料、生产过程控制、成品检验、放行、投诉跟踪、召回、销毁等相关质量过程进行全程监控。质量管理人员通过系统实时掌控总体质量情况，减少质量偏差。帮助企业降低风险，提升内部管理水平，保证和提升药品质量。

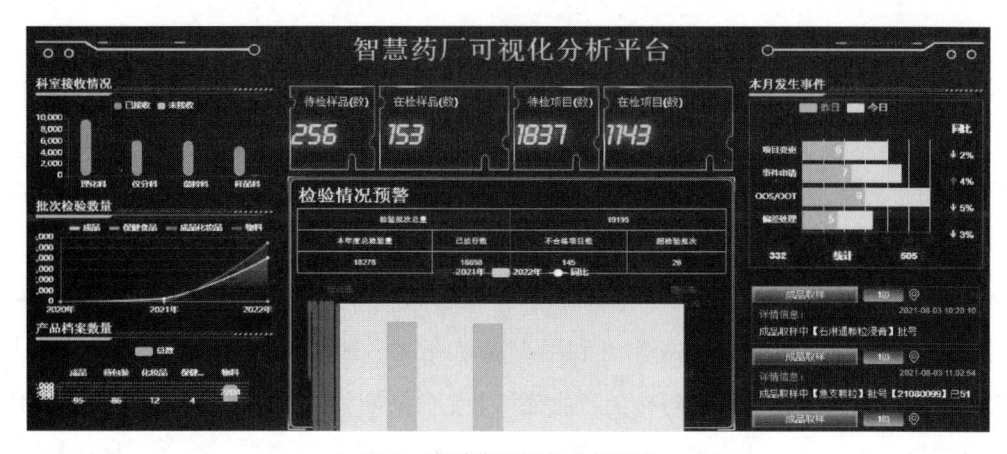

图5 实验室可视化分析平台

5）仓储管理系统（WMS）具备电子签名、审计追踪、出入库管理、监管码管理、商品批次管理、跟踪入库商品的动态信息、有效期控制、库存周转分配、货位管理、发货与交接、库存管理、看板管理、审计追踪等相关的功能。定期汇总相应数据，形成多维度统计报表，分析后作出前瞻性的趋势判断，为质量追溯提供数据基础。通过企业数据总线与 ERP、LIMS、MES 物流信息协同，实现货物自动出入库管理。

利用工业互联网、条形码识别、芯片、数据库等技术实现厂内产品追溯。同时，通过药品电子监管码在流通环节实现追溯，消费者通过手机扫描条码，可获取产品和企业信息，识别产品真伪，充分参与药品质量监督。

6）中药过程分析技术（PAT）及连续化生产。

采用近红外光谱、高效液相色谱等分析技术，建立样品指标成分与近红外光谱之间的关联模型，建立多个品种的提取、浓缩、制剂等工艺环节生产过程在线质量检测系统，实现关键工序的在线质量检测及控制。解决了现有中药企业缺乏过程质量控制手段的难题，实现了中药材原料和成品的快速质量检测以及中药生产过程中间体的在线检测，技术居国内领先水平。通过实时动态采集物料近红外光谱，实现过程指标含量预测，大大缩短检测时间，实现生产实时放行。

三、案例创新点

重点介绍项目在商业模式、服务模式、技术等方面的创新情况。介绍关键技术在业内所处技术水平，以及对国内产业发展的意义与价值。

1）本项目建设企业应用数据集成平台，引入华为 ROMA Connect 作为企业数据中枢，实现对企业内部各系统数据统一和规范治理。通过业务系统的数字化改造，实现各种业务系统的全联接，以及各类业务数据的全量数据汇聚，解决数据分散、数据质量、数据分析和业务应用集成等问题实现统一的数据标准和语言，拉通各种业务系统能力的共享沉淀，形成企业数字化转型的数据平台和业务平台，助力企业跨越式发展，具有创新性。

2）本项目提出一种针对中药材规范化种植和数字化管理的质量追溯体系。本项目建设 5G+ 中药材质量追溯平台，利用 5G、大数据、区块链、物联网、云计算、人工智能等信息技术，采集中药材全产业链和全生命周期关键数据，把多元异构分布式数据智能化处理、分析，赋能基地实现规范化种植和信息化管理，建立药材从基地、种源、种植、采收、加工、采购、质检、保管、销售全流程的质量追溯体系，提升了药材种植和质量追溯工作的水平，提高工作质量和效率，具有创新性。

3）本项目提出一种针对中药口服制剂产品制造过程全流程的产线数字孪生平台。通过数字孪生技术，横向集成生产流程，纵向集成自动化控制，通过对各类生产数据的采集、分析、整理、注入，实现全工厂生产状态可视化呈现，并通过连接实时数据对象，构建生产可视化管理、能耗可视化管理等一系列数字化生产管控能力，使生产全过程得到数字化、可视化管控，具有创新性。

4）本项目提出一种基于神经网络智能决策算法车间制造装备优化控制与智能协同方法。结合任务需求、工艺库、设备状态库，综合出生产过程中可能存在的故障、生产过程各环节的生产均衡、任务执行进度优化方案，在经信息交互评估，然后生成反馈信息和控制信息，再通过信息交互，将信息经物理网络和信息化系统分类反馈给各制造单元的各控感知控制单元和可视化终端，实现制药全过程智能识别和反馈控制，从而实现生产过程各环节的最优化、故障的实时报警和排故、在线状态库、设备状态库、工艺库的迭代优化最终将输出结果进行生产设备的实时控制，具有创新性。

中药产业关键技术案例之六
——中医药产业中药资源强基工程

一、案例背景需求

中药材是中医药事业传承创新发展的物质基础，是关系国计民生的战略性资源，其发展水平和质量直接影响中医药产业的高质量可持续发展，近年来中药农业发展迅速，但是其整体水平仍较为落后，目前限制中药材产业发展的痛点主要包含以下四方面，有必要对其关键技术展开系统研究。

1）中药材野生资源保护和发展面临挑战。由于土地资源减少、生态环境恶化和长期重采轻育、过度采挖等原因，造成部分野生中药材资源流失、枯竭。我国野生中药资源虽说品种上万，但资源并不丰富，部分野生中药资源日益减少，导致经常使用的400余种药材每年有20%的短缺。

2）种源混杂，缺乏优良新品种。历史上中药材的种子种苗，主要依靠野生资源供应。目前我国中药材种子种苗繁育建设刚刚起步，新品种选育工作比较薄弱，中药材的种子种苗供应量仍有70%以上来自"自繁自用"，造成种源混杂，缺乏优良新品种，现有良种推广率不足10%。

3）中药材生产布局科学规划不足，无序引种。中药的生命力在疗效，疗效在很大程度上取决于药材的道地性，部分道地中药材非适宜区无序引种、跟风种植市场热销中药材等问题，导致部分药材种源混乱、品种变异、品质降低。

4）中药材生产水平较为落后，生产不规范问题仍然存在。中药农业生产基础条件差，田间生产、采收和产地初加工环节的机械化严重滞后，仓储物流等配套基础设施匮乏，中药农业组织化程度低，种植仍以千家万户分散为主。

在解决中药产业发展关键技术问题过程中，必须坚持中药材持保护与发展并重，以中药材种子种苗基地建设为核心，以中药材规范化种植建设为重点，以信息追溯体系建设为抓手，以打造"优质、稳定、可控、安全、有效"的中药材生产体系为实施目标，带动引领中药农业的升级提档（图1）。

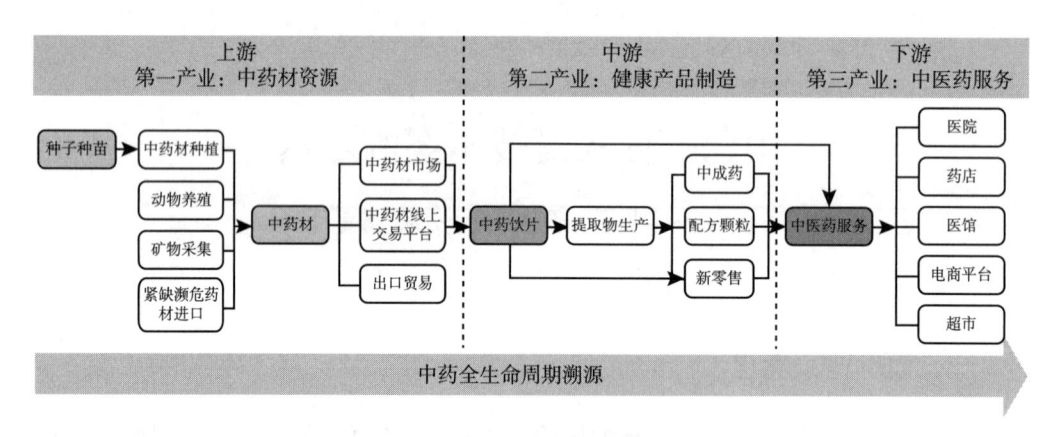

图1 中医药全产业链图谱

二、案例实施情况

1）建立中医药全产业链图谱及药材产业发展关键技术路线（图2）。

图2 药材产业关键技术路线图

良种选育关键技术：建立种质资源库、开展新品种选育

种子种苗关键技术：建立种子种苗基地、制定种子种苗标准

药材种植关键技术：布局道地药材种植基地、关键种植技术研究

产地加工关键技术：布局产地加工点、趁鲜加工技术研究

仓储物流关键技术：药材仓储养护技术

2）解决关键技术问题，打造标准化体系，建立药材产业高质量发展模式：通过开展种子种苗繁育技术、新品种选育技术、药材规范化种植生产技术、产地趁鲜加工关键技术、药材质量标准等研究工作，建立中药材生产质量管理体系，打造药材高品质生产关键技术体系及标准体系，确保药材质量安全可控。已获得植物新品种4个、制定种子种苗、道地药材、商品规格等级、规范化生产技术规程、生态种植等中华中医药团体标准59项，参与制定药材地方标准4项，配方颗粒国家标准58个，发明专利59项。

3）推进中药材种子种苗基地建设：根据前期育苗基础及优势，联合科研单位开展药材良种选育繁育研究和种子种苗基地建设，针对国家基本药物所需和名优中成药所需药材品种，采用"以点带面""主基地+分基地"的方式，打造一批标准高、规模大、集约化程度高，集种质资源保存、科学研究、繁育示范、技术推广等多功能为一体的种子种苗繁育基地。

4）强化中药材道地性，优化生产布局，推进GAP基地建设：重点在药材道地产区，建成可持续、多元化、特色化中药材基地；重点打造道地药材大品种，推进产地加工标准化、规模化、集约化，引导中药生产企业向药材产地延伸产业链，开展趁鲜切制和精深加工。按照GAP、GACP、"三无一全"标准，采用生态种植、野生抚育和仿生栽培相结合，建设GAP种植基地，推广配套药材绿色种植生产技术。

5）采用现代信息技术，建立全生命周期的中药溯源系统：使用大数据、物联网、5G等技术手段，打造数字化药材种植基地，结合IOT技术，采集环境数据，积累种植数据，实现可视化管理，为研究道地药材属性和种植技术奠定基础，建立全生命周期药材溯源系统，实现中药"从种子到病床"全过程信息可查、质量可追、责任可究。

三、案例创新点

在发展药材产业过程中，坚持技术创新，保护与发展并重，以种子种苗基地建设为核心，以规范化种植建设为重点，打造一批"优质、稳定、可控、安全、有效"的

药材品种，带动引领中药农业的升级提档，将药材产业发展成为生态产业、富民产业，成为乡村振兴重要支撑。

（1）通过技术创新，形成可复制的产业发展模式

以"技术创新引领、政府引导、企业主导、药农参与"的方式，构建了"新品种研究＋种子种苗繁育技术推广＋中药材种植技术服务＋中药材回收"一体化技术创新助力产业发展的生态体系，实现了"良种有繁育、繁育有推广、推广有市场"的良性发展闭环发展模式。项目开展过程中，已获得植物新品种4个、制定种子种苗、道地药材、商品规格等级、规范化生产技术规程、生态种植等中华中医药团体标准59项，并已应用到产业发展过程。

（2）药材产业发展与乡村振兴融合

2022年至今在全国推广近数十万亩野菊花、岗梅等药材种植工作，已成功解决良种选育、野生转家种、机械化采收、自动化烘干加工生产等产业发展难题，成为各地政府招商引资、农业产业结构升级、农民发家致富的"发财花/树"，成为集团与地方政府产业帮扶的重要抓手与纽带（图3，图4）。

图3　野菊花新品种选育　　　　图4　野菊花机械化采收

（3）发挥多元化产业优势，探索多业态协同新模式

充分发挥利用多元产业优势，与电力企业深度协同，携手开展"药光互补"产业协同项目，在光伏板下种植喜阴药材，将农业活动、科技示范等元素融为一体，打造共赢创新商业模式，为新能源产业发展提供了加速动能，既实现了传统产业与新兴产业之间相互支撑，又共同助力乡村振兴（图5）。

图 5　中药材 - 光伏互补模式

中药产业关键技术案例之七
——中药饮片调剂全过程智能化服务系统与关键调剂设备研制

一、案例背景需求

中药调剂是最基础的中医临床药学工作，调剂给付混乱影响临床疗效，容易导致医患纠纷和医疗安全隐患。随着信息化系统、自动化设备在医药领域的广泛应用，中药智能制造设备装备对促进中药调剂行业高质量发展起着关键作用。本案例以保障中药饮片调剂质量为导向，在国家中医药管理局、国家商务部、国家科技部多个项目支持下，由北京中医药大学牵头，产学研协同，构建了中药饮片调剂全过程智能化服务系统与关键调剂设备，推进中药饮片调剂领域的信息化、智能化发展。本项目成果上接中药厂、下接中医院，解决了中药饮片的调剂任务量大、药房环境差、代煎质量难控制、调剂质量追溯、用药安全风险等问题，覆盖中药饮片的调剂供应、处方审核、处方应付、发药交代、临床煎煮等全流程服务，实现了中药饮片的智能药学服务、智能代煎溯源、自动调剂煎煮，提升了中药智能调剂水平。

二、案例实施情况

本案例构建了中药调剂关键技术体系，首次提出当代中药调剂关键技术"九项全活"的核心概念，包括处方审核技术、处方应付技术、发药交代技术、临床煎煮技术、调剂供应技术、性状辨别技术、临床炮制技术、采购管理技术和贮存养护技术（图1）。

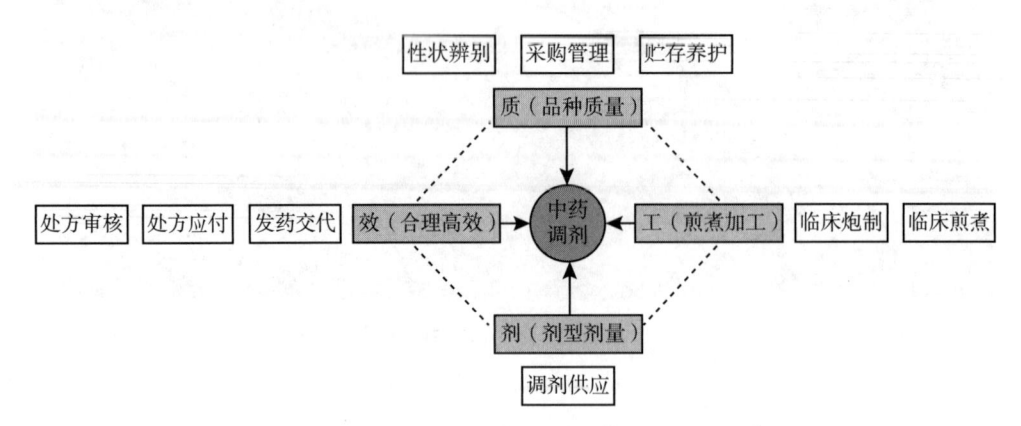

图1 中药调剂关键技术"九项全活"核心体系示意图

团队主研35余项中药智能调剂关键技术标准（图2）。在中药饮片调剂全流程数智化方面，主研国际组织标准《中药饮片药事服务规范》《常用中药汤剂服用指南》《中药饮片调剂自动化设备通用技术要求》等规范中药智能调剂全流程药事服务；已发布《中药调剂职业教育规范》指导中药调剂人员职业教育；主研团体标准《医共体共享中药房中药调剂信息技术规范》《共享中药房中药调剂信息系统建设指南》指导中药智能调剂的进一步共享发展。

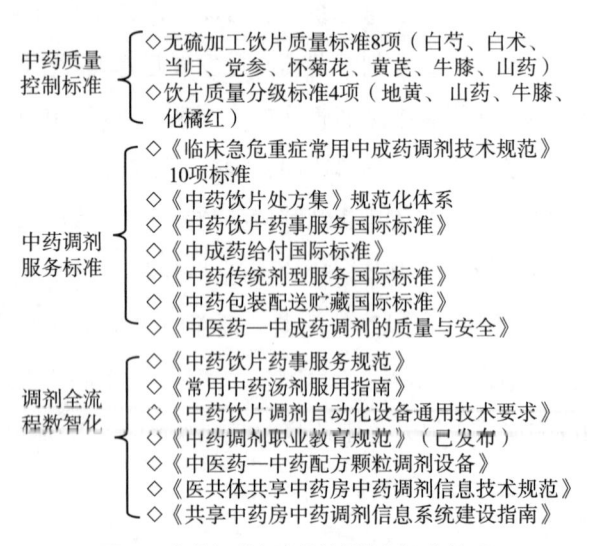

图2 中药智能调剂关键技术标准体系

借鉴卫生信息数据元研究基本方法，以中药调剂理论、技术操作及相关法规为核心，构建中药临床信息数据元标准目录。在解析《伤寒论》药嘱内涵基础上，信息化设计中药药嘱服务系统整体架构，利用 Caché 数据库及 M 语言、工作流和安全保护等技术构建了以"四库五中心"为主要构架的中药汤剂药嘱服务系统（图3）。

中药饮片标准库	中医经方库	处方前置审核	饮片调剂复核	药嘱指导服务
现用680种常用中药饮片基本数据为基础，录入名称、浸泡煎煮加水量及方法、服药注意等共计44项内容，共计24126条	共93条汤剂数据，含各方剂处方组成、煎服方法等14项内容	在医生、药师工作站提供处方中配伍禁忌、饮片用量等内容审核结果。十八反规则36条，十九畏规则17条，涉及品规122个	提供每张处方调配状态及结果	提供处方最后的药嘱信息。包括姓名、中药煎煮及服用时间次数、注意事项、药后护理等25项内容；377条健康提示内容

图3　中药汤剂药嘱服务系统"四库五中心"主要构架

"药嘱中心"以药嘱信息术语库为基础，根据患者用药情况等信息进行个性化定制，从而生成中药饮片药嘱单发给患者，指导患者正确煎药和服药（图4）。

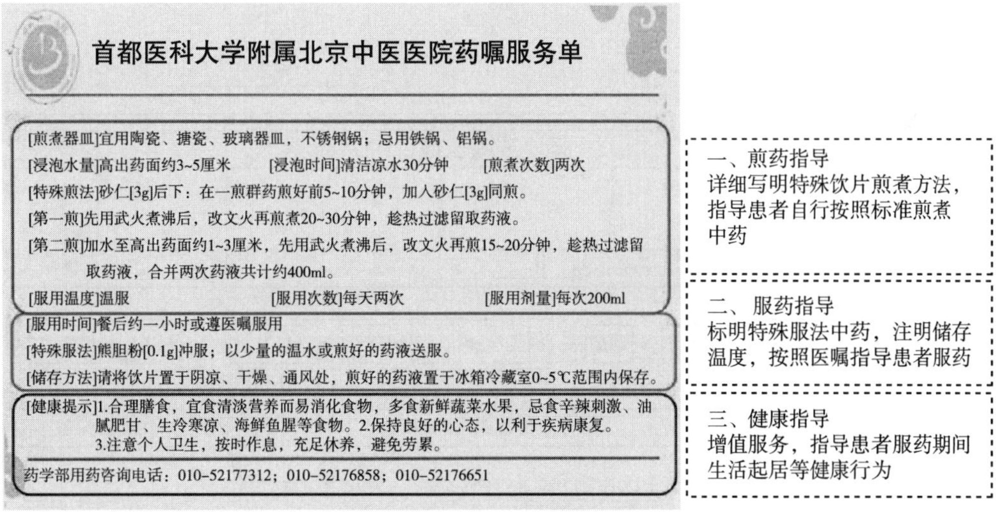

图4　中药饮片药嘱服务单示例

在中药煎药规范化流程的基础上，利用区块链技术以及无线手持设备，建设了用于采集处方代煎过程中各流程节点的监管信息及监管文件并上传的中药配方煎药智能管理系统（图5）。

图 5 中药配方煎药智能管理系统功能图示

代煎追溯查询系统可以根据处方信息向区块链后台系统发送查询请求，区块链后台系统用于将代煎过程管理系统上传的信息同步存储到区块链节点中，从区块链后台系统中获得相应的监管信息和监管文件，强制要求在代煎各环节进行来源信息验证，从而保障中药代煎质量安全可靠（追溯流程见图6）。

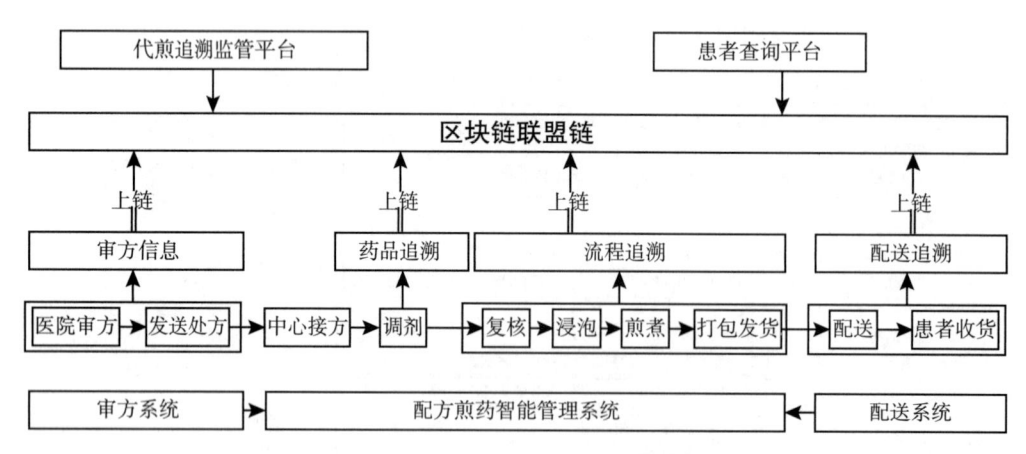

图 6 基于区块链技术的中药代煎追溯体系流程图

在中药饮片调剂供应环节，将物联网技术、监控技术与传统中药饮片调剂、煎煮、仓储转运和取药发药各环节深度融合，使中药自动调配方式、数字化煎药设备、自动传输带、机械臂码垛、现代物流方式等融合，实现中药取药用药全过程以数字化控制、智能化生产配送，客户端可查询等方式呈现与监管（图7）。

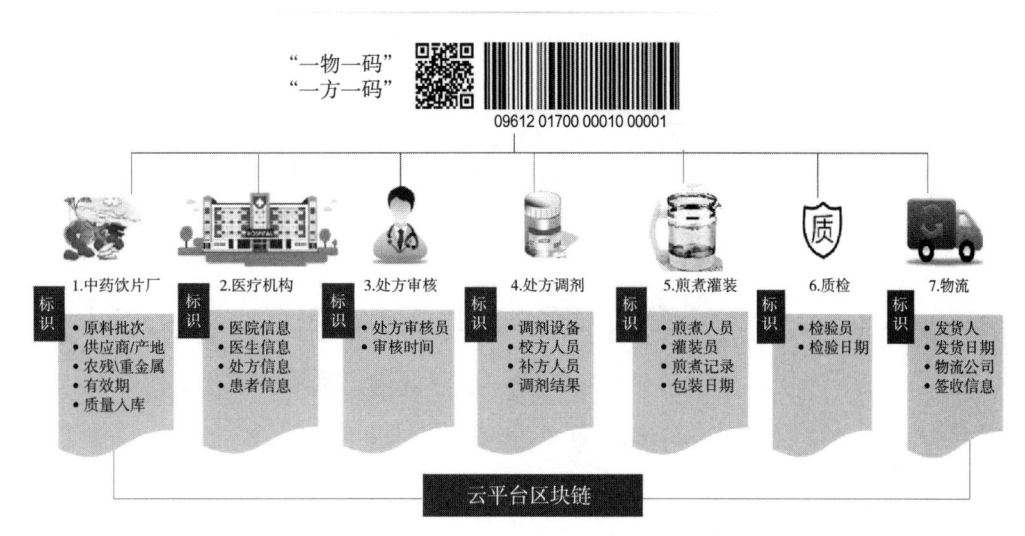

图7 中药取药用药智能管理与监管

通过智能代煎中心与互联网、物联网相结合，建立智能代配、代煎大数据服务平台，辅助处方精准调配、煎药，并通过网络智能互联的技术实现信息溯源。系统工作流程依托智能中药房生产过程的制造执行系统（MES）系统，实现中药饮片调配、制剂全生命周期的监管和追溯（图8、图9）。

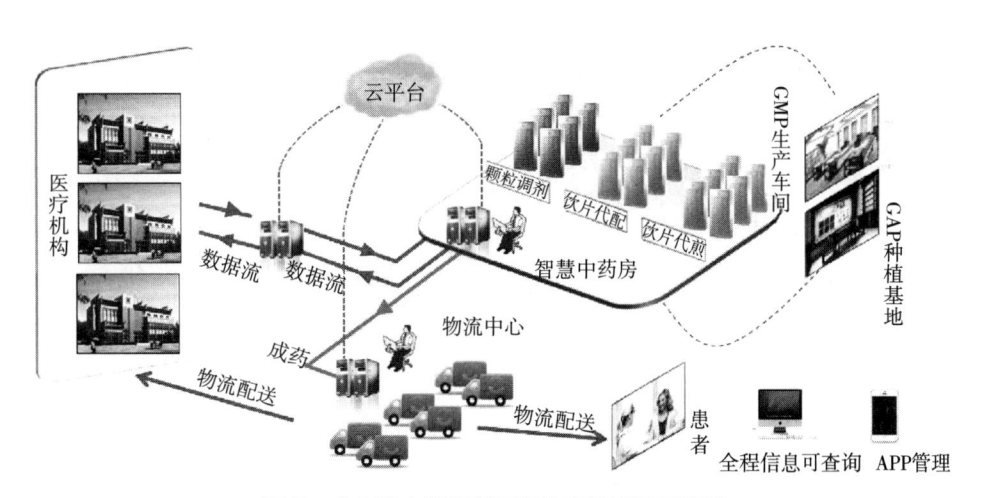

图8 全自动中药调剂系统生产线系统示意图

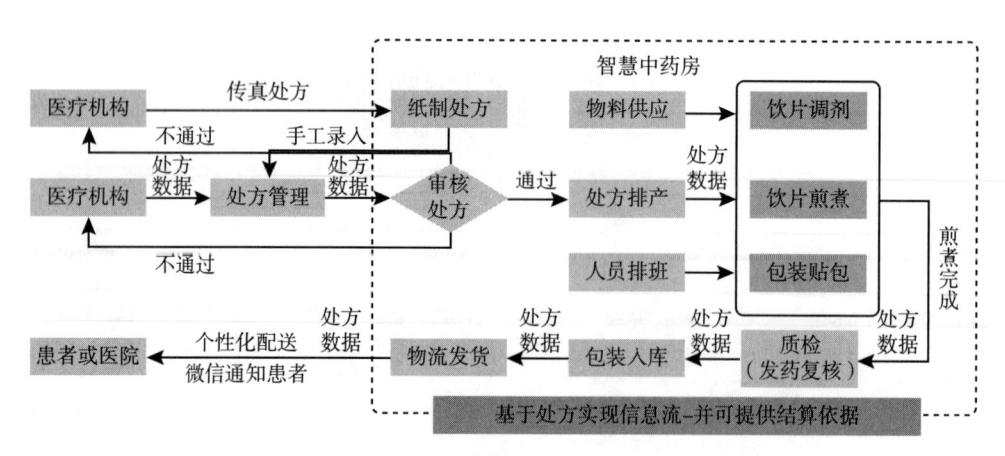

图9 全自动中药调剂系统生产线系统工作流程图

三、案例创新点

本案例以信息化、智能化手段服务于中药调剂工作人群为目标，主要服务对象包括医院药学服务人员、代煎中心调剂服务人员等。首创中药调剂"九项全活"核心技术，奠定调剂技术体系的理论基础；首创中药汤剂药嘱服务平台，药嘱服务单首次实现"一人一方一指导"，有效提高了中药师的业务水平；创新国内首个"区块链+中药代煎追溯"系统，国内首个煎药中心领域的信息管理软件，获批国内首个煎药中心领域的专利，实现了药物煎煮全程透明化、可追溯，有效降低了煎药过程的差错率，开创中药配方煎药中心数字化时代；创新开发国内首套针对散装饮片的全自动中药调剂系统生产线设备，取代了传统中药饮片人工手抓戥称的调配方式，自动化调剂设备应用RFID无线射频通信技术、处方信息打印功能等多项新技术，调剂方式采用自动化数字控制，产品已被认定为北京首台（套）重大技术装备目录（2021年）、2019年度中关村首台（套）重大技术装备试验、示范项目。

本项目创新成果促进了国内中医药产业的高质量发展，技术水平均是行业领先，促进了医疗机构的中药饮片调剂服务、煎药中心的中药汤剂代煎服务产业的蓬勃发展，同时也促进了饮片生产企业提高饮片质量、进行产品溯源等业务发展。

中药产业关键技术案例之八
——经典名方六味地黄丸生产智能制造体系集成应用

一、背景需求

国家高度重视中药发展,随着《中医药法》《中共中央国务院关于促进中医药传承创新发展的意见》等政策颁布实施,中医药发展上升为国家战略。《中医药发展战略规划纲要(2016—2030)》提出全面提升中药产业发展水平,促进中药工业的转型升级。国家大力推进《中国制造2025》,推动制造业由规模型向质量型、智能型转变,鼓励中药行业采用智能制造技术,提高生产效率和产品质量。因此,非常有必要推动中药工业的转型升级,满足国家战略需求。

1. 拟解决的关键技术问题

1)解决六味地黄丸生产过程质量均一性的问题;

2)解决中药浓缩丸传统的低温干燥方式效率低、均匀性差的问题;

3)解决中药企业设备控制层和资源管理层的独立导致"信息孤岛"的技术难题。

2. 项目必要性

随着人们对健康的关注和医疗需求的快速增长,中医药在医疗保健领域的作用逐渐受到重视,传统生产已经无法满足大众的需求。公司六味地黄丸等中药产品传统生产智能化水平低,导致工艺参数控制难、先进技术落地难、生产过程追溯难,影响产品质量,制约企业高质量发展。

实现中药智能制造是中药企业提高生产效率、提升产品质量和提高中药行业竞争力的必由之路,是我国制药监管部门提升药品质量监控力度必不可少的有效手段。

3. 实施目标

通过推进智能装备、自动化控制、制造执行、资源计划管理等关键技术在中药固体制剂领域的应用,达到培育满足GMP规范的新型生产方式,全面提升企业生产、管理和服务的智能化水平目标;提高六味地黄丸等重点中药产品质量和生产效率等,提升九芝堂的核心竞争力。

二、项目实施情况

1. 突破的关键技术及短板装备

1）智能传感与控制装备：自主开发智能传感与控制装备中的中药提取自动化控制系统（DCS）、数据采集与监视系统（SCADA），引进智能测量仪表采集系统装备、电子监管码系统等，应用到六味地黄丸智能化生产中，解决产品质量均一性差的问题，规范生产管理，提高生产效率。

2）多层隧道式微波干燥技术：往复输送的结构改善丸剂微波干燥的均匀性，并将干燥时间由48小时缩短至40分钟，解决中药浓缩丸传统的低温干燥方式效率低、均匀性差的问题，实现浓缩丸制剂含水量的精准控制。

3）中药生产管理集成技术：通过串行通讯、以太网、XML等技术及WSO2公司的数据总线系统，成功将PLC、DCS、MES、ERP、SCADA、WMS等系统及设备进行集成，实现设备控制层和资源管理层的互联互通，解决"信息孤岛"问题。

2. 智能制造实施内容

优化车间整体布局与生产设备更新，融合自动化控制、过程控制、信息化管理等先进技术，以ESB系统为集成管理枢纽，以DCS、PLC等系统为基础，通过SCADA和EMS系统的衔接，为LIMS、MES、WMS等系统提供关键生产数据，汇聚至ERP与BI系统，实现生产质量一体化智能管控，业务链、数据链的交互联通。

（1）浓缩丸生产智能装备应用

浓缩丸自动化生产线：通过PLC控制系统及物料输送系统，实现和料－炼药－搓丸－拉平－筛丸－干燥－暂存等工序的自动化联线生产。主要生产设备包括行星式下出料搅拌机、炼药机、制丸机、拉平罐机组、多层隧道式微波干燥机等。

多层隧道式微波干燥机：采用五层结构输送（三层干燥，两层冷却凉丸），达到干燥、灭菌、凉丸一体化，解决传统干燥方法中出现的干燥不均匀、裂丸、焦丸等现象（图1）。

全自动包装线：通过PLC控制系统将自动化设备及物料输送系统集成，同时配备SCADA对线体设备（高速理瓶机、全自动数粒机、连续式装盒机等）进行数据自动采集，并传输至MES系统，实现理瓶－数粒－罐装－旋盖－封口－贴标－装盒等工序的智能化生产。通过进料输送系统、高速裹包机、全自动立式装箱机（包含一套贴标印字系统）、电子监管码系统及全自动打包机等设备的连线，实现贴标－裹包－

装箱-封箱-捆扎等工序的自动化生产(图2)。

(2)智能化多系统开发应用

1)中药提取自动化控制系统:建成基于物联网的中药过程质量信息管理技术系统。建成包括药品生产控制子系统、配套工程控制子系统、批生产指令子系统、生产故障管理子系统和质量检验子系统等模块的中药自动化提取过程信息管理系统。

自主开发提取蒸馏自动控制装置,使丹皮酚的提取率提高近20%,达到行业领先水平。

2)数据采集与监视系统(SCADA):以西门子WINCC软件为基础平台,建设SCADA系统。通过本系统对关键设备进行实时数据采集与监控,实现综合、全面、实时的生产监控,并生成可追溯的历史数据库(图3)。

图1 多层隧道式微波干燥机

图2 浓缩丸全自动包装生产线

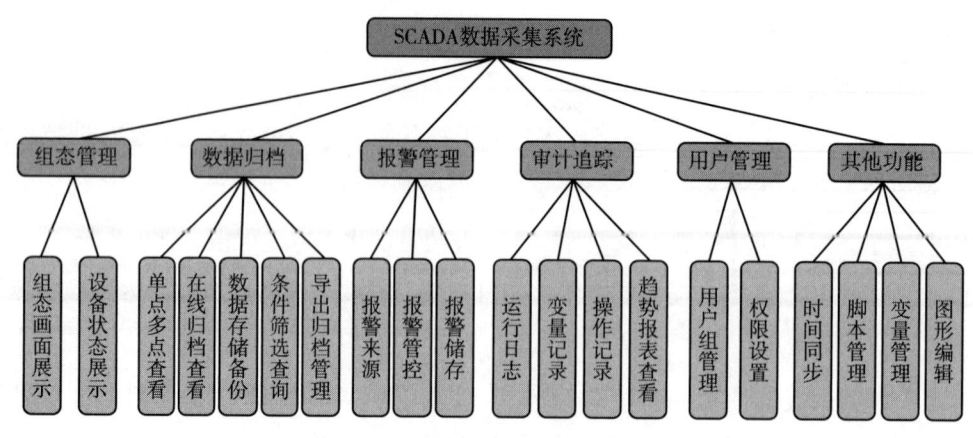

图 3　SCADA 数据采集系统架构图

3）制造执行系统（MES）：主要根据六味地黄丸的工艺流程与质量控制特点，进行管理模块的开发，建设 MES 系统，通过 MES 系统与企业资源层的系统集成和信息交互与共享，实现了以信息化的手段对生产过程的控制、跟踪、追溯以及跨系统间数据的交互与共享。

4）企业资源计划系统：企业资源管理软件（ERP）为金蝶 EAS 8.0 系统，实现全局、集团、业务单元的三级管控，生产计划的排产、入库管理及采购、销售、财务、质量管理等的集成。

5）仓库管理系统（WMS）：WMS 系统以物流为核心，通过与 MES、LIMS、EAS、PM、码上放心追溯管理平台等互联，提高货品出入库、调拨、盘点等管理工作的实时性与准确性，确保药品生产、存储、销售的可追溯管理（图 4、图 5）。

6）能源管理系统（EMS）：EMS 系统采用力控能源管理软件，通过网络数据采集

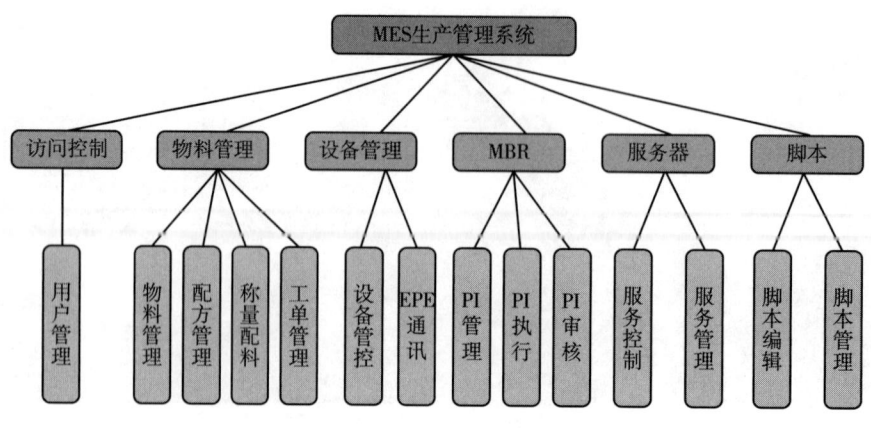

图 4　MES 系统架构图

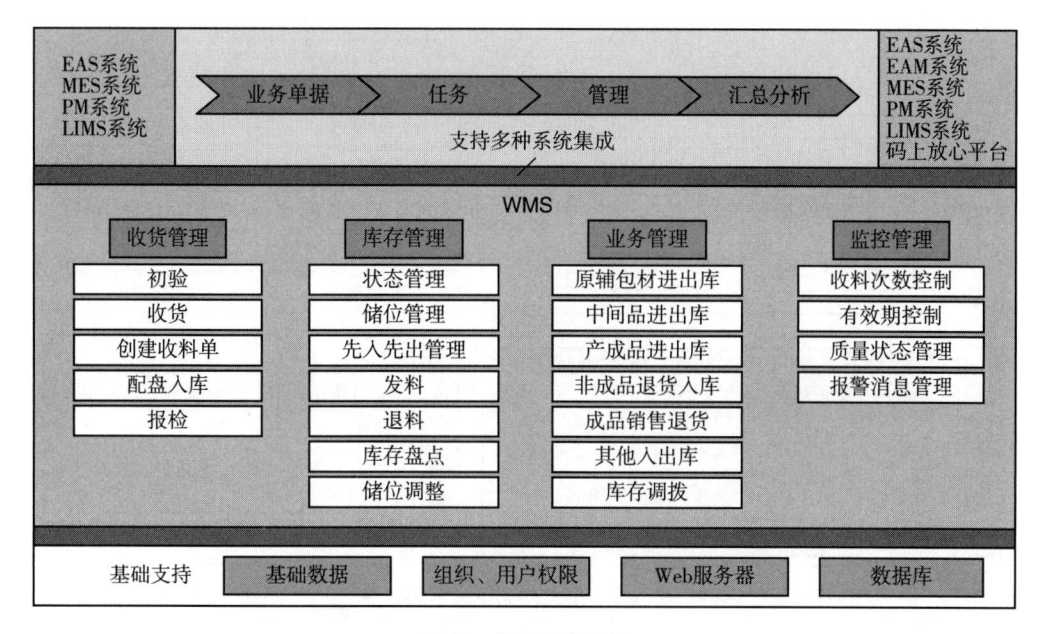

图 5 仓库信息维护

模块对智能仪表的能源数据进行实时采集,对基础数据进行分析计算,以图表等直观的方式展现用能信息(图 6)。

7)实验室信息管理系统(LIMS):LIMS 系统集成实验室核心管理要素,构建质量管理业务流程标准化与信息化体系,保障数据及时、准确、安全、可溯(图 7)。

8)设备管理系统(EAM):采用容知 IEAM 系统管理平台,将公司设备管理业务纳入统一的设备管理系统,收集维修、财务、采购等各类动静态过程数据,实现信息有效及时共享,业务数据高效传递(图 8)。

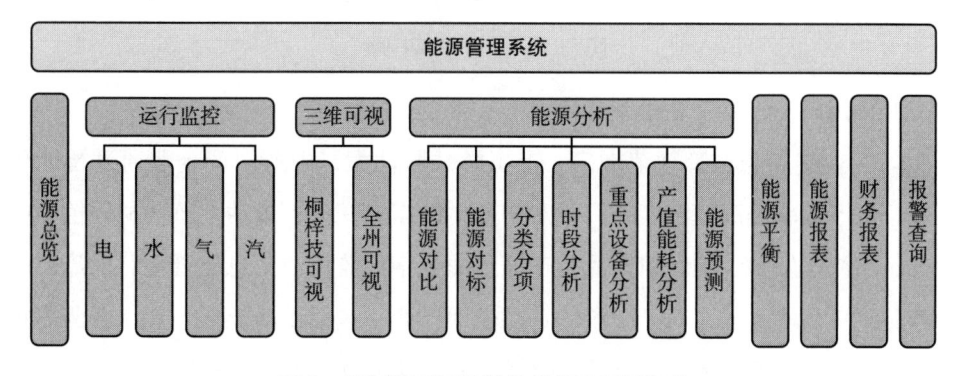

图 6 能源管理系统整体框架及系统架构

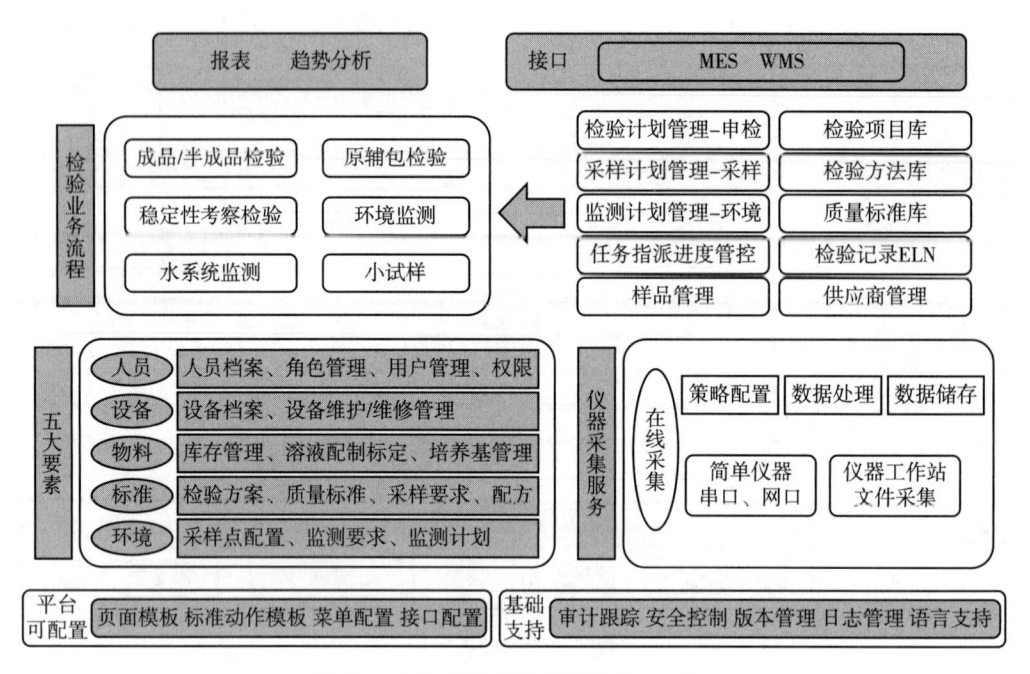

图7 LIMS 系统整体框架及系统架构

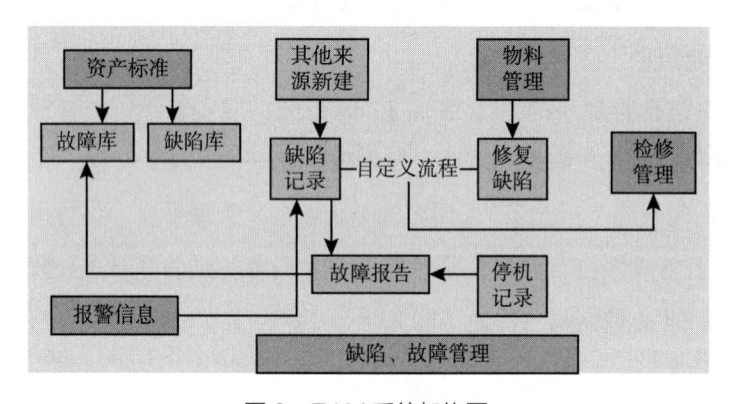

图8 EAM 系统架构图

3. 对供应链上下游企业的带动情况

中药产业链条长、管理范围广、上下游关联性大，中药生产企业通过智能化升级改造，生产效率提高，产能提高，对中药材的需求变大，带动上游药材种植和中药饮片行业的快速发展。同时对药品生产流程的数字化监控与信息化管理，保障产品质量，产品不良品率下降，对于下游的药品流通行业，包括医药流通企业、医药零售企业、医疗卫生机构等，承担的市场风险降低，促进医患关系良性发展。

三、案例创新点

1. 技术创新

1）中药生产管理集成技术，通过 SCADA、MES、WMS、LIMS、EAM、EMS、BI、ERP 应用系统的统一集成，实现生产质量一体化智能管控，以及业务链、数据链的交互联通。

2）智能多层隧道式微波干燥技术，采用智能隧道式多层往复输送结构，使物料在干燥过程中呈准动态状态，可多次翻转、移位，利用计算机模拟技术，优化微波功率密度分布，解决中药丸剂干燥不均、裂丸、干燥时间长等问题。

2. 关键技术在业内所处技术水平和对国内产业发展的意义

本项目采用技术及产品在国内处于领先水平。针对中药丸剂在生产工艺、制造装备、在线控制等方面技术瓶颈，创新整合现代化信息技术、系统科学与工程等先进制造技术，全面集成人、机、料、法、环、测、信息共 7 个方面，实现生产制造和管理数字化、可视化，真正实现生产全过程质量一体化管控。

公司以经典品种六味地黄丸为示范进行智能制造的技术创新，提升该品种质量，有利于带动该品种的其他生产企业进行技术革新，为智能制造技术的产业链上下游推广以及产业链配套企业的集群发展提供行业典范，从而促进中药行业的智能升级。

中药产业关键技术案例之九
——全自动中药调剂系统生产线

一、案例背景需求

中药饮片调剂是以中医、中药学的基本理论为指导，药剂工作人员按照医生处方要求，把各种炮制合格的中药饮片调配在一起，使之成为便于病人服用的剂型。中药饮片的调剂是临床合理用药的重要组成部分，是医药结合的主要环节。传统的中药饮片调剂方式已有上千年的历史，还保持着"手抓戥称"的传统调剂方式，存在着调剂效率低、调剂精度差、劳动强度大、工作环境差、可追溯性差等问题，已成为制约中医药发展的瓶颈之一。

传统饮片也就是我们常说的"草根树皮",包括植物药、动物药、矿物药等多种形式,传统中药饮片的自动化调剂从 20 世纪七八十年代就有高校、科研院所进行技术攻关,但一直未能解决传统中药饮片"根茎花叶果"各种异型材料的精准、高效的自动配方的难题,国内外均无可行方案。

2017 年推出了首套实用的全自动中药调剂系统生产线,填补了行业和市场的空白,相关技术在国内外独树一帜。全自动中药调剂系统生产线拥有异形物质自动调剂的关键共性技术:根据各种中药饮片的不同有针对性研发专用的调剂部件或使用不同调剂模式,在兼顾调剂精度和调剂效率同时实现几乎所有中药饮片的自动化调剂。整个系统采用模块化设计技术,提高了系统的可靠性、可制造性和可维护性。

该系统模拟工业流水线的生产模式,实现逐味称重、多处方并行处理。其核心设备调剂台是安装有设备管理/控制软件,集处方管理、调剂管理、统计分析和数据库的主机,主要功能是能够按医生处方或患者所需的用药量、味数、剂数等处方参数,控制发筐柜、多列饮片柜和传输带、提升机等设备,按流水线方式正常运转,完成药品识别、称重、计算等动作,调剂完成后的处方最终通过校方台做人工核对处理,调剂完成后的药品自动传送至煎药区并倒入独立的煎药桶,经过自动煎药、包装、打包等过程,最终通过快递分发到患者手中。

二、案例实施情况

(1)产品总体构架

全自动中药调剂系统生产线将物联网技术、监控技术与传统中药饮片调剂、煎煮、仓储转运和取药发药各环节深度融合,使中药自动调配方式、数字化煎药设备、自动传输带、机械臂码垛、现代物流方式串、并联,实现中药取药用药全过程以数字化控制、智能化生产、物流配送,客户端可查询等方式呈现与监管。通过智能代煎中心与互联网、物联网相结合,建立智能代配、代煎大数据服务平台,解决处方精准调配、煎药,并通过网络智能互联的技术解决信息孤岛,实现信息溯源。

本项目成果上接中药厂、下接中医院,解决了传统中药饮片无法自动化调剂、用药安全风险大、药房环境差、可追溯难等问题,秉承传统中医药"辨证施治,随症加减"的理论,能够按照医生处方用剂量、味数等配方参数,完成药品智能识别、精确调剂、配伍禁忌提醒等流程,充分体现了中医辨证施治、灵活用药的理论精髓,实现了真正意义上中药饮片自动调剂煎煮，不仅实现了自动化调剂、自动化煎煮，极大地提升了工作效率、方便配药，而且规范了药品管理、避免中药调剂过程人为错失，大大提高了患者用药安全程度。

系统工作流程依托智能中药房 MES 系统，实现饮片调配系统、智能煎药系统、物流配送系统的统一控制，即中药调配、制剂全生命周期的监管和追溯（图1，图2）。

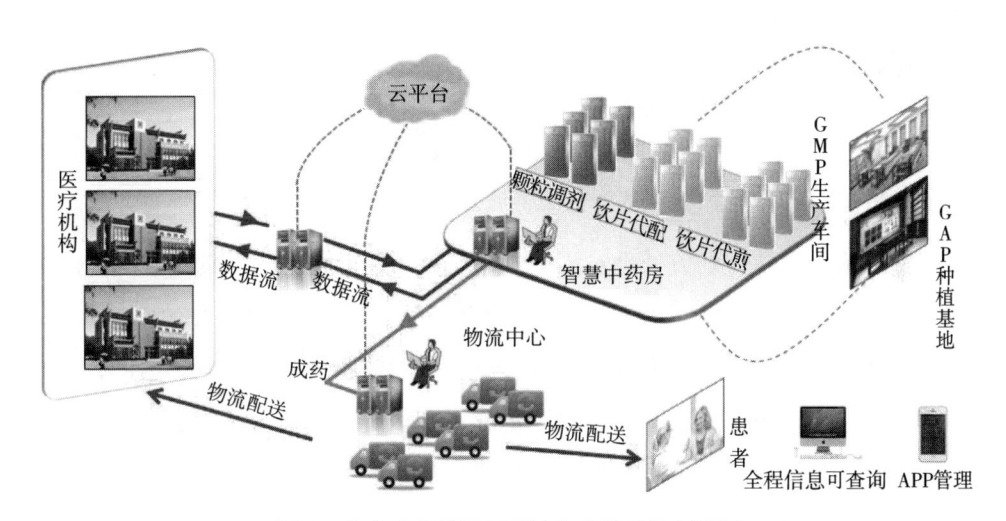

图1 全自动中药调剂系统生产线系统全景图

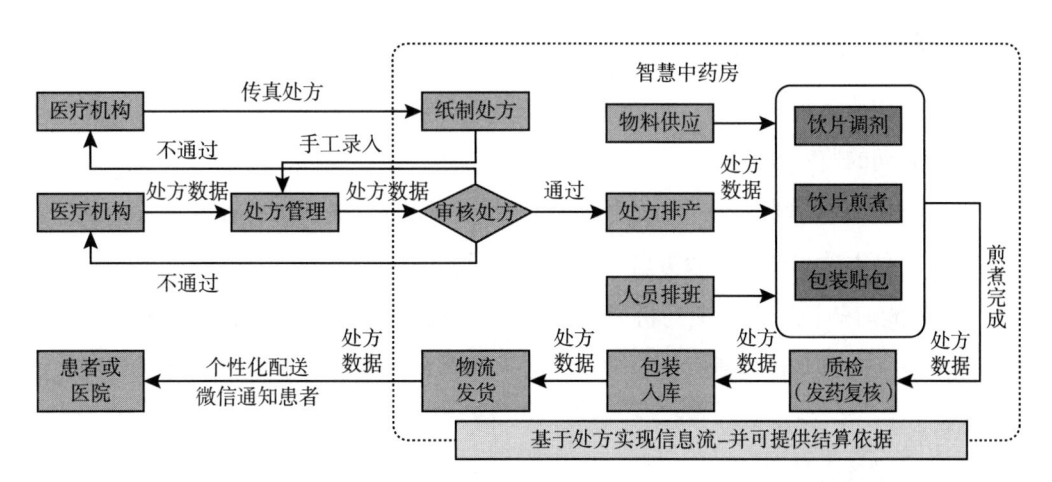

图2 全自动中药调剂系统生产线系统工作流程图

（2）实施主要内容

1）溯源管理（图3）。

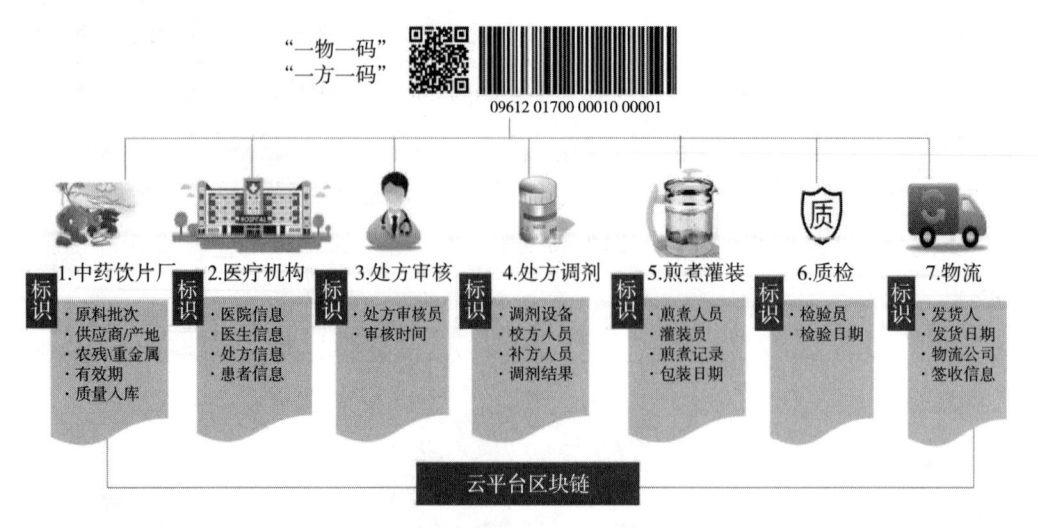

图3 系统溯源管理示意图

2）信息流可视化：处方处理过程中每个节点的相关信息，例如：每个药品的调剂（自动调剂、人工调剂）都有照片作为过程记录，通过处方即可查看对应的药品批次、照片信息，完成了处理过程中药品的全流程追溯体系建立。在任何时间，每一个订单的处理状态和处理数据都一清二楚，形成了一个高度可视化的生态系统。

3）中药饮片调剂子系统：多处方多味药并行调剂，提高调剂的效率，无须承担逐年递增的人工及管理成本。杜绝人为配药差错、减少了错方的饮片浪费，提高了用药安全性。

4）煎药中心信息管理系统：煎药中心信息管理系统实现从审方、调剂、煎煮到配送的全流程质量控制管理，支持在线查询处方动态及配送信息，实现中药调配、制剂全生命周期的监管和追溯。

5）中药自动调剂设备：研发生产调剂台、发筐柜、接药筐、标准饮片柜、叶花草饮片柜、草类独立模块、校方台等自动调剂设备。

6）智能煎药机：智能煎药机采用全新的蒸汽加热方式，遵循古法煎煮，实现了原有煎药机无法满足的先煎后下、自动二煎和节能降耗，是一款在煎药领域划时代的创新产品。

（3）关键核心技术

全自动中药调剂系统生产线主要由处方管理子系统（发货管理、设备管理、统计分析、基础数据管理）、调剂子系统（含自动调剂、人工配方）、煎煮子系统等三大子系统等组成。

处方管理模块实现与各医院 HIS 系统等处方接口，获得电子处方。实现常规处方和协定方的接方、录方、审方等工作；处方管理模块对处方条码进行统一管理。

自动调剂子系统通过处方接口从 MES 平台处方管理模块中获得处方调剂任务，实现代煎处方药的自动配药。自动校方台实现对自动调剂设备后续人工补药结果的校方。人工配方和人工校方台，实现外配和部分代煎处方的领方及校方，系统记录工序的操作人员和操作时间。

发货管理主要实现外配处方和煎药处方的发货管理，记录发货物流信息，供患者进行查询。

全自动中药调剂系统生产线采用目前先进的机器人自动加药、自动调剂和智能煎煮，完全无人化操作，彻底改变了原有中药房调剂人手多、环境差、易出错的局面。智能煎药机产品，采用全新的蒸汽加热方式，遵循古法煎煮，实现了原有煎药机无法满足的先煎后下、自动二煎和节能降耗，是一款在煎药领域划时代的创新产品。自动调剂煎煮系统每天能够调剂 2000～3000 付处方，按照 1000 处方量的调剂煎煮中心计算，可帮企业节省约 30 人的劳动力，人工成本每年可节省约 300 万元。由于蒸汽加热的智能煎药机较低的能耗以及极低的备件更换率，相对于传统电加热煎药机，每年智能煎药机可节省约 100 万元的运营成本。

三、案例创新点

（1）中药饮片自动调剂系统

1）中药饮片自动调剂系统特性：安全可控：自动上药 RFID 智能识别，防止上错药；人工上药药斗门电子锁，防止上错药；调剂过程逐味逐剂称重，确保调剂精度；落药结果实时拍照，进行处方信息追溯；在线校方复核，调剂结果满足药典要求。

智能高效：多类处方接入：电子方、传真方、协定方；采用 RFID 识别技术，调剂全过程跟踪；多处方并行处理，多剂药、多味药同时处理；15~20 秒调剂完成一剂或一个处方；智能审方辅助：十八反十九畏、最大/最小剂量提示。

运行可靠：与现有的信息管理系统进行无缝对接；模块化结构，方便对药柜进行增减调整；数据库定期备份、应用集群、负载均衡；多层级的应急预案：设备级、系统级。

覆盖全面（图4）：

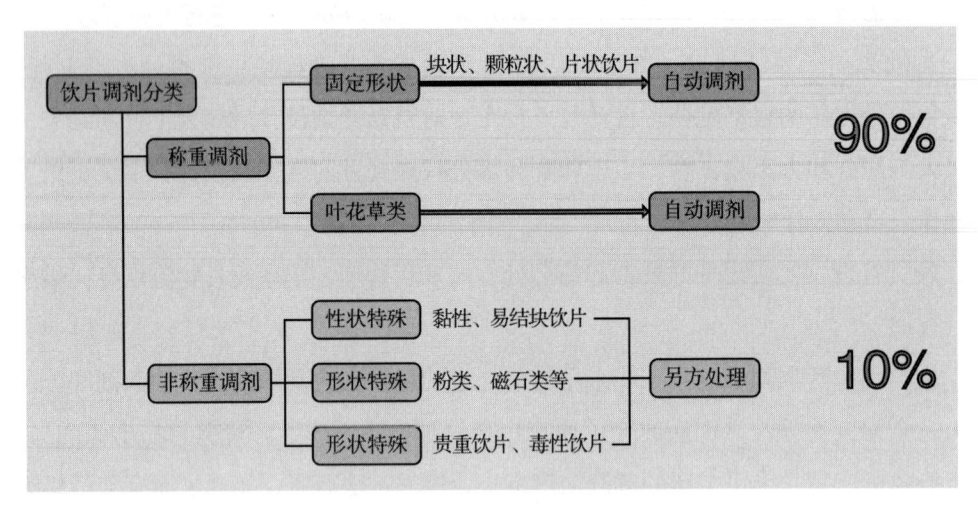

图4　调剂系统覆盖全面

2）中药饮片自动调剂系统主要创新点：综合应用光、机、电、控、计算机、信息等技术，革新了几千年来"手抓戥称"的中药饮片传统调剂方式，克服了调剂效率低、调剂精度差、劳动强度大、工作环境恶劣、可追溯性差等问题。

采用独创的流量控制方式，对块状、颗粒状等流动性较好的饮片进行落药控制，在确保10s/剂的调剂速度同时，满足落药精度。

独创的叶、花、草类饮片调剂技术，解决了流动性极差的特殊饮片的调剂难题，大大提高了中药饮片的适用性。

采用多剂、多味、多处方并行处理，极大地提高了调剂效率。

中药饮片智能配方信息管理系统适合电子方、传真方、协定方等多类处方接入。具有智能审方功能：十八反十九畏、药典规定的最大/最小剂量提示等。能够实现复杂业务处理：A+B、一拆多、另包、先煎后下、压方、作废、重煎重下等。

（2）中药饮片煎煮系统

智能煎药机主要创新点

煎煮过程中根据锅内沸腾状况，自动转换文武火，有效节约能源。

采用两次传统煎煮方法，药液自动二次混合煎煮，确保煎出药液质量，延长药液保质期。

采用常压煎煮方式，自动正反转搅拌，溶媒（饮片）与溶液（水）充分接触，药材受热均匀，提高溶出率。

采用多个高压广角喷头设计，全方位旋转式冲洗煎药筒，清洗彻底无死角无残留。

煎煮过程中，根据锅内温度自动除味，防止蒸汽外排，极大改善煎药环境。

煎煮结束后，药液药渣自动分离，药渣自动移除。

药锅加料自动开盖，根据处方工艺参数自动加水加气，药液自动封装，通过条码管理实现全过程信息记录。

（3）技术水平

本项目产品已被认定为北京首台（套）重大技术装备目录（2021年）、2019年度中关村首台（套）重大技术装备试验、示范项目，彻底颠覆了传统中药饮片人工手抓戥称的调配方式，目前市场占有率达到50%。

中药产业关键技术案例之十

——中药配方颗粒智能制造新模式应用

一、案例背景需求

中药配方颗粒行业经过多年发展，已经形成较为完善的生产体系，但是全产业链从种植–饮片–提取–制剂–销售各个环节信息流通不畅，或记录存于纸质档案，或存于各个单独的信息化系统，形成信息孤岛。目前监管趋严的大势下，对于生产企业全产业链的追溯能力提出了新的要求。在生产环节，生产设备智能化程度不足，信息化程度落后，都是制约中药配方颗粒行业进一步发展的阻碍。中药配方颗粒行业亟须借助新技术、新工艺、新理念进行数字化转型来帮助行业进行变革。为打通全产业链信息流，借助物联网技术，边缘计算，云计算等新技术，构建中药配方颗粒全产业链追溯体系。基于区块链技术的不可篡改特性，保证追溯数据的完整性与安全性，向消费者提供"可感知的质量"。根据配方颗粒行业的特点，分析生产工艺，搭建配方颗粒工业云平台，构建分布式智能制造模式。突破提取，制剂，包装等核心工艺环节的设备，部署监控和数据采集系统（Supervisory Control And Data Acquisition，SCADA）、制造执行系统（Manufacturing Execution System，MES）、实验室信息管理系统（Laboratory Information Management System，LIMS）、高级计划和调度系统（Advanced Planning and

Scheduling，APS）等一系列信息化系统，垂直打通生产各个环节信息流，打造数字化标杆工厂，进一步提升"药材－饮片－制剂"一体化质量设计能力，保证产品质量更均一稳定。

二、案例实施情况

1. 中药全产业链追溯体系

中药追溯平台基于云部署，打通从种植、生产、销售各个环节的数据流，利用区块链技术，形成不可篡改的追溯数据，保证数据的完整与安全。在种植端，种植基地借助追溯追溯系统和物联网技术加强对种植过程的管理，提高药材质量并保障均一性，降低纠错成本，从源头保证药品的"原质原味"，形成上游优势药材资源管控新模式，成为中药材领域的先行者。基于云部署与模块化设计的技术优势，系统可快速部署给上下游有需求的种植户或供应商，推动全产业链构建信息追溯能力。公司目前规范化种植药材基地超过30万亩，通过"三无一全"认证品种有7个。

2. 跨区域分布式智能制造

针对配方颗粒未来全产业链端到端"统采、统提、分制、分销"的分布制造特点，构建跨区域分布式的生产供应模式，实现建立多工厂生产协同模式。以工业云平台为基础，以工业系统为抓手，构建分布式网络型中药配方颗粒智能制造新模式，有效提升中药配方颗粒分布式车间的生产效率和产品品质，改造和提升传统中药生产工艺，提升了企业整体竞争力，加快中药配方颗粒的产业化升级（图1）。

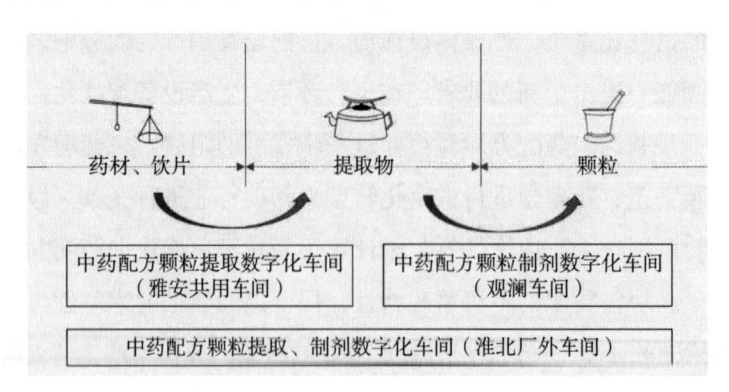

图1 配方颗粒未来全产业链

3. 核心工序设备

承接了中药配方颗粒智能制造新模式应用的探索，在这个过程中产生的科技成果专利技术符合国家、省、市产业技术政策，技术含量高，创新性强，在国内均处于领先水平，填补了多项空白，具有极高的推广应用价值。

（1）基于视觉识别的机器人码垛线

机器人码垛线将工业机器人应用于中药配方颗粒智能化产线，具有重复精度高、可靠性好、适用性强的特点，单位时间效率高，降低作业成本。采用机器视觉成像与信息获取、高精度图像识别定位等方法，解决中药配方颗粒生产线物料条码的识别。采用高速精准执行控制方法，解决中药配方颗粒多产线、多机器协同作业难题，采用机器人柔性自动化生产线优化决策与协调运行控制系统。结合物联网技术实现对多产线物料的码垛分配（图2）。

图2 机器人码垛线

（2）国内首条洁净区 AGV（Automated Guided Vehicle）系统

该系统为国内医药行业洁净区内首个使用的 AGV 智慧物流运输系统，采用激光导航技术，实现物料的智能运输。通过 AGV 智能调度系统，实现 AGV 的行走路线即时计算，提高 AGV 的运行效率，AGV 配置二维码识别装置，实现叫车过程中物料的识别和防错。通过 AGV 及控制系统与 MES 系统对接，完成各工序房间的叫料和物料运输。

（3）中药配方颗粒智能化瓶装线

药配方颗粒智能化瓶装线，具有实现配方颗粒包装设备的自适应学习功能的智能称重系统、颗粒粉度控制灌装系统、局部密封除尘系统、二维码追溯系统及带物联网远程控制服务模块。通过以上技术应用极大地提高了配方颗粒后端包装设备的智能化水平，为整个中药配方颗粒智能车间打下了坚实的硬件基础。

三、案例创新点

（1）中药配方颗粒工业云平台

中药配方颗粒工业云平台作是分布式智能制造的核心组成部分。在集团技术资源基础上，构建中药配方颗粒工业云平台。通过引入数字化平台和搭建数据平台，构建前台灵活、中台高效、后端稳定的技术平台，结合流程规范等手段，保障各系统项目技术质量和一致性，提供可复用功能/数据/组件/服务/接口，协同项目技术团队开展具体建设，提升整体落地实现的速度，降低运维管理成本（图3、图4）。

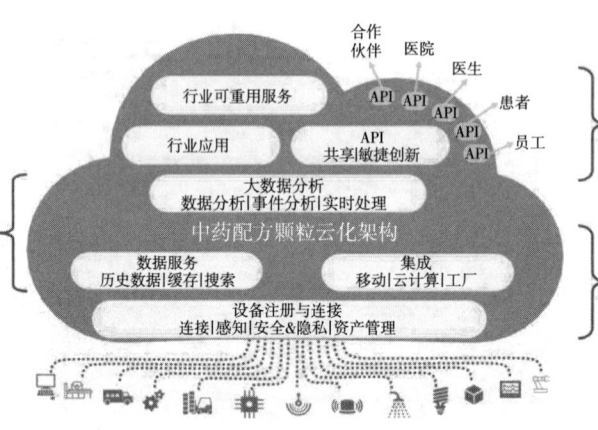

图3 中药配方颗粒配方颗粒云化架构

图4 中药配方颗粒工业云平台

（2）云 MES 系统-协同制造驱动力

MES 基于云端的部署方式、标准的数据结构，让数据可以清洁、准确、实时、高效地从线下到线上、从边缘到云端，同时线上云端的数据，可以反向、实时地被分布在不同时空的一线人员所监控、协同、分析。

通过横向集成支持广泛协同。将企业内资源和信息打通，再扩展为将价值链企业间资源和信息打通，支持产业链协同生产与创新业务模式。建设多业务线的信息化系统，实现人、设备、环境与物料之间的互联互通和综合管理[WMS（Warehouse Management System）、MES]，实现制造过程质量信息采集和质量追溯[MES、LIMS、QMS（Quality Management System）]，提升企业数字化和网络化水平。

（3）数字孪生系统-医药行业内虚拟仿真技术的首次尝试

通过底层设备建模和数据的实时采集，结合信息物理系统（Cyber-Physical Systems，CPS）技术、工业互联网平台、大数据分析技术，让数据驱动制造，打造数字化智能工厂。利用虚拟仿真技术对整个生产车间进行实时有效的管控，使管理人员及时发现问题，解决问题，从而提高生产效率。该系统的建设有助于进一步加强 MES、LIMS、SCADA、设备等软硬件的集成，建立设备与系统的双向数据传递和控制。

（4）数据应用构筑智慧决策大脑

以现有信息系统为基础，站在提升企业经营效率，全局资源优化的视角，打造基于数据决策的供应链全链条（含销售计划、生产、质检、物料采购、供应）优化协同系统，面向当下，实现企业内产供销一体化优化协同，面向未来，打造现代中药的"智慧决策大脑"，支撑产业链的优化协同。

一体化的智能决策优化。打通企业现有各信息化系统，改变传统的人工经验式决策，通过数据+模型的方式进行全局一体化的资源决策优化。

快速响应各种变化。根据各种外部环境变化的输入，实时动态优化计算，在几秒-几分钟内给出最新的决策结果，始终保证平台决策结果的可执行性。

打破孤岛，实现高效协同。各部门相关决策人不再孤立地仅仅基于本部门的信息化系统数据进行决策，所有人都基于统一的一体化优化结果协同办公，杜绝信息传递失真，数据不对称导致的协同灾难（图5）。

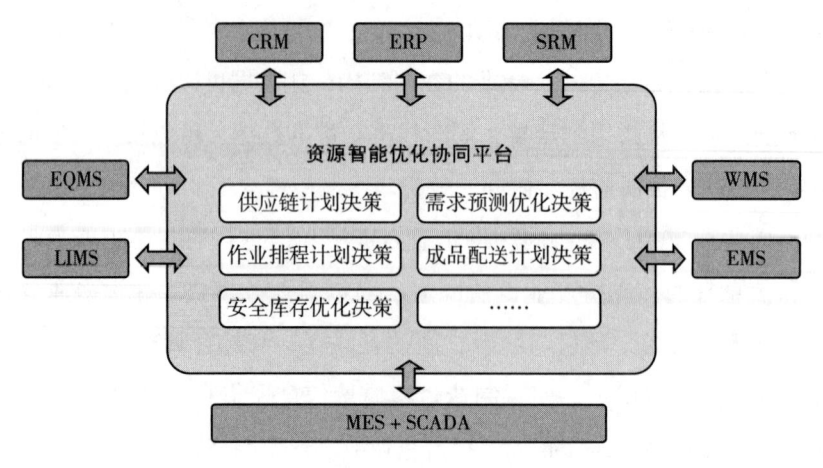

图 5　资源智能优化协同平台

中药产业关键技术案例之十一
——应用数字化技术制造甘桔冰梅片

一、案例背景

甘桔冰梅片于 2002 年获得国家批准生产，并成功上市，广泛用于临床治疗。该品处方由桔梗、薄荷、射干、青果、乌梅（去核）、蝉蜕、甘草、冰片组成。该药品为糖衣片，除去糖衣显褐色；气香、味辛、微苦，已为耳鼻喉科喉痹类非处方药品。

甘桔冰梅片自上市十余年来，临床使用临床医生根据该品处方构成广泛用于中医"喉痹"治疗，包括现代医学的急、慢性咽喉炎、声带息肉和声带小结的治疗，其临床疗效和安全获得高度肯定。我国日前一项普查结果显示，人群中男性约 37%，女性约 43%，每年有不同程度的咽喉部肿痛，教师、演员等职业用嗓者高达 74.6%，吸烟人群 90% 左右患者有咽喉部疾病。该品按药政管理部门批准的说明书，其功能主治：清热开音，用于风热犯肺引起的失音声哑。其临床安全性和有效性已得到临床医生和患者普遍认同和高度评价，产品销量增长快速，其市场前景十分看好。基于该产品的临床安全性及有效性，同时抓住该品种治疗疾病市场的快速增长，公司对该产品制造方法进行技术提升，进一步提高该产品的产量和质量，为临床提供更加安全有效的产品，降低成本，提升产品的品牌形象，增加产品的市场竞争力。

与此同时，我国制药行业"智能制造"之路才刚刚开始，所谓"智能制造""智能工厂"真正合理与完整的生态和模式并没有形成，医药行业的很多特殊问题有待认真思考和探索，不应该把一些部分或局部的自动化、信息化或智能化的内容作为制药行业整体模式，也不应该把其他行业的一些模式简单地照搬到医药行业。创新技术与装备是推动制药行业变革的核心。实现制药行业的智能制造，其重点任务是"制药装备智能化"和"药品生产过程智能化"。提高生产效率降低资源能源消耗，对于推动制药行业的转型升级具有重要意义。结合制药行业自身的特点和需求，提升制药行业自动化与信息化的理念和水平，确保药品生产与 GMP 合规性高度符合的智能制药工程整体解决方案是制药行业亟须解决的问题。本案例关键技术目的之一是提供一种甘桔冰梅片自动化生产控制系统，该系统可实现甘桔冰梅片的智能制造，并且对生产环节中各项数据进行监控，节约人力成本的同时利于甘桔冰梅片的品质把控。本案例关键技术目的之二是提供一种利用上述甘桔冰梅片自动化生产控制系统生产甘桔冰梅片的方法，通过该方法制备甘桔冰梅片，实现自动化生产，且实时监控生产数据，了解生产情况。

二、案例实施情况

本案例关键技术在于甘桔冰梅片自动化生产控制系统的建设，系统包括 eBR 系统（MES 系统）和自动化设备系统；eBR 系统将生产数据和/或处理后的生产数据传送给自动化设备系统；自动化设备系统接收生产数据和/或处理后的生产数据进行生产；自动化设备系统将实际生产数据传送给 eBR 系统；eBR 系统包括电子批记录模块和质量管理模块；电子批记录模块遵从 FDA 和 GMP 规范，控制正确的执行过程；质量管理模块包括质量控制单元和偏差处理单元；质量控制单元根据标准数据和实际数据比对，判断质量结果；偏差处理单元将产生的偏差与设定的偏差范围进行判断，传送给相关人员处理。本控制系统以及生产方法应用于制药领域，为制药领域的智能制造提供新途径，本系统已于 2021 年 8 月 6 日获得发明专利，专利号：ZL202010807259.2。另一方面，企业重视 CO_2 超临界萃取、超声振荡提取和大孔树脂吸附纯化新工艺、超微低温粉碎等现代制药领先技术应用。同时，企业购置超临界 CO_2 萃取机组、超声波提取机组、平衡双效节能浓缩机组等国内领先生产设备，新购设备国产化率 100%，智能化率 93%，技术水平国内领先，并对原来部分设备进行数字化改造，均采用 PLC、DCS、SCADA 等控制系统，具备数字化集成能力图 1、图 2。

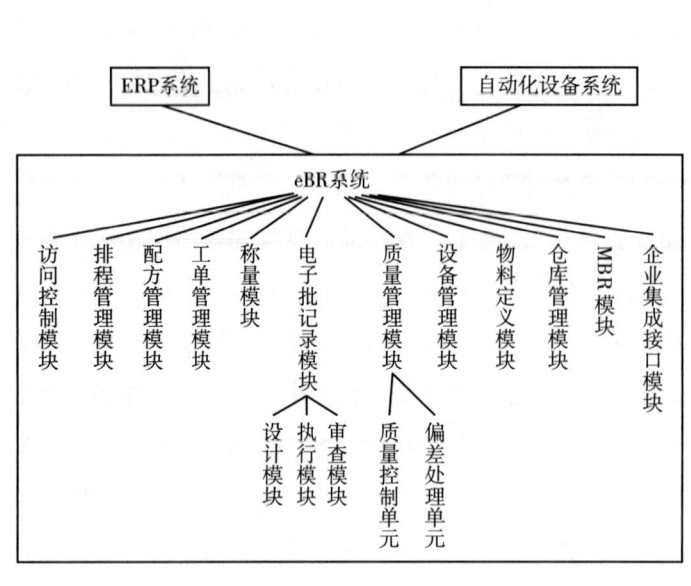

图1　甘桔冰梅片自动化生产控制系统图

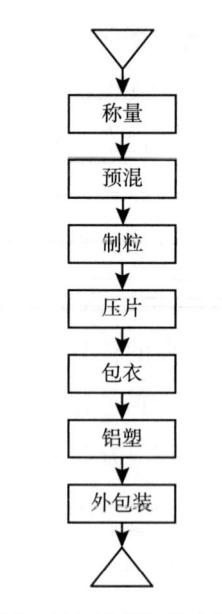

图2　甘桔冰梅片生产工艺流程图

三、本案例技术的有益效果

1）建立从原料进厂到药品成品生产过程的管理信息化系统，将药品质量的监控细化到药品生产的每一个环节，有效提高了基于内控标准的甘桔冰梅片药品优良品率12%以上；

2）监控生产过程中产生的偏差，并且可以对产生的偏差限定范围来控制生出的药品质量，确保了甘桔冰梅片生产质量的稳定性；

3）通过相关数字设备的在生产化，甘桔冰梅片生产相关工艺参数，尤其是关键技术参数、如提取时间、提取温度，制剂成型温度、真空压力等得到精准监控或调整，有效减少生产时间、降低了生产能耗；

4）整个生产控制系统中，全程无纸化生产，简化生产程序，为生产提供便捷，显著提高了劳动效率、减少物资使用及能源消耗，降低甘桔冰梅片成本5%以上，以该品年产值2亿元计，年节约生产成本1000万元以上。

中药产业关键技术案例之十二
——中药材蝉蜕+林果林下养殖技术

一、案例背景需求

蝉蜕是黑蚱蝉老熟若虫羽化过程中褪去的皮，是名贵中药材，有宣散风热、透疹利咽、退翳明目、祛风止痉的功效，也是以岭药业专利中药通心络胶囊、参松养心胶囊的主要原料。金蝉若虫又名知了龟、知了猴等，是蝉科昆虫的代表种，金蝉（蝉蜕）养殖是农村养殖业中，除养猪、养牛、养羊、养鸡四大常规畜禽养殖业之外，经济效益公认度较高的一项野生药用和兼有药食、药饲多功能动物养殖品种项目。金蝉养殖与养猪、养牛、养羊、养鸡项目相比，具有投资小，成本低，见效快，收益高，多数农民对其品种都比较熟悉的特点。

金蝉若虫蛋白质含量极高，达 58.58%–70%，是难得的高蛋白、低脂肪的野味佳肴，我国许多地区都有食用金蝉及其若虫的习俗，在山东、河南、湖北、河北、北京、广东等地尤为盛行，金蝉若虫（知了龟）有极高的药膳营养价值和独特的口感，堪为食用昆虫中的佼佼者，已经成为适应各种不同档次场合的美味菜肴。除了食用价值外，还有着极高的药用价值，据《中国药材学》记载，金蝉有益精壮阳、止渴生津、保肺益肾、抗菌降压、治秃抑癌等作用，蝉脱常用于治疗外感风热、咳嗽音哑等症，是我国一味常用中药材。

二、案例实施情况

为保证公司蝉蜕供应，2016 年进行金蝉养殖项目研究。针对金蝉孵化率不高、出产低，管理不规范、养殖技术粗放等问题，以市场化的公司为运营模式，成为金蝉养殖行业成果工程化、集成化和产业化的基地，成为金蝉行业养殖、开发关键共性技术的集散地、扩散源和转化的平台，积极对金蝉养殖行业提供服务，发挥对行业的技术辐射、转移和扩散作用，发挥骨干带动和示范效应，形成行业、领域的技术创新平台，带动本行业和领域技术水平提升。

三、案例创新点

在 7 年的研究过程中，从金蝉卵枝孵化到寄主管理、金蝉及蝉蜕的采收加工以及金蝉深加工产品研发等几个方面进行了研究，先后建立了《金蝉卵枝保存与孵化技术规范》《绿芦笋-金蝉设施生产技术规范》《桃树-金蝉生产技术规范》和《蝉蜕产地加工技术规范》等 4 套技术规范，其中两项申报衡水市市级标准。《金蝉卵枝孵化系统》申报了国家发明专利，从厂房设施、环境控制、设备材料和孵化方法等几个方面优化了孵化过程；为利用金蝉、银蝉等蝉蜕副产品，研发了"金蝉酱""金蝉多肽"等金蝉深加工产品；为解决金蝉孵化过程中孵化率低、出蝉蚁时间不齐和人工消耗大的问题，与河北省农科院农机所联合研制了《金蝉卵枝孵化系统》，并获实用新型专利。该设备提高了卵枝所处环境的均匀性、一致性，并增强了孵化过程中对卵枝所处环境的温度、湿度和氧气的调节能力，能够有效提高卵枝孵化率；还显著减少了人工数量，降低劳动强度能够实现金蝉卵枝的工厂化、集约化孵化。该设备经过两年的使用，相较于原孵化方式，每平方米孵化量由原来的 1 万枝提高到 2.8 万枝，孵化率提高至 95% 以上，用工量降低 60%，为金蝉养殖发展的种苗供应提供了强有力的保障（图 1，图 2）。

图 1　孵化车间内的孵化设备　　　　图 2　工作人员利用孵化设备收集蝉蚁

中药产业关键技术案例之十三

——醇沉上清液自动抽取关键技术研究

一、案例背景需求

醇沉工艺是目前中成药生产制造过程中最常用的分离纯化方法。醇沉工艺的原理是利用中药提取液中有效成分能溶于乙醇溶液而杂质成分不溶于一定浓度的乙醇溶液,在加入乙醇后,有效成分转移至乙醇溶液中而杂质成分形成沉淀,静置沉降后进行固液分离,从而实现有效成分与杂质的分离纯化。

有研究表明,醇沉过程对大分子物质的去除增加了有机酸和小分子糖的相对比例,也对药液的表面张力等物理性质产生较大影响。醇沉工艺后药液总固体组成中活性成分含量一般会上升,有利于制成美观易携的剂型,提高病人依从性。中药生产中常采用多次醇沉以充分除杂,碱性醇沉还能有效除去鞣质,对保障药品的安全性非常重要。总体来看,醇沉工艺能影响中药制剂的有效性和安全性。

尽管醇沉工艺优点众多,但也仍存在一些问题,醇沉后上清液与沉淀物自动上下分层,在醇沉工序醇沉上清液抽取时,需人工判断上清液与醇沉渣分界面,抽取过程为人工操作,存在不稳定性和区间波动,易导致因沉降液吸混造成的溶化性差及收率降低等质量问题,且防爆区有乙醇挥发,工作环境危险,同时该工序也为自动化生产断点,无法实现中成药提取、浓缩工序的全程自动化控制。而市场目前没有针对醇沉工艺终点判断及上清液抽取的成熟设备为推动醇沉工艺及醇沉上清液自动抽取技术在国内的发展作出贡献,填补国内相关工艺空白。

二、案例实施情况

(1) 清液与浊液的自动识别技术研究

清液与浊液的自动识别采用视觉系统进行,出料主管安装管道视镜,管道视镜处安装视觉检测系统,当出料管抽取到醇沉渣时,通过视觉系统检测结果自动停止上清液抽取并关闭管道阀门。视觉系统工作时是将被摄取目标转换成图像信号,传送给专用的图像处理系统,根据像素分布和亮度、颜色等信息,转变成数字化信号;图像系统对这些信号进行各种运算来抽取目标的特征，进而根据判别的结果来控制现场的设备动作。同时视觉检测系统具备自学习功能，可根据不同品规进行数据收集，建模区分不同品规的上清液与醇沉渣。

（2）醇沉液位的自动测量技术研究

液位监测采用雷达液位计，安装位置选择下方无遮挡物处，采用超高频雷达监测过程中无发散；即可判断液位高度。

（3）上清液的抽取管与液位的同步升降技术研究在侧面原出料口位置

安装旋转出料管。旋转出料管由防爆伺服电机带动旋转，可根据雷达液位计的检测结果自动调整至指定位置，随时保证出料口位置跟随液面（图1）。

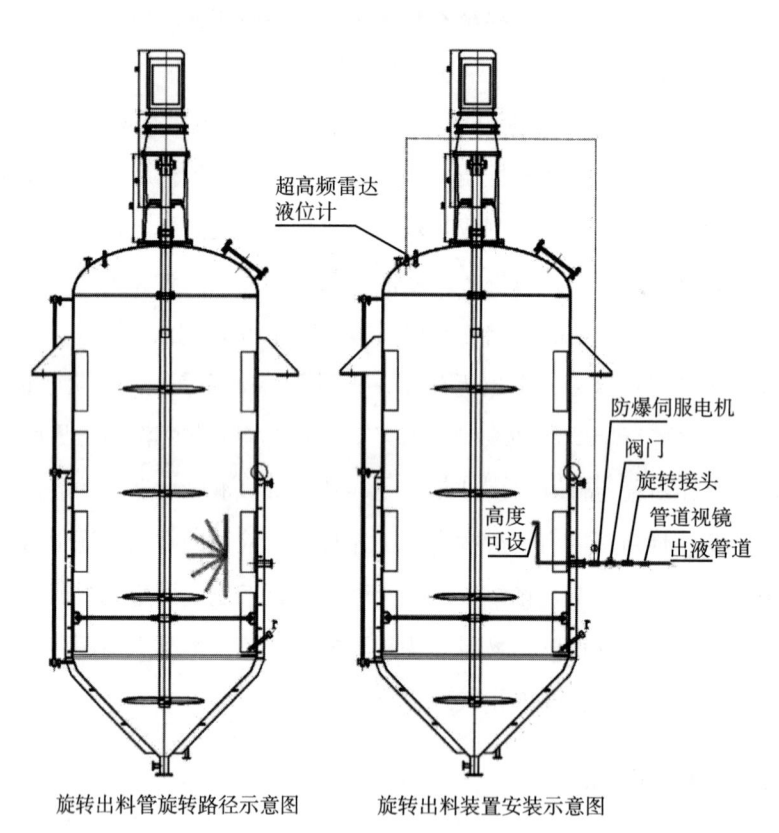

旋转出料管旋转路径示意图　　旋转出料装置安装示意图

图1　旋转出料管示意图

三、案例创新点

（1）采用视觉识别技术，通过灰度值梯度判定状态分界阈值

视觉系统采用灰度相机（单个像素值为0-255），光源采用定制化背光（超强波

长、高穿透性且人眼不可见）。上清液与醇沉渣在灰度相机下两种状态的透光性不同，形成不同的灰度值；灰度值的梯度可以根据定制化算法进行分辨。分辨之前寻找出两种状态的分界阈值，按照阈值算法机制划分成两种状态，即：当灰度值高于阈值系统定义成状态1；对于灰度值低于阈值系统定义为状态2。通过阈值处理，将状态1和状态2通过算法参数调整，让状态1变成纯白色，状态2变成纯黑色。再通过算法连通域将纯黑色筛选出来，之后计算纯黑色的面积。算法通过计算黑色区域占总面积的比例与界面设定的值作比较，如果大于界面设定的值则为醇沉渣到来，进行停止抽取工作。

不同品种药液或不同批次沉淀的悬浮状态存在差异可以根据机器学习灰度值，通过阈值不断优化处理，从而保证判断的准确性和精确性。

（2）无接触超高频雷达液位检测技术实现实时反馈

采用了超高频雷达液位检测技术，通过在醇沉罐顶部安装超高频雷达液位计，实时测量检测液面高度，通过液面高度实时计算液位高度，液位高度实时反馈给自控系统。

（3）液位随动技术

当醇沉液位到达设定的液位时，旋转出液管开始进行旋转，液面高度与抽取口之间的高度要保持不变，这样能保证清液的最小损失量；为了保证液面高度与抽取口之间的高度不变，控制系统要实时反馈计算液位下降高度 X 和液位下降时间，通过下降高度和下降时间计算液位下降速度；通过三角函数可计算出旋转角速度，通过旋转角速度、减速速比计算出伺服电机的实时旋转速度，从而保证了液位高度与抽取口之间的高度保持不变，实现了液位的随动（图2）。

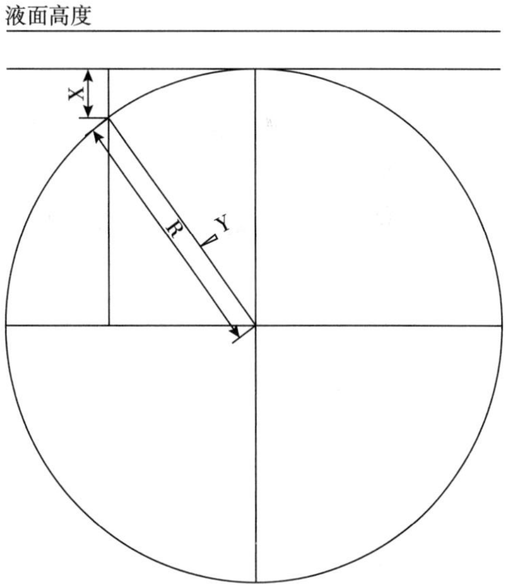

图2　液位随动技术图

（4）上清液自动抽取技术

上清液抽取采用旋转接头和 L 型的上清液抽取管，L 抽取管可通过伺服电机带动其进行旋转运动，当雷达液位计检测到液位达到 L1（L1 液面距离抽取口保证一定高度，防止泵吸空）液面时，伺服电机开始带动 L 型抽液管进行旋转；保证抽取口随时跟着液面进行移动；抽取物为当前状态下上层液体。当视觉识别系统识别到浊液时，自控系统自动停止旋转电机的旋转同时停止抽取工作（图3）。

以上四种创新技术组合利用实现醇沉上清液自动抽取，推动醇沉工艺及醇沉上清液自动抽取技术在国内的发展，填补国内相关工艺空白。

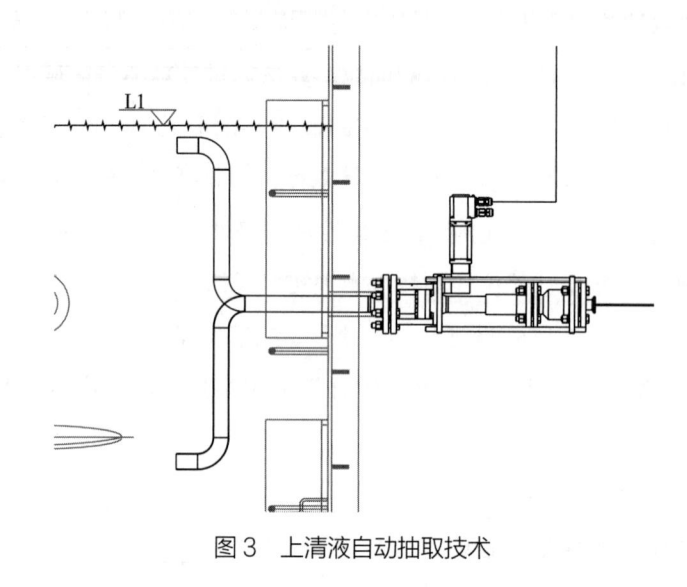

图3　上清液自动抽取技术

中药产业关键技术案例之十四

——岭南中药材保护品种溪黄草质控关键技术研究与应用

一、项目背景

中药材溪黄草是广东省第二批岭南中药材保护品种（"岭南新八味"），为民间习用草药，清热利湿，用于治疗急性胆囊炎、急性黄疸型肝炎、湿热泻痢、跌打瘀肿等疾病，俗称熊胆草、血风草、黄汁草、香茶菜、手擦黄等，主产于广东、广西、江西、福建等省区。因喜生山谷溪旁潮湿处，新鲜叶片揉搓有棕黄色液汁而得名。民间习用于煲制药膳汤食疗或疾患治疗，为消炎利胆片、复方胆通片、胆石通胶囊等中成药的组方原料之一。消炎利胆片在全国有超过百家的生产厂家，对溪黄草的市场需求量很大。《中华人民共和国药典》（2010版）附录确定的溪黄草药材基原为溪黄草 Isodon serra（Maxim.）Kudo 和线纹香茶菜 Isodon striatus（Benth.）Kudo。

溪黄草药材在使用中存在基原"一名多物"、种质差异大、药材来源混杂、栽培技术不规范、质量标准不完善等质量控制难题。本项目针对性开展基原研究及优选、药材种植关键技术研究及质量关键技术研究，构建溪黄草种植全产业链质控体系，同时展开线纹香茶菜规范化产业化种植基地建设、开发溪皇茶，提高其资源综合开发利用度。

二、项目实施情况

本项目历经10余年的研究和推广，围绕溪黄草的质量控制全过程进行关键技术研究，并通过GAP规范化生产对关键风险点进行质量管控，研发新产品，提高其资源综合利用，为溪黄草及其产品的有序发展提供了质量保障和科技支撑。

技术要点如下：

1）基原研究及优选。展开文献考证、产地调研，比较了不同基原溪黄草急性毒性的安全性、抗ANIT肝损伤活性差异，优选确定我们所用溪黄草的基原为线纹香茶菜（R.lophanthoides）及其种下变种。

2）药材种植关键技术研究。率先攻克野生纤花线纹香茶菜的人工驯化及栽培技术难题；首次系统开展了线纹香茶菜关键种植技术研究，确定其适宜的种苗繁育方式、移栽条件、种植密度、施肥技术、最佳采收期、加工方式与贮存时间。

3）质量标准关键技术研究。在性状、显微鉴别的基础上，引用新技术完善溪黄草药材质量标准，通过分子生物学方法建立DNA条形码鉴别方法，可用于鉴别不同基原的植物、药材及粉末；通过中药化学方法建立薄层及HPLC检测方法，用于鉴别不同基原的植物、药材、粉末和提取物。

4）线纹香茶菜标准化种植全产业链质控体系建立。基于上述基原选择、种植技术及质量标准技术体系研究，建立基地环境评价、种子种苗、药材种植、药材质量评价、质量管理等相关制度，并在溪黄草产业化种植中应用GAP规范化体系，按照"公司+科技+基地+农户"产业化模式，实施"六统一"管理。同时，建立种子种苗内控标准、药材内控标准。实现线纹香茶菜药材质量与产量的双提升。

本项目建立了溪黄草种质优选、种植、初加工全产业链的质控体系，开展药效学和安全性对比研究，优选药材基原并建立内控标准，解决药材的种质来源混杂问题；开展了种植、采收和初加工过程中关键技术研究，形成了生产过程中的多项关键节点的标准操作规程，解决了栽培技术不规范的问题；制定药材鉴别标准、种子种苗标

准、药材内控标准；并照 GAP 要求展开规范化生产，对全产业链质量关键风险点进行质量管控和产业化应用。（图1）

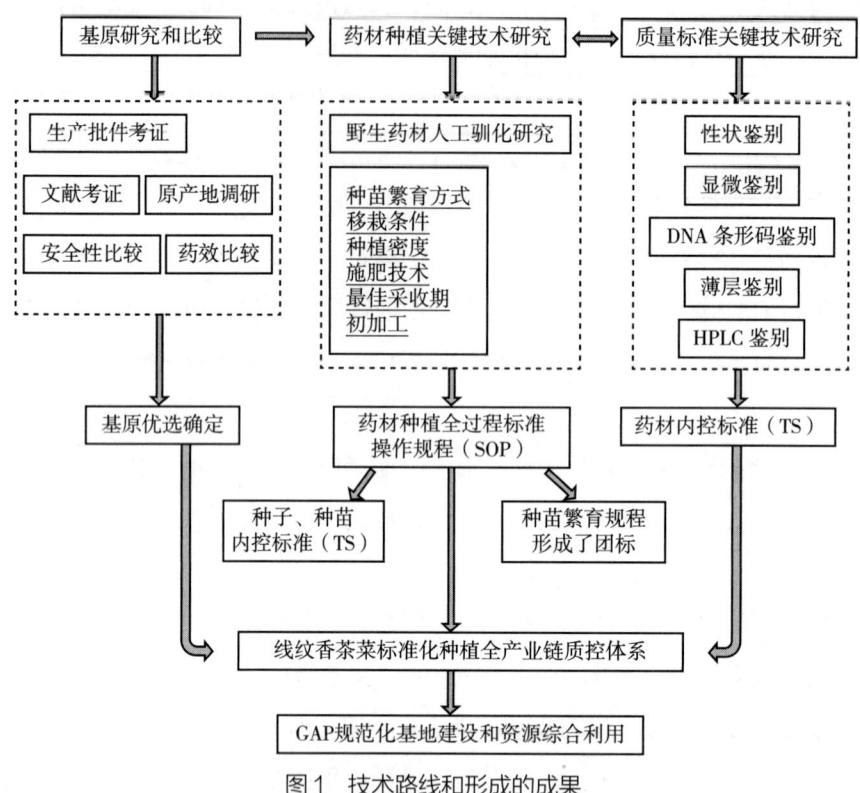

图1 技术路线和形成的成果

三、案例创新点

1）首次通过系统研究，优选明确所用溪黄草的基原。

本项目系统开展溪黄草基原考证、原产地调研、药效学和安全性对比研究，优选确定我们所用溪黄草的基原为线纹香茶菜（R. lophanthoides）及其种下变种。

2）率先攻克野生纤花线纹香茶菜人工驯化及栽培技术难题，首次系统开展线纹香茶菜关键种植技术研究，制定全种植过程技术规范。

本项目通过在选苗、整地、移栽、田间管理、采收等5个关键环节的合理设置，率先攻克野生纤花线纹香茶菜的人工驯化及栽培技术难题，实现溪黄草增产与提质。首次系统开展了线纹香茶菜关键种植技术研究，确定其适宜的种苗繁育方式、移栽条件、种植密度、施肥技术、最佳采收期、加工方式与贮存时间，制定涵盖种植全程的技术规范与操作规程。

3)率先引用新技术 DNA 条形码等新技术完善溪黄草药材质量标准

首次通过分子生物学方法建立 DNA 条形码鉴别方法完善溪黄草药材质量标准,可用于鉴别两种基原溪黄草的植物、药材及粉末;通过中药化学研究建立薄层及 HPLC 检测方法,用特征性成分鉴别两种基原溪黄草。

4)首次在线纹香茶菜产业化种植中全面建设质控体系,并升级为 GAP 规范化体系进行推广应用。

本项目形成了线纹香茶菜种植全过程中的多项关键节点的标准操作规程,形成种子、种苗、药材内控标准,解决了栽培技术不规范的问题,并照 GAP 要求展开规范化生产,对全产业链质量关键风险点进行质量管控和产业化应用。

本项目已委托广东省质量发展促进会开展成果评价,经专家组审议,一致同意该项目总体技术达到国内领先水平。本项目与国内外同类技术对比情况具体见表1:

表 1 本项目核心技术国内水平对比表

国内外同类技术水平	本项目核心技术的水平
供药材基原选择的依据薄弱,导致投产用原料基原物种不固定,无法保障提取物质量的稳定、可控	(1)通过文献考证和产地调研考证,总结出不同基原的溪黄草民间使用历史和使用习惯,为溪黄草基原的选择提供了依据 (2)比较了不同基原溪黄草急性毒性的安全性、抗 ANIT 肝损伤活性,首次通过现代药理学研究为较优基原的选择提供了依据
药材种植生产过程关键技术研究不足,所生产的溪黄草药材质量不均匀,影响到了投产后的提取物质量	(1)率先攻克野生纤花线纹香茶菜的人工驯化及栽培技术难题 (2)首次系统开展了线纹香茶菜关键种植技术研究,确定其适宜的种苗繁育方式、移栽条件、种植密度、施肥技术、最佳采收期、加工方式与贮存时间 (3)形成覆盖药材种植全过程的标准操作规程,其中种苗的繁育规程形成了团体标准发布
现行的质量检测方法和技术水平较低,缺乏专属性和代表性,亟待完善	(1)引用新技术完善溪黄草药材质量标准,首次通过分子生物学方法建立 DNA 条形码鉴别方法,同时建立薄层及 HPLC 鉴别方法,用于鉴别线纹香茶菜植物、药材及粉末 (2)建立线纹香茶菜种子和种苗内控标准、药材内控标准 (3)参与了溪黄草的 2015 版《中华人民共和国药典》标准的修订任务,为现行标准提升提供依据
线纹香茶菜质控体系建设薄弱、资源推广应用范围较为狭窄	(1)首次在线纹香茶菜产业化种植中全面建设质控体系,并升级为 GAP 规范化体系进行推广应用,在清远英德、福建武平等地建立了线纹香茶菜产业化推广示范基地近万亩 (2)开发了溪黄草代用茶,并成功上市销售。提升了溪黄草资源的综合利用价值,带动线纹香茶菜种植,推动了当地农村农业经济发展